U0924773

# 估值与故事

## 商业故事的价值

[美] 阿斯沃斯·达摩达兰 著
(Aswath Damodaran)

廖鑫亚 艾红 译

中信出版集团 · 北京

图书在版编目（CIP）数据

故事与估值 / (美) 阿斯沃斯·达摩达兰著；廖鑫亚，艾红译. -- 北京：中信出版社，2018.8（2024.9 重印）

书名原文：Narrative and Numbers: The Value of Stories in Business

ISBN 978-7-5086-8745-2

I. ①故… II. ①阿… ②廖… ③艾… III. ①企业－估价－研究②企业－投资－研究 IV. ①F273.4 ②F275.1

中国版本图书馆CIP数据核字（2018）第047264号



故事与估值

著　　者：[美]阿斯沃斯·达摩达兰
译　　者：廖鑫亚　艾　红
出版发行：中信出版集团股份有限公司
（北京市朝阳区东三环北路27号嘉铭中心　邮编　100020）
承 印 者：北京通州皇家印刷厂

开　　本：880mm×1230mm　1/32　　印　　张：12.25　　字　　数：300千字
版　　次：2018年8月第1版　　印　　次：2024年9月第11次印刷
京权图字：01–2018–0360
书　　号：ISBN 978–7–5086–8745–2
定　　价：69.00元

# 目录

# 前　言

早在中学时期，我们便被分为故事讲述者和数字处理者两类人，一旦被归为某一类人，我们便会一直保持自己的偏好。数字处理者在中学里会选择与数字相关的课程，在大学里会选择与数字相关的学科（工程学、物理科学、会计学），久而久之，他们便会失去讲故事的能力。故事讲述者则在中学里学习社会科学课程，在大学里进修历史、文学、哲学和心理学，从而得以不断提高其讲故事的技能。两类人所接受的教育让他们对彼此抱有既敬畏又质疑的态度，当他们作为 MBA 学生来上我的估值课程时，这种相互质疑已经发展成为一条不可逾越的界限。这两类人都自说自话，深信自己才是掌握真理的一方，而对方则是错误的一方。

我必须承认，较之讲故事，我更加擅长处理数字，在我首次开始教授估值课程时，我几乎完全是在迎合我的同类人的需求。在努力攻克估值问题的过程中，我得到的一个重要教训是，没有故事作为支撑的估值既无灵魂也不可信，故事比数据表更易于记忆。尽管我并不能立即做到自然而然地将数字与故事相结合，但我仍然开始尝试着在估值中融入故事，使估值更加生动，在此过程中，我重新找回了自六年级起便一直被我压制的讲故事的能力。尽管就本能而言，我依然是一名左脑思考者，但在某种意义上，我重新开发了我的右脑。我想在本书中分享的正是这种将故事融于数字（或者反过来）的经验。

就我个人而言，在本书中，我首次使用了第一人称单数形式作为主语。尽管反复使用“我”和“我的”可能会使你感到不快，或显得我异常自负，但在写下我对公司的估值时，我意识到我所讲述的关于那些公司的故事其实是我自己的故事，这些故事反映了我对这些公司及其管理者的思考，以及我对整个行业格局的理解。因此，在本书中，我将描述我过去所做的一些讲故事的尝试，即于2013年讲述的关于阿里巴巴的故事，于2014年讲述的关于亚马逊和优步的故事，以及于2015年讲述的关于法拉利的故事，并将这些故事转化为估值。我感觉与其使用庄严的复数“我们”强迫作为读者的你接受我的故事，不如让你批判甚至彻底否定我的故事，因为这样更加坦诚（且更有趣）。事实上，为了充分发挥本书的作用，你可以选取其中一个关于某个公司（如优步）的故事，思考有哪些部分你无法认同，并讲出你自己版本的故事，然后基于你的故事对该公司进行估值。公开我基于真实公司所讲述的故事的风险在于，随着时间的流逝，现实世界中会发生一些意外事件否定我的故事，甚至导致我的故事变得大错特错。对此我并不惧怕，反而十分欢迎，因为这让我可以回顾、改善以及丰富我的故事。

在本书中，我将尝试扮演多重角色。当然，由于投资者是我最常扮演的角色，因此我会花费大量的篇幅以投资者的身份从外部审视公司故事并为公司估值。另一些时候，我也会作为企业家或创始人，努力说服投资者、客户和潜在雇员相信某家新公司能够存续并具备价值。鉴于我并未创立过任何一家价值数十亿美元的公司，你可能认为我并不具备说服力，但我认为我多少能为你提供一些有价值的东西。在最后几个章节中，我会从上市公司高层管理者的视角审视故事和数字之间的联系，但同时，我亦需承认在有生之年我从未担任过任何公司的 CEO（首席执行官）。

我的目标在于使数字处理者在读完本书后能够使用我的模板构建故事来支撑其公司的估值，同时，不论一个公司故事多么富有创意，故事讲述者都可以借助本书中的内容将其转换为数字。更广泛地说，我希望本书成为两类人（故事讲述者和数字处理者）之间的沟通桥梁，赋予他们一种共同语言，使其将各自的工作做得更好。

# 第 1 章　一个关于两类人的故事

在开始估值课程之前，我一般会问我的学生们一个问题：在讲故事和处理数字二者之间，对你而言哪个更加简单？对于我们大多数人而言，该问题的答案再简单不过了，因为在如今这个分工细化的时代，我们在人生的早期阶段就不得不在讲故事和处理数字二者之间做出选择。一旦选定，我们便会花费数年的时间着力培养所选领域的技能，而与此同时则将另一个领域的技能抛之脑后。如果你认同左脑掌管逻辑和数字能力，而右脑控制直觉、想象力和创造力这一说法，那么在日常生活中，我们通常只使用了半边大脑。我认为，如果我们能够唤醒沉睡已久的另一半大脑，我们便可以更好地利用大脑。

## 简单的测试

我知道在本书一开篇就讲估值还为时过早，但是，我们先来做一个假设：接下来我要给大家看一下充满传奇色彩的豪华汽车制造商法拉利在首次公开募股时的估值报告，报告以电子表格的形式呈现，包含预计收入、营业收入和现金流等评估指标，且这些关键指标均以数字的形式呈现。我告诉你，我预计在未来5年内，法拉利的年收入增长率将为4%，随后会降低到与国民经济增长率持平的水平；税前营业利润率为 18.2%；该公司在其业务上每投入 1 欧元可获得 1.42 欧元的收入。如果你不是一个精于数字之人，你很有可能在听到这里的时候已经晕头转向了，而即使你精于数字，你也不太可能长久地记住它们。

但是，假如我用另外一种方式展示估值报告：我认为法拉利是一家豪华汽车制造商，由于其生产的汽车数量极为有限，且仅面向非常富有的客户群体，因此其汽车售价极高，公司能从中获取巨额利润。这个故事虽然更令人印象深刻，却缺乏具体的数据支撑，关于你应为该公司投入多少资金，该故事提供的信息寥寥无几。

除了以上两种展示方式之外，我们还有第三种选择，即：我将较低的收入增长率（4%）与法拉利维持产品排他性的需求联系起来，这种排他性使其能够获得巨大的利润空间，并维持长期稳定的盈收。由于购买法拉利汽车的人通常极为富有，因此，与其他汽车制造商不同，法拉利几乎不会受到经济兴衰因素的影响。通过在公司故事中融入数字，我不仅将数字具象化了，同时也为你讲出自己版本的故事提供了一个平台，而你的故事会让你得出一组不同的数据，据此你会对该公司的估值结果有不同的见解。总而言之，这便是本书的宗旨所在。

## 故事的魅力

千百年来，人类通过口口相传的故事使知识世代传承，而在每次转述故事的过程中，人们往往会添枝加叶。故事之所以如此吸引我们，是因为它们不仅能帮助我们与他人发生联系，而且它们比数字更容易被记住，这也许是因为故事能在我们大脑中触发某些数字无法触发的化学反应和电脉冲。

尽管我们如此钟情于故事，但大多数人也意识到故事并非完美无瑕。故事讲述者很容易陷入幻想，从而混淆好故事与童话。对小说家而言，这可能不是一个问题，但对创业者而言，这可能就会酿成灾难。对故事聆听者而言，其面临的是另一种危险。故事能够激发人的情感，而非引发理性思考，它们可能会使我们丧失理智，去做一些不合理却让人感觉良好的事情，这种良好的感觉可能无法持续，但至少在做这些事情时我们会感觉不错。正如古往今来的骗子所发现的真理一样，没有什么能比一个好故事更卖座。

通过探究故事的魅力以及人们如何借助它们成就善举或助长恶行，我们能够学到很多东西。尽管故事的讲述方式千变万化，但你会惊讶地发现它们都有着类似的套路；精彩的故事具备一些共性和被人们反复使用的结构。此外，尽管有些人比别人更善于讲故事，但讲故事的技巧是可以教授和习得的。

人类讲故事的历史源远流长，对于这段历史，人们已经有相当透彻的研究了。作为一名讲故事的新手，我在探究这段历史的过程中形成了以下三点看法。首先，最浅显的一个发现是，很多优秀的商业讲述案例已流传了千百年，甚至可追溯至远古时代。其次，出色的故事讲述对公司成功极为重要，尤其是在公司初创阶段。为了打造一家成功的公司，你不仅需要构建更好的"捕鼠器"①，还要讲述一个令人

① "捕鼠器"在商业世界中意指新产品。——译者注

信服的故事，让投资人（筹集资本）、客户（诱发购买行为）和员工（使他们愿意为你工作）相信你的“捕鼠器”在商业世界中能够无往而不利。最后，与小说中的故事讲述相比，商业环境下的故事讲述会受到更多的掣肘，因为你不仅要让你的故事有足够的创意，还要确保你能够实现承诺。现实世界是故事的重要组成部分，无论你多么想掌控这个世界，你都无法做到。

## 数字的力量

过去，我们对数字的使用总是受限于以下两个因素：首先，收集和存储海量数据是一项劳动密集型工作；其次，分析数据极为困难且成本高昂。随着计算机数据库和计算工具的普及，数据世界变得更加“扁平”和大众化，这使我们每个人都能够进行数字处理，在几十年前，这是绝对无法想象的。

随着我们进入了一个可以在网络空间收集数据且每个人都可以获取并分析数据的时代，我们也看到数字在一些令人意想不到的方面取代了故事。在《点球成金》这本书中，迈克尔·刘易斯——一位能将最枯燥无味的故事讲得引人入胜的故事大师——讲述了职业棒球队奥克兰运动家的总经理比利·比恩的故事。[1]比恩摒弃了依靠球探挖掘有潜力的年轻棒球投手和击球手的传统方法，而采用了建立基于赛场表现的统计模型的方法寻找最合适的球员。他的成功影响了其他的体育项目，并催生了棒球数据统计分析法——一套现在几乎已被所有运动项目采用的数字驱动型体育管理方法。

那么，我们为何会被数字吸引呢？在一个充满不确定性的世界里，数字会给我们一种精确和客观的感觉，与讲故事形成一种平衡。然而，这种精确往往是一种错觉，因为很多因素会导致数字产生偏差。尽管数字存在这些缺陷，但在投融资及其他许多领域中，数字处理者或“宽客”（quant）在本质上都是运用数字的力量来通报消息或危言耸听的。对选择相信复杂数学模型而非常识的人而言，2008 年的金融危机便是一次重要的警示。

现实世界中的两大发展——可随时访问的海量数据库和强大的数据处理工具——颠覆了几乎所有的数字处理工作，这一点在金融市场中体现得尤为明显。然而，这些发展是有代价的。如今，你在投资中面临的问题不再是缺乏足够的数据，而是拥有太多数据，而这些数据可以生成相互矛盾的结论。正如行为经济学家们所得出的结论，数据泛滥造成的一个令人啼笑皆非的后果是，由于可用数据过多，我们的决策过程甚至变得比以往还要简化且不合理。另一个极为讽刺的现象是，随着数字在绝大多数商业洽谈中出现得越来越频繁，人们对数字的信任度不断降低，并转而开始讲述故事。

要在决策过程中用好数据，你必须对数据进行管理，而数据管理涉及三个方面。首先，你需要遵从一些简单的规则来采集数据，包括判断要采集的数据量以及要采集哪个时间段的数据，并寻找方法来规避或在最大程度上减少可能出现的偏差。其次，你需要运用基本的统计学方法挖掘相互矛盾的海量数据背后的含义，并使用统计工具解决数据过载的问题。如果你还记得在大学时期学习的统计学课程，并能在面对海量数据时很好地运用这些知识，那么你会是一个不可多得的人才。但遗憾的是，我们中的大多数都忘记了统计学这门学科，这导致我们在处理数据时显得力不从心。最后，你必须以新颖有趣的方式展示数据，让那些不能从统计学的角度发现数据细微差别的人也能理解这些数据的含义。对天生的故事讲述者而言，这可能需要耗费一些时间，但这些时间是值得的。

我们很容易理解为什么亚马逊、网飞（Netflix）和谷歌等公司在根据其积累的客户信息微调营销策略并变更产品供应时用到了大数据技术。但与此同时，你必须认识到数据驱动型分析还存在局限性和风险：层层数据背后隐藏着偏差，不精确性被看似精确的估算掩盖，决策制定者在判断应采取的行动和采取行动的时机时过分依赖数学模型。

## 让估值发挥桥梁的作用

至此，让我总结一下我们所面临的两难之境。故事比数字更易于理解和记忆，但它很容易沦为一种幻想，对投资人而言，这是一个问题。数字让我们在进行估值时严谨务实，但是如果没有数字背后的故事，它们就会成为制造危言耸听和各种偏差的源头，使我们无法得到严谨准确的结果。其实，解决方案很简单。在进行投资和开展业务时，你需要兼顾故事和数字，而估值是二者之间的桥梁，如图1–1所示。

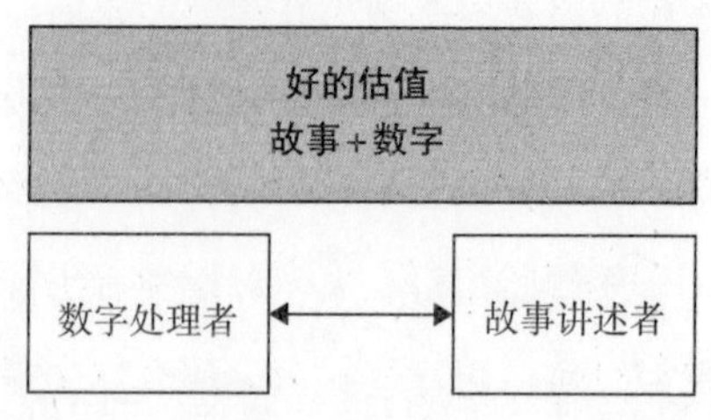


图1–1　估值是数字和故事之间的桥梁

实际上，估值使故事和数字可以互相借鉴。它能使故事讲述者看到故事中不太可能实现或不可信的部分并予以纠正，同时能使数字处理者意识到基于他们的数据而形成的故事出现了不合理或不可信之处。

在对公司进行估值和投资时，该如何调整和控制故事讲述呢？首先，你需要了解待估值的公司，了解其历史、经营业务和所面临的竞争形势（包括当前的和潜在的竞争）。然后，为了让你的故事更加严谨，你必须进行 3P 测试，即你需要问自己以下三个问题：第一，故事是否有可能（possible）？大多数故事都能满足这一起码的要求。第二，故事是否很有可能（plausible）？该要求更为严格一些。第三，故事是否极有可能（probable）？该要求最为严格。不是所有有可能的故事都能成为很有可能的故事，而在所有很有可能的故事中，只有少数故事是极有可能的。至此，你才站到了故事讲述的基点上。现在，你必须在经过验证的故事和决定价值的数字（估值输入）之间建立明确的联系，作为公司的价值驱动力。即便是那些关于公司文化、管理质量、品牌名称和战略需求等最为定性化的故事也可以并且应该与估值输入数据相关联。这些估值输入应该被转化为价值评估模型和电子表格中的数字，成为你的决策依据。完成整个估值流程还差最后一步，这也是我们大多数人认为最难的步骤。如果你讲得一手好故事，你自然会迷恋这些故事，并将对它们的任何质疑都视为一种侮辱。尽管能够在面对挑战时捍卫你的故事是一件好事，但保持开放的反馈环路同样重要。我们要做的是，听取意见、质疑和批评，并据此修改、调整或变更故事情节。虚心接受他人对自己的否定并非易事，但是借鉴你的激烈反对者的观点会使你的故事变得更有力、更完美。上述步骤如图1–2所示。

这是一个结构化的流程，它可能在很大程度上反映了我作为数字处理者的线性思维和自然本能。该流程对我十分有用，我将借助它向你展示我对高速成长的初创公司（如优步）和成熟公司（如巴西淡水河谷公司）的估值。如果你是一名天生的故事讲述者，你可能会认为该流程不仅刻板而且会抑制你的创造力。如果是这样，我强烈建议你制定自己的流程，将故事转变为数字。

**步骤1：为待估值公司构建故事**
在故事中讲述该公司是如何随时间逐步发展的

**步骤2：检测故事是否有可能、很有可能、极有可能**
很多故事都是有可能的，但并非所有这些故事都是很有可能的，而其中仅有少数的故事是极有可能的

**步骤3：将故事转化为价值驱动力**
分解故事，考虑如何将其转化为价值驱动力，从评估潜在市场规模着手，进而拓展到估计现金流和风险。完成该转化后，每个故事情节都应该有对应的数据，同时每个数据都有对应的故事情节作为支撑

**步骤4：连接价值驱动因素和估值**
创建价值评估模型，将估值输入和公司价值关联起来

**步骤5：保持开放的反馈环路**
听取并采纳专业人士的建议，优化甚至更改故事。评估变更后的公司故事对公司价值产生的影响

图1–2　将故事转化为数字的过程

## 变化是常态

每个估值都是以公司故事开始，然后从故事中引出数字的。然而故事本身会随着时间的推移而发生变化。其中一些变化是宏观经济转变的结果，如利率的变化、通货膨胀的发生和经济的发展。有些则是由竞争形势变化所致，如新竞争对手进入市场，老竞争对手改变策略或者部分竞争对手退出目标市场等。还有一些变化可归因于人事管理和战术管理方面的变化。归根结底，认为你所讲述的故事（和你以其为前提对数字的处理）不受现实世界的影响是一种狂妄自大的表现。

我将故事的变化分为三类：故事中断，现实生活中的事件大大削弱了故事情节的可信性或使其彻底失效；故事改变，某个行为或结果促使你从根本上改变故事；故事修改，现实世界发生的事件并未改变故事的基本走向，但对部分细节产生了好的或坏的影响。那么，导致故事变化的原因是什么呢？第一个原因是关于公司的新消息，部分新消息来自公司本身，还有些新消息则由追踪公司发展变化的外部人士（监管机构、分析师和记者）提供。因此，对我而言，公司的每份收益报告都为我提供了一个机会，让我得以重新审视我所讲的关于该公司的故事，并根据报告内容进行调整或重大更改。管理层人员（被迫或自愿）退休、公司丑闻和激进投资者购买公司股票都可能导致我们不得不对该公司的故事进行重新评估。收购公告、股票回购、增加股息或不再支付股息也会从根本上改变他人对公司的看法。第二个原因是宏观经济的变化，其中利率、通货膨胀、商品价格的变化甚至政治动荡均可能改变他人对某个公司的前景和价值的看法。

作为投资者，如果你希望你的故事（和估值）具有稳定性，那么当现实世界迫使你对故事做出更改时，你可能会感到不舒服。在这种情况下，有两种应对方法供你选择。第一种方法是借鉴过去其他人的成功经验，仅投资稳定市场中拥有完善商业模式的公司，关于此类公司的故事几乎不会随时间而变化，这就是许多老式价值投资者采用的方法。第二种方法是学会适应变化带来的不适，并接受这一事实：变化是不可避免的，并且变化最为显著的环境中往往存在着最大的商业投资机会。我越来越喜欢估值的故事性的一面，其中一个原因便是我选择了第二种方法。在此过程中，我认识到，你不能仅仅使用方程式和数字模型来衡量一个容易发生变化的公司，你还需要一个故事；当数字不断变化时，你可以回到故事上。

## 公司生命周期

我认为公司生命周期这一概念能帮助我们更深入地了解公司。与人一样，不同的公司在成长过程上的巨大差异会导致其寿命有所不同。图 1–3 展示了我对公司生命周期的看法。

这与故事和数字有什么联系呢？在生命周期早期，公司尚年轻、不成熟且几乎无历史可言，其价值主要由故事驱动，不同投资者对其价值持不同看法。而且在这一阶段，随着时间的推移，公司的价值很可能会发生巨大的变化。随着公司不断发展，其历史越来越悠久，数字开始在展现公司价值上发挥更大的作用，不同的投资者对其价值评估的差异越来越小，公司价值随时间变化的幅度也开始缩小。借助故事/数字模型，我们可以看到公司价值在公司生命周期（从创业到清算）中的变化情况。

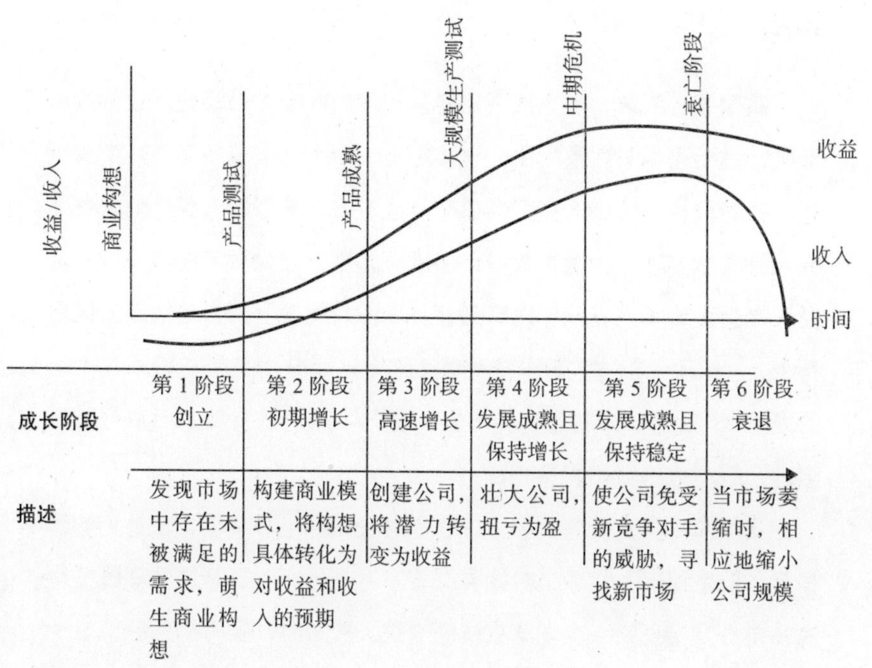


**图 1–3　公司生命周期**

尽管本书将围绕投资和估值展开，但对公司创始人和管理者等位于另一端的人而言，故事和数字之间的联系也同样重要，甚至更加重要。了解为什么在公司的某些发展阶段故事更加重要，而在其他阶段数字更为重要，这不仅对吸引投资者至关重要，而且对公司管理也十分关键。我在本书中会利用这一观点去探究当公司处于生命周期的不同阶段时，高层管理人员需要分别具备哪些特征，以及为何在某个阶段表现出色的管理者，在公司进入另一阶段之后，很快会发现自己不能胜任工作。

## 小结

我很想告诉你，本书接下来将呈现的内容会相对轻松，让你如沐春风，然而受本书性质所限，这注定是一个无法实现的诺言。如前所述，我的目标是让诗人和宽客都来读这本书，希望诗人能找到将数字融入故事的方法，而宽客能习得讲故事的技巧以为数字提供支撑，两类人都会发现本书有一半内容很容易（因为此部分内容是他们的优势所在），而另一半内容则十分困难（因为这部分内容是在挑战其大脑的弱项）。我希望你们能坚持不懈，努力习得这些技能，而我只能提供自己的经验，供你们参考。

我生来更擅长处理数字，讲故事对我而言绝非易事。在早年的教学和估值生涯中，我总是对故事讲述一笔带过，而迅速进入估值模型这一部分。当我第一次尝试在估值中融入故事时，我所得到的结果十分牵强且缺乏说服力（甚至都很难说服我自己），但是我强迫自己不断钻研，提升自己的故事讲述能力。我永远不会成为加夫列尔·加西亚·马尔克斯或查尔斯·狄更斯，但我觉得我现在能更好地讲述公司故事，并将它们与估值联系起来了。我讲述过的部分故事已收录于本书中，你可以评判这些故事讲得是好是坏。

# 第 2 章　为我讲个故事

我们都喜欢故事，我们讲述故事、记住故事。从有文字记录开始，故事一直被用来传递信息，劝服他人，改变他人的观点以及做买卖，因此，在如今的商界，公司也开始讲故事实在不足为奇了。我将在本章中讨论讲故事为什么是学习的关键，为何故事对我们的影响始终如此之大，以及在信息时代，为何讲故事变得更有必要。如果说本章的前半部分是关于讲故事积极的一面，那么后半部分就是关于失控故事的危害以及故事的情绪感染力会如何导致人们做出糟糕的决定。

## 贯穿历史的故事讲述

在人类历史之初，故事就一直伴随我们左右。1940 年，一群孩子在法国偶然发现了一处关于动物和一个人的洞穴壁画，这些壁画的历史可追溯到 33 000 多年前（公元前 15000 年至公元前 13000 年之间）。最早出现的印刻故事来自公元前700 年，记录于石柱之上，讲述的是关于苏美尔国王吉尔伽美什的故事。不过也有证据表明，埃及人在大约 3 500 年前就在莎草纸上书写故事了。每一种古代文明都留下了讲故事的证据。

历史上有两部经典之作说明了这些来自远古时代的古老故事的持久影响力，即荷马的《奥德赛》和《伊索寓言》。人们认为荷马记述故事的年代是公元前 1200 年，先于希腊书面语爱奥尼亚语的创造500 年左右。伊索生活在公元前 550 年左右，他的故事在他死后近 200 年才被记录下来。世界各地的古代宗教几乎都是通过讲述故事来传播教义的，《圣经》《古兰经》《薄伽梵歌》都是例子。这个时期，这些故事大多是以口述的方式代代相传的，真正证明其力量的是，这些故事的核心仍然保留得非常完整。

随着印刷术的发明，故事开始以书本的形式在各个大陆流传，从而获得了更多的受众和更为持久的影响力。这又反过来促进了大学的创办和正规教育的产生。不过，只有一小部分人能够读和写。因此，这些“有学问的”人仍然会借助口头语言的力量将故事传递给未受过教育的人群。全球的文学专业的学生都会读莎士比亚的作品，但应当记住的是，他的戏剧是写来在环球剧场表演用的。总之，人类历史和叙事史是相互交织的，如果没有讲故事这种将历史与经验代代相传的形式，我们可能永远都不会知道我们自己的历史。

## 故事的力量

那么，是什么让故事获得了如此持久的影响力？这是学者关注已久的一个问题，不仅是为了了解故事的吸引人之处，还希望通过自己的发现帮助人们讲述更好、更难忘的故事。

## 故事会与人发生联系

一个动听的故事能与听众发生联系，这一效果是数字达不到的。发生联系的理由对于不同的故事和不同的听众来说都有所不同，而且联系的程度也有所不同。最近几年，科学家们已将注意力转向这种联系发生的原因，并发现这种联系的发生可能直接源自大脑中的化学物质和电脉冲信号。

我们先从化学物质的解释开始。克莱蒙研究生院的神经经济学家保罗·扎克发现了一种被称为催产素的影响神经系统的化学物质，它是人类大脑中的下丘脑所分泌的一种激素。[1]他认为，催产素的合成和释放与人的信任和关怀相关，人在听到一个令人震撼的故事（或叙述）时会产生并释放这种物质，而这种物质可能导致听者在听完故事后的行为反应产生变化。另外，在听到令人紧张的故事情节时，大脑会释放皮质醇，这种物质能促使听者集中精神。其他研究还发现，结局圆满的故事会触发大脑的边缘系统（奖赏中枢）释放多巴胺，这是激发希望和乐观情绪的主要化学物质。

格雷格·史蒂芬斯、劳伦·希尔伯特和乌里·哈森进行了一项非常有趣的研究，考察大脑中的电脉冲会对故事叙述做出怎样的反应，他们将实验所发现的反应称为“神经耦合”。[2]在一项实验中，一位女士对 12 位被试讲述了一个故事，故事讲述者和听众的脑电波都被记录了下来。故事开讲后，他们注意到两种现象。第一，故事讲述者和听众的脑电波发生了同步，两者的大脑的激活部位一致，不过听众的大脑相应部位的反应存在时间滞后（因为他们需要对故事进行消化）。为检验是否是故事本身造成了这种差异，他们又用俄语讲述了该故事（没有听众能听懂），在此条件下，听众之前的脑电波活动便停止了，这就说明引起反应的确实是故事（以及听众对故事的理解）。第二个发现更加有趣，在故事讲述的某些阶段，听众的脑电波会先于故事讲述者活跃起来，这表明听众开始预测故事的情节发展。总之，故事讲述者和听众之间的脑电波越同步，信息传达就越有效。

关于讲故事，值得强调的还有最后一点。彼得·古伯在其《会说才会赢》（*Tell to Win*）一书中指出，当听众被故事吸引时，他们更愿意不加鉴别地接受故事所传达的观点，也就是会放下戒备。[3]梅勒妮·格林和蒂姆·布洛克两位心理学家认为，当沉浸在虚构的世界中时，听众改变了他们处理信息的方式，并且与专心程度较低的听众相比，高度专心的听众更不容易发现故事的错误和矛盾之处。[4]这使得故事讲述者有更多的自由去编造一些原本会受到质疑的情节。不过正如我们将在本章后半部分会指出的那样，由于骗子和诈骗犯滥用了这种自由，故事的这一特性在商业故事讲述中是一件好坏参半的事。

总之，故事会吸引听众，使他们的行动方式与当他们面对的只是某个事实时的行动方式有所不同。而额外的好处是，如果你让听众沉浸在你的故事之中，那么他们会更愿意接受你的假设和观点，进而接受你的结论。

**故事会让人记住**

执教三十余载，我很幸运能遇到一些我十几年前教过的但现在仍然能记住我的课程内容的学生。让我感到惊讶的是，他们是那么频繁、那么清楚地记得我在课堂上讲过的点滴趣事，尽管课程细节和数据早已在他们的记忆中消失殆尽了。

各项研究都表明故事具有持久的影响力，因此有这种经历的人肯定不只我一个人。相对于数字，故事让人记得更清楚、印象更深刻。在一项研究中，两组被试被分别要求阅读故事和说明文，研究者在这之后会对他们的记忆进行测试。[5] 尽管故事和说明文的主要内容一样，但故事被记住的详细程度要比说明文高出约 50%。对于为什么有些故事比另一些能让人记得更清楚，研究人员认为，让人更加难忘的是故事中的因果联系，特别是当被试需要对故事内容进行推断并找到其中的关联的时候。因此，当被试阅读同一故事的不同版本时，如果其因果关系太明显或者太弱，那么他们记住内容的可能性就会降低，但是如果因果关系强同时描述得又不是很明显，需要读者花一些工夫寻找关联，那么他们便能更容易地记住这个故事。

如果要说我从这些故事讲述方面的研究中学到了什么，那便是好的故事不仅能吸引听众，还能促使他们独立思考并自己建立关联。这些关联可能正是我在讲述这个故事之前希望他们建立的关联，并且，如果是听众自己进行的关联而不是被动接受的，那么故事不仅能达到更好的效果，而且会让人更难忘。正如生活中的很多其他事情一样，就讲故事而言，我发现简胜于繁。

### 故事刺激行动

故事不仅能在故事讲述者和听众之间建立起情感联系，让记忆更加鲜明，持续的时间更长，还能引导听众采取行动。作为研究故事讲述的一部分，保罗·扎克还探讨了催产素水平的升高是否与故事讲完后人们的行为反应有关联。在一项实验中，被试被要求观看英国政府制作的公益广告，研究人员对观看视频所引起的被试的催产素的变化水平进行测定，发现催产素水平的升高程度与视频中提及的慈善机构收到的捐款数额呈正相关。

研究还发现，有些故事会诱发更多的影响神经系统的化学物质分泌，进而比其他故事激发出更多的行为反应。例如：相比平淡无奇的故事，情节跌宕起伏的故事更能激发读者的反应，也更能引起读者对故事人物的兴趣。

**商业故事的特殊案例**

如果能促成更强关联的故事被记住的时间更久，并能更强地刺激读者的行动，那么各个公司通过讲故事来挖掘其与不同群体之间的共同利益之所在就不足为奇了。面对潜在的投资者，公司讲故事的目的是鼓励投资者对其经营的业务给出更高的估值并进行投资。面对员工，公司讲故事的目的是激起员工为公司工作的热情。面对客户，公司讲故事的目的是让他们能以较高的价格购买产品和服务。针对不同的群体，公司所讲的故事很可能有所不同，有些情况下，这些故事甚至可能是相互矛盾的，这个可能会引发麻烦的问题，我会在本书的后续部分再次讲到。

在商业领域中，讲故事最明显的用途在于销售和广告。不仅最好的销售员都是让人印象深刻的故事讲述者，广告宣传也建立在讲故事之上。这些故事不仅能促使客户购买你的产品和服务，还能让投资人因记住了品牌名称而给予该品牌一个较高的估值。

在商业教育中，讲故事是所有教学环节的一个关键部分，并且在案例研究中形成了固定的模式。每一个好的商业案例都是这样一个故事：不仅能清晰地说明一个关键概念，还能让学生牢牢记住所讲述的这一概念。正如所有的好故事一样，案例的讲述方式会推动学生向老师所认为的正确答案靠拢。而如果讲述方式不当，这种推动也可能变为操纵。

在投资方面，讲故事是投资理念和投资建议不可或缺的一部分。很多投资者倾向于避开数字而投资故事，也就是投资那些拥有吸引力强的故事的公司。即使是那些关注数字的分析师和投资者也常常会试图为这些数字提供一个故事架构。例如：在卖方股票研究中，分析师会讲述关于他们所关注的行业和拥有最高价值潜力的公司的极具吸引力的故事。令人惊讶的是，说起投资界的传奇，我们往往是以故事的形式，而不是以数字的形式记住那些最有名的成功投资的。例如：我们最经常谈论的关于沃伦·巴菲特的故事是他 1964 年对美国运通公司的投资。该公司曾一度因为一桩丑闻而大失民心，当时该公司将资金借给商品交易大户提诺·迪安杰利斯，而后者将被污染的色拉油用作抵押品。丑闻曝光后，美国运通的股价大跌。经评估，巴菲特认为该公司的信用卡业务不仅未受丑闻的影响，而且价值是该公司当时的主要业务的很多倍，于是他将其合伙公司40% 的资金用于投资美国运通公司的股票，并在股价反弹后得到了丰厚回报。虽然巴菲特此次投资的总获利仅为 3 300 万美元，相对于他的其他投资获利不值一提，但是这个关于美国运通的投资故事在价值投资圈久经传述，成为投资研究可带来巨大收益的证明。

---

### 案例研究 2.1：史蒂夫·乔布斯，大师级的故事讲述者

作为一个资深苹果用户，我可以说是看着史蒂夫·乔布斯一步步成为一位殿堂级的大人物的，而这主要归功于他的成功转型，他不仅让苹果公司焕然一新，而且改变了音乐产业和娱乐产业的格局。传奇人物乔布斯有很多值得一谈的地方，有好的方面也有不好的方面，而他最出色的特质之一就是讲故事。这种特质体现在他著名的年度发布会上，届时他会穿上其标志性的黑色高领毛衣，拿着最新的苹果产品为公司品牌讲故事。特别是他在 1984 年发表的演讲（介绍了 Macintosh 计算机）和在 1997 年发表的演讲（发布了 iMac 苹果一体机），他所讲述的故事不仅支撑了整个发布流程，同时也展示了他卓越的讲故事的能力。

1984 年，计算机领域是由技术极客们主导的，声名狼藉的微软命令行将少数技术行家与不精通技术的外行人分离了开来。而史蒂夫·乔布斯看到的是这样一个未来：世界上的所有人将不得不使用计算机，但大多数人并没有学习这些命令的意愿和倾向。以传统的桌面和文件夹为例，在他讲述的故事中，计算机被视为一种工具，即任何人都能像在办公桌上挪动文件那样轻松地在计算机上完成同样的操作。1997 年，世人已完全形成了这样的观念，即将计算机视为比打字机更有效地可生成

大量文档和电子表格的基本商务工具。而史蒂夫·乔布斯这一次则拿出了外形与颜色都很奇特的 iMac，并讲述了一个让计算机为家里播放音乐、带来丰富娱乐体验的故事，这为苹果在此后十年中的崛起打下了基础。

---

值得注意的是，这个例子也说明了商业故事讲述的另一个重要真理。史蒂夫·乔布斯在两场发布会中讲述的故事都极具吸引力和前瞻性，但是他（和苹果公司）并没有从 1984 年有关重新定位计算机的故事中获利。事实上，Macintosh 在设计方案选择和软件限制的重压下始终难以成型，这部分源自乔布斯自身的弱点。而另外一边，微软吸取了教训，重新设计了 Windows 操作系统，这几乎使苹果公司从公众的视野中消失。1997 年 iMac 的推出花了一段时间才取得成果，而直到五六年后，苹果才开始从中获利。我们从中得到的教训是，讲好故事是创建一家公司或者运营一项业务必不可少的一部分，但即使是最具吸引力的故事也不能保证财富和回报。

## 在科技（数据）时代讲故事

这是一个数字的黄金时代，我们有更多的机会获得海量的数据（大数据）、改良的数据分析工具和更强的机器计算力量。我们将在下一章中看到，有迹象表明事实就是如此。不过讽刺的是，正是数字处理工具和计算机技术的迅猛发展创造了对于讲好故事的更大的需求，这种需求与数据的激增成正比。虽然我们可以获取更多的信息了，但有证据表明，随之而产生的不利影响是我们更难记住这些信息。我们的大脑受到过载数据的围攻而停止了数据处理，正如《科学美国人》杂志的一篇文章所指出的那样，我们越来越多地将互联网用作我们记忆的“外接硬盘”。[6]在《纽约时报》的一篇文章中，约翰·胡特认为过于依赖技术使得我们只能接收碎片化的知识，而看不到整体情况，这就为故事创造了空间。[7]我不知道这些解释是否合情合理，但是在金融市场，越来越多的信息获取机会确实反而使得投资者在做判断时感觉更不安心，而不是更安心。有证据表明，这让很多困扰着投资决策的行为问题有加剧的趋势。因此，相比过去的几代，现在的投资者们似乎更倾向于被好的故事讲述吸引。

我们在生活中也受到了更多的干扰，有些是数字方面的，有些不是，而这些干扰会影响我们对周围事件的关注程度。事实上，有证据表明，我们越来越多地要在一天之中同时处理多项任务，我们不仅忽视了每天发生在我们周围的很多事情，而且我们的记忆也越来越不可靠了。而一个好的故事具有让我们重新集中注意力和增强记忆的效果。

最后，社交媒体的发展扩大了故事的影响范围。我们的故事不仅有了更多的听众（比如所有那些脸书好友），而且总会出现这样的机会：一个或多个故事被广为传播，影响范围以惊人的速度在全球扩张开来。各公司很快便利用了这一趋势，将其关于企业品牌或产品的故事放在社交媒体上使之得到广泛传播。我的同事斯科特·加洛威提出了一个数字智商参数（Digital IQ Index）的概念，他使用这项参数衡量公司在数字空间的表现，显然，那些落后的公司正加倍努力（并投入更多的资金）试图追赶走在前面的队伍。

## 讲故事的危险性

正如我们在之前的部分中所提到的，故事具有的强大力量在于它们能与人们的感情发生联系，能更容易地被人们记住，并引发他们采取行动。而这些原因中的每一个都会使故事变得极为危险，这种危险性不仅仅是对于听众而言的，对于讲述者也一样。本章的最后一部分将从听故事和讲故事两个角度，对仅凭故事引导决策的危险性给出警示。

### 情感延续效应

当大师级的故事讲述者创造了一个虚构的世界并将我们带入其中时，放下戒备并跟着他们进入这一虚构世界不会有什么危险。因此，周末我可以尽情地让自己沉浸在约翰·罗纳德·瑞尔·托尔金的中土世界或 J.K. 罗琳的霍格沃茨世界，我不会因为沉浸其中而受到什么坏的影响，反而可能会受到他们创造力的启发。但是在商界，我们在讲故事和听故事上面临着不同的考验，因为我们是在投资、接受工作机会或者购买产品，如果我们只是基于故事做出决定，那么我们所冒的风险就大大增加了。

行为经济学领域是近期兴起的，代表着心理学和经济学的交汇。简单地说，行为经济学揭示了导致人们做出糟糕决定的人性怪癖，特别是当这些决定出自情感、本能和直觉的时候。“行为经济学之父”丹尼尔·卡尼曼在《思考，快与慢》[①]一书中带我们领略了人类非理性

① 《思考，快与慢》已由中信出版社于 2012 年出版。——编者注

的世界，并指出有些我们带到决策过程中的非理性行为可能会被故事加以利用。[8]

然而，不仅仅是听众处于逃避事实而依赖情绪做决定的危险之中，故事讲述者也面临同样的危机，因为他们会越来越相信自己的故事，并据此采取行动。实际上，故事会与我们已有的错误倾向相互交织，并强化这种错误倾向。泰勒·考恩在一次 TED（技术、娱乐、设计大会）演讲中对要求人们相信直觉的心理学畅销书浪潮进行了批判，并指出：

> 我们把事情搞砸的唯一的、最核心的且最重要的方式就是我们对自己讲了太多的故事，或者我们太容易受到故事的误导。这些书为什么不给我们讲讲这些？因为这些书本身就都是关于故事的。这类书你读得越多，你越会了解你的一些错误倾向，但你的其他一些错误倾向也会变得更加严重。所以这些书本身就变成了你认知错误倾向的一部分。[9]

在前面的部分，我已指出讲故事的一大好处是，随着听众越来越深地沉浸于故事之中，他们会变得更乐意抛开怀疑，接受可疑的断言和推测而不去质疑。很大程度上这对故事讲述者来说是有好处的，这正是骗子与诈骗犯们（通常都是大师级的故事讲述者）编造轻松获得巨额财富的故事并骗走听众金钱的手段。援引乔纳森·戈特沙尔的话："大师级的故事讲述者想要我们沉醉于情感之中，因为这样我们便会忘记理性思考，并听从于他们的安排。"故事讲述的这一特性对于电影制作人来说是优势，但对于商业故事来说并不值得称颂。[10]

## 记忆的变化无常

很多故事讲述者在构思他们的故事时会利用到其个人记忆，而如果他们很好地讲述了他们的故事，这些故事会被记住很长的时间。正如研究人员所发现的，人类的记忆很脆弱且易被控制。在一项研究中，研究人员成功说服了 70% 的被试认为自己在青少年时期犯过罪并引发了警察行动，而实际上他们均未有过这种经历。[11] 在另一项研究中，研究人员则让被试“回想起”了孩提时期在商场走失的记忆（虚假记忆），尽管他们并未有过这种经历。[12]

商业故事通常会在一定程度上围绕着故事讲述者的经历而构建，这很容易让故事讲述者跨过真实经历与想象中的经历之间的界线。构思白手起家故事的创始人，宣称自己极富远见、恰好在市场崩溃前逃脱的证券投资经理，以及编造与并不存在的商业挑战进行抗争的经历的 CEO，这些人在反复讲述其故事后会逐渐相信自己的故事。这并不是说故事总是编造而来的或者充满谎言，而是说即使是怀着善意的故事讲述者在讲故事时也可能会改造自己的记忆，而这些故事的听众所记住的故事很可能并不是事实。

## 数字是解药

单纯用于娱乐的故事与商业故事之间的主要差别在于后者受到（或者说应该受到）现实的约束，而且在现实世界中，商业故事讲述者不会仅仅因为其故事富有创造性而得到回报。事实上，由故事讲述驱动的商业决策的危险之一就在于这种做法很容易越界，即从现实迈入幻想。在商业故事讲述中，这一点会以两种异常的形式显现出来：

> 童话故事：这是一个大部分内容按照标准脚本讲述的商业故事，但在某些情节上，讲述者会用其自身的希望来代替预期，让自己的创造性思维自由发挥。不出所料的是，这些故事的结尾都很不错——成功者拥有了一个成功的公司。
>
> 逃亡故事：逃亡故事和童话故事类似，听起来很不错，其中故事的主人公是如此讨人喜欢以至于听众忽略了故事中的重大缺陷或者逻辑问题，因为他们希望故事是真的。

总之，未经查验的故事很容易跑题，而对于商业故事而言，这会给每个利益相关者带来风险。

如果说在故事中带入情感并引入过去的经历会因为讲述者的记忆偏差而使故事发生扭曲，你会发现将数字引入其中能解决很多问题。当一个故事讲述者迈入幻想时，将其拉回现实的最简单的做法就是用数据证明他所讲述的旅程不可能存在。同样，当一个故事非常强有力以至于彻底征服了听众时，你可以向讲述者提几个关于为了实现其所承诺的结果他准备做什么这样的实际问题，以将听众带回清醒状态。

---

### 案例研究 2.2：骗局——带有颠覆性结尾的故事

骗局与人类的存在一样古老，是什么让它们存留了下来？又是什么让一些骗局胜过另一些骗局？答案有很多。但似乎所有骗子都有一个共同点，那就是他们都是大师级的故事讲述者，能够找到其听众情感防御的弱点，并利用故事的力量让听众相信他们的故事。

查尔斯·麦基在其关于市场泡沫的经典著作中描述了古往今来的销售员们如何利用故事推销产品和抬高一切事物（从郁金香的球茎到鲜为人知的公司的股价）的价格，以及投资者一直迷恋这些故事的原因。[13] 金融市场的崛起和社交媒体的发展使得故事讲述者得以扩大其受众范围，这同时也提高了他们造成损害的可能性。

几年前，伯纳德·麦道夫制订了一项投资计划，在其中他宣称自己将购买 100 只市值最大的股票中的 50 只，并“适时”把握买入时机（让投资者觉得他找到了把握市场时机的方法），然后利用看跌期权减少潜在损失。该计划的关键卖点有三个部分。第一，该策略“对于外行人而言过于复杂而难以理解”，同时又因为涉及所有权问题而难以详细描述。第二，据称该策略被设计得非常巧妙，从不会让人赔钱，即使是在市场表现糟糕的时候。第三，也是最聪明的部分，该策略会带来适度回报，而不是高得离谱的回报。麦道夫的目标人群是规避风险的个人和基金会，其中很多都是和他一样的犹太人。通过将其承诺的回报率维持在足够低的水平以让人觉得“合理”，以及维持其客户的“专属性”以避免客户间互通有无，他做到了在近二十年的时间里持续行骗而没有被人质疑。

---

### 案例研究 2.3：THERANOS —— 一个你希望它成真的美好故事

Theranos 生物科技医疗健康公司的故事开始于 2004 年 3

月，当时 19 岁的伊丽莎白·霍姆斯在斯坦福大学上大二，她从学校辍学后开始创办公司。该公司是一家位于硅谷的创业公司，但专注的并不是高科技领域，而是医疗保健必不可少的一项流程——血液检测。基于她在斯坦福实验室一直从事的 SARS（非典型性肺炎）病毒血液测试方面的工作，霍姆斯认为，可以通过技术开发实现利用比传统测试所需血量少得多的血液进行多种检测，让医生和病人更快、更高效地获得测试结果。结合她自身对传统血液检测的扎针要求的厌恶，她开发了 Theranos Nanotainer 微型血液存储容器。该容器长度为半英寸[①]，可存放少量血液，可用以替代传统实验室使用的多个血液容器。

这个故事对每个听到它的人来说都是无法抗拒的——鼓励她创业的斯坦福教授，排队为她提供数百万美元资金的风险投资家和认为这将改变医疗保健关键流程、让血液检测痛苦更轻且成本更低的医疗保健服务提供商。克利夫兰医学中心和沃尔格林公司是医疗保健领域中分属两个不同类别的公司，两者似乎都觉得该技术具有足够的吸引力，值得广泛推广。该故事吸引了很多记者，霍姆斯很快成为偶像人物，《福布斯》杂志称其为“全球最年轻的白手起家的女富豪”，同时她也成为 2015 年“霍雷肖·阿尔杰奖”的获得者。

在外界看来，Theranos 打破血液检测行业格局的路途似乎

① 1英寸≈2.54厘米。——编者注

很顺利。该公司一直大肆宣称Nanotainer容器中的一滴血可以进行30次实验室检测并将检测结果高效地反馈给医生，根据目前为止其网站所列出的针对每项测试的价格，这些价格均大幅低于现有的市场价格（约是现有价格的90%）。在风险资本排行榜上，Theranos一直位于最具价值的私有公司前列，公司估值超过90亿美元，这使得霍姆斯成为全球最富有的女性之一。世界似乎真的拜倒在她脚下，而且对于阅读关于该公司的新闻故事的所有人而言，一场革命性的颠覆似乎即将来临。

2015年10月16日，Theranos的故事开始瓦解，当时《华尔街日报》的一篇文章报道称，该公司夸大了Nanotainer容器的潜力，并且并未将Nanotainer容器用于其公司内部进行的大量血液检测实验。[14]更令人不安的是，文章表示该公司的实验室高级研究员发现借助Nanotainer容器进行的血液检测结果并不可靠，这让人们对该产品的科学性产生怀疑。在随后的几天时间里，Theranos的情况变得更糟。据报道，FDA（美国食品药品监督管理局）在对Theranos进行调查后，要求该公司停止使用Nanotainer容器进行除针对疱疹以外的所有血液检测，因为FDA对该公司提供的数据和产品的可靠性表示担忧。霍姆斯曾声称葛兰素史克公司已将该产品投入使用，但葛兰素史克公司表示其在此前两年并未与该创业公司有业务往来，克利夫兰医学中心也放弃采用该产品。起初，Theranos进入“地堡反击”模式，试图反驳批判性文章的攻击，而不是处理实际存在的问题。直到2015年10月27日，霍姆斯才最终认同提供将 Nanotainer 容器用作血液检测设备所采集的数据才是该公司能给出的“最有力的反驳”。在随后的几个月中，该公司面临的处境更为不妙，因为有更多的证据表明该公司的实验室和血液检测技术存在问题。2016 年 7 月，由于 FDA 明令禁止霍姆斯运营实验室，同时其商业合作伙伴（如沃尔格林公司）也纷纷放弃与之合作，该公司走到了崩解的边缘。

即便是好莱坞编剧要创作一部关于年轻创业公司的电影，他们可能也写不出像 Theranos 这个案例一样扣人心弦的故事：一位 19 岁的女性（这点已经和通常的创业公司创始人很不一样了）从斯坦福大学退学创业，致力于颠覆一项所有人都不喜欢的医疗惯例。我们当中有谁没有过在检查室坐上几个小时进行血液检测，在专业人员抽取大瓶血液时接受多次扎针，等待数日才拿回检测结果，然后对着 1 500 美元的账单大吃一惊呢？更吸引人的是，故事所具有的使命色彩在于该产品会改变全球的医疗保健产业格局，将低价快速的血液检测带给负担不起现有血液检测的广大群众。慷慨激昂与传教士般的热情贯穿于霍姆斯的演讲与采访之中。[15] 对于这样一个美好的故事和这么一位讨人喜欢的女英雄，你会想成为那个质疑产品是否真正可用的败兴者吗？

## 小结

故事在商业领域至关重要。通过故事，公司可以与投资者、客户和员工实现单纯的事实或数据所无法实现的关联，而且故事能够诱导行为。故事也确实有负面影响，尤其是当它没有经过事实检验的时候。故事讲述者会忘记现实，并创造一个能确保主人公得到成功的假想世界。认可故事的听众会让故事讲述者继续讲下去，而不会提出质疑，因为他们也想要一个美满的结局。如果说本书有什么使命的话，那就是它为你提供了一个模板，这个模板可以让你继续在你的故事中发挥创造力，同时也将规范性引入故事讲述的过程，以在你越界迈入美好幻想时对你发出警告。如果你是一个商业故事的听众，那么本书会为你提供一个检查清单，确保你不会将讲述者的希望甚至幻想错认为商业预测。

# 第 3 章　讲故事的要素

在创意写作圈子里有一个长期的争论，即讲故事是一门艺术还是一种技艺。我认为是两者兼备。虽然讲故事的某些方面是不可教授的，但也有许多成分不仅是可教的，而且还可以通过练习来改善和提升。在本章中，我将介绍组织一个好故事的一些要素，并探讨如何调整这些要素以将其用于商业故事。我会简要介绍各种类型的故事，为之后的章节中讲解故事和数字之间的关联奠定基础，并讨论讲述者如何使用语言和结构来激发听众更强烈的反应。

## 故事结构

大多数精心设计的故事都遵循一种结构。在本节中，我将首先从大体上讨论故事的结构，然后从商业故事讲述的角度重新审视一下结构问题。在你阅读这部分之前，我应该诚实地告诉你，我以前并未关注太多关于设置故事结构的历史，而这一历史可以追溯到几千年前。在回顾文学史的过程中，我认识到故事结构设置大部分都是用于辅助剧作家、小说家和作家讲述更有吸引力的故事的。我的目的更简单：从故事结构设置的历史中汲取可以用于商业故事讲述的经验教训。

第一次对故事所需要的元素进行正式阐述的是亚里士多德的《诗学》。[1]基于其对希腊剧院的观察，他在其讲述中说，每个故事都需要有开始、发展和结束，而推动故事发展的是其中通过因果关系而联系在一起的事件。为了使故事产生某种效果，主角的命运应该在故事发展的进程中一波三折。可以看到，这一结构之经久不衰实在令人惊异。

在19世纪，德国小说家和剧作家古斯塔夫·弗雷塔格对这一故事结构进行了补充，并提出了他的版本，其中包括五个关键要素：

> 1. 阐述或煽动阶段：描述一个使故事开始的事件，并介绍这个故事讨论的主要问题。
>
> 2. 复杂或上升阶段：此阶段中，附加事件的发生增加了故事的紧张感。在悲剧中，这通常是主角一切进展顺利的阶段，而在一个结局圆满的故事中，这通常就是发生不幸事件的插曲阶段。
>
> 3. 高潮或转折点：此处发生了转变趋势的事件，在这个点，悲剧由好变坏，结局圆满的故事则由坏变好。
>
> 4. 逆转或下降阶段：在这一阶段，发生的事件显示了转折点对故事的影响。
>
> 5. 结局：如果故事是个悲剧，它就会以一场大灾难为结局，如果不是，那么故事则会以某个展示主角或胜或负的决定性情节作为结局。[2]

弗雷塔格的结构通常被描述为一个三角形，如图3–1所示。

在弗雷塔格的故事讲述结构中，讲述者控制环境，充当舞台的主人，决定谁会在何时遭遇意料之外的事件，以及产生何种后果。因此，在商业故事讲述中直接使用这一结构不太可能，因为现实中发生的诸多事件并不受我们的控制，各种意外都有可能会将你精心设计的故事毁于一旦，而且故事结局也不是你能事先写好的。

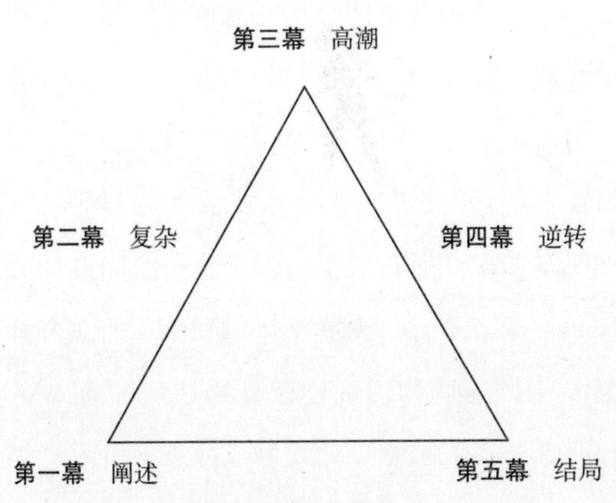


**图 3–1　弗雷塔格的故事讲述结构三角形**

在20世纪中叶，著名的神话研究者约瑟夫·坎贝尔经多年研究发现，神话都有一个共同的结构：一场始于卑微终于伟大的英雄之旅。[3]在图 3–2 中，你可以看到英雄故事的简化版本。[4]

如果你是一名《星球大战》的粉丝，你可能会发现这张图很眼熟，原因可能是乔治·卢卡斯在写这部电影的剧本时参照了此结构。与弗雷塔格的三角结构一样，这一结构对于商业环境而言显然太过受控，但我认为它的确解释了为何有些商业故事相对于其他故事而言，能够被更多人记住。让我们回想一下史蒂夫·乔布斯和他的商业神坛之路。就像坎贝尔结构中的英雄一样，史蒂夫对冒险的向往始于硅谷的一个车库，在这里他和史蒂夫·沃兹尼亚克制造了第一台苹果电脑。此后他在带领苹果公司走向成功的过程中所面临的挑战和诱惑都被载入了史册。而正是他被从苹果公司驱逐的经历以及之后的回归（他的死亡和重生），为苹果公司伟大的重新崛起奠定了基础。

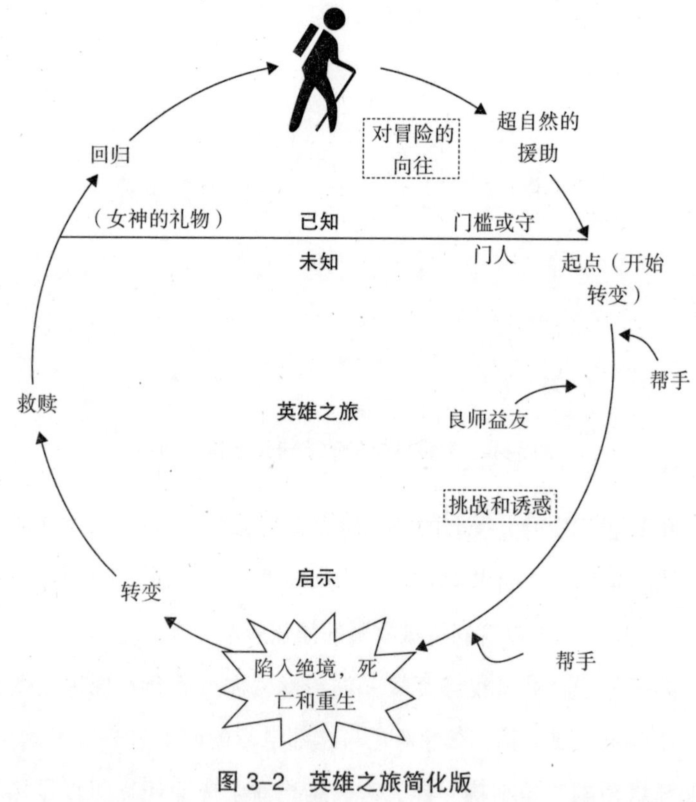


图 3–2 英雄之旅简化版

我相信还有其他结构可以用于故事讲述，但随着时间的推移，从亚里士多德的三阶结构到约瑟夫·坎贝尔的英雄之旅似乎并没有发生什么大的变化。实际上，故事的共同之处远比我们想象的多，且通常只会在需要反映某种现代情感的时候才会更新。

如果我说，当我在构造我对优步、法拉利和亚马逊的估值故事时，曾考虑过亚里士多德、弗雷塔格和坎贝尔的经验，那我就是在说谎。事实上，我是直到最近才了解到他们的观点的。但我的确从这些结构中学到了一些东西，可以用在商业故事讲述中。我从亚里士多德那里了解了故事要有开始、发展和结局，以及保持故事简洁和主题不分散的重要性。弗雷塔格让我明白在商业故事中增加成功和反转情节的必要性，因为缺少这些内容，故事就会显得平淡和无聊。坎贝尔的结构突出了人物在故事中的重要性，以及听众会如何与故事主人公遇到的困难和最终的胜利产生共鸣，我从中得到的一个经验是，至少在年轻的公司中，关于创始人或公司运营者的故事与公司的故事一样重要。最后这种故事结构也说明了故事之所以能与听众发生关联，是因为这些故事充满了太过人性化的冲动。

以娱乐为目的讲述的虚构故事和商业故事之间的巨大差异在于，前者的创造性几乎没有限制，后者则限制颇多。如果你正在写一个电影剧本或小说，你可以创造自己的世界，虽然这个世界可能很奇怪且不真实，但只要你的写作技巧掌握得足够熟练，你就可以带领读者进入这些世界。但如果你讲述的是一个商业故事，你就必须更加贴近现实，因为他人评判你的故事不会特别关注创造性这一方面，更多的是会看故事的可信度和讲述者履行在故事中做出的承诺的能力。当然，即便如此，你也完全有理由将一般的叙事结构用于商业故事讲述中。

## 故事类型

与故事结构一样，我们读到或听到的几乎所有故事都或多或少可以被视为对旧故事情节的重现。关于故事类型的大部分研究都是就一般的故事讲述而言的，不过商业世界的故事讲述也与其有相似之处。

### 一般故事类型

在克里斯托弗·布克有关故事讲述的书中，他认为，数百年来，故事情节始终没有超出以下7种基本类型[5]：第一，杀魔除怪，通常是不被看好的、处于劣势的主角，击败了强大而邪恶的对手。第二，重生故事，在此类故事里，主人公因各种原因得以重生，并过上了更美好的生活。第三，关于追寻的故事，故事中主角需要执行一个任务，即他必须找到一件物品或做成一件事，才能拯救一个人或者全世界。这就是诸如《指环王》和《星球大战》这类宏大的神话故事所属的类型。第四，白手起家的故事，这类故事是关于转型的，即一些贫穷且弱小的人一步步变得富有且强大。第五，航行和返程的故事，这类故事中的人物或有意或无意地踏上了一场探索的旅程，故事会在主人公返程回到出发点时结束，此时他们通常变得更聪明、更快乐或更富有。第六，喜剧，喜剧的意图是让你和演员一起笑，或者在看到他们磕磕绊绊地解决生活中遇到的挑战时嘲笑他们。而第七，悲剧，与喜剧正好相反，悲剧的目的是让你哭泣。布克很有说服力地证明了，从高雅文学到低俗小说，从歌剧到肥皂剧，从莎士比亚戏剧到詹姆斯·邦德系列电影，所有这些故事都逃不开这七大主题。

**产品故事**

几十年来，广告商一直在利用一般故事类型为产品创造广告故事。苹果在 1984 年为 Macintosh 做的广告中，对当时的个人计算机业务［尤其是IBM（国际商业机器公司）和微软］的描述占据了很大篇幅，这个故事可以被看作杀魔除怪故事类型的简单扩展。苹果 1984 年的广告在超级碗星期天首次公开，没有比在每年的这一天观察广告效果更好的机会了。在这一天，广告商会通过支付大笔费用来换取一个在很短的时间段内吸引大量电视观众的机会。这已经成为电视观看者的一种仪式，专家和观众都会参与投票，看看哪些广告给观众留下了最深的印象。虽然没有哪家公司或广告代理商能够持续领先，但一个确定的发现是，能够在 30 秒或 60 秒内讲出精彩故事的广告最有可能被记住。

**创始人故事**

对于年轻的创业公司甚至是一些成熟的公司来说，公司故事可以与创始人的故事紧密相连，而且往往正是创始人的故事会吸引投资者为公司投资。具体来说，关于创始人的故事有以下五种类型：

1. 霍雷肖·阿尔杰故事：此类故事很经典，特别是在美国，它是白手起家故事的变体。投资者会被这个故事吸引，是因为创始人在面对极大的逆境时表现出了一种不屈不挠的精神。

2. 魅力故事：此类型的创始人故事是围绕一个顿悟展开的，即主人公在某一时刻突然发现了商业机遇，然后便着手实现这个愿景。埃隆·马斯克独自创立或与他人合作创立了许多公司，包括 SpaceX（太空探索技术公司）、特斯拉和 SolarCity（太阳城公司）。在这些公司的初创阶段，被这一充满魅力的创始人所吸引的投资者与被公司本身所吸引的投资者人数不相上下。

3. 联系故事：在一些行业中，你认识的人会给你带来好处，拥有良好的社会关系（无论是因为家庭背景还是因为过去曾是政治家或领导者）的创始人会受到特别的尊重。

4. 名人故事：投资者有时会被创始人的名人地位吸引，相信这一地位将给其公司带来商机并创造价值。杰克·尼克劳斯、“魔术师”约翰逊和奥普拉·温弗瑞都曾利用他们的名人地位成功创办公司，被其名字吸引来的投资者与被公司本身吸引来的投资者人数不相上下。

5. 经验故事：创始人过去的成就也会吸引投资者为他们的公司投资。在投资这些公司时，投资者做出的假设是：如果他们曾经成功创立了一家公司，那么他们就将再次取得成功。

太过于强调创始人（一个或多个）的公司故事存在两个危险。首先，与创始人联系太过紧密的公司可能无法在创始人遭遇个人失败的情况下幸存。当玛莎·斯图尔特在 2003 年因内幕交易罪被判刑时，以她的名字命名的上市公司损失惨重，公司股价因她被起诉而下跌了近 15%。其次，听众的确总是会被创始人故事中的个人元素吸引，但前提是这些个人元素必须与公司成功相关联。这也许解释了为什么有这么多名人半路出家选择创业，但成功的人寥寥无几。

**案例研究 3.1：讲述者的故事——以安德玛和凯文·普朗克为例**

安德玛在服装业一直很成功，从一开始的小规模经营，到后来在服装、鞋类产品上向耐克等巨头发起挑战。安德玛的故事既是一个创业故事，同时也是一个关于其创始人——凯文·普朗克的故事。凯文是家中5个孩子中最小的一个，在马里兰州长大，随后加入马里兰大学的橄榄球队，成为一名专业的橄榄球运动员。在荣升为队长后，他察觉到每次橄榄球练习后，他和队员们都会汗流浃背，汗衫因此变得很重，于是，他想出了一个办法，用女式内衣的布料制作轻便、吸汗的汗衫。

1996 年大学毕业后，普朗克在祖母家的地下室开始了他的创业计划，之后花了十年时间扩展业务，将公司发展为可与耐克匹敌的竞争者，2015 年，该公司的年收入达 40 亿美元。他在安德玛发展过程中发挥的作用是大家有目共睹的，他甚至鼓动了马里兰大学橄榄球队的队员们拍摄了公司的早期商业广告。他还通过发行具有不同表决权的股份，来确保自己在公司的表决控制权。

## 创业故事

创业故事有很多，你所讲的故事取决于该公司处在其生命周期的哪个阶段，以及它正面临何种竞争。此外，冒着以偏概全以及未能囊括所有可能存在的创业故事的风险，我在表 3–1 中列出了几类经典的创业故事。

表3–1 创业故事的类型

| 商业故事 | 公司类型 | 投资卖点 |
|---|---|---|
| 恃强凌弱者 | 占据很大的市场份额，品牌卓越，拥有很多资本渠道，以冷酷无情而闻名 | 碾压竞争者，实现收入和利润的不断增长 |
| 不被看好者 | 所占市场份额在市场中排名第二（或更低），但与第一名相去甚远；与巨头公司相比，声称可提供更为质优价廉的产品 | 会比恃强凌弱者更加卖力地取悦客户，也许会致力于打造一种更为亲切温和的公司形象 |
| 恍然大悟之时 | 公司声称其发现了市场中未被满足的需求，而且通常是偶然发现的，然后创始人想出了一个满足这种需求的方案 | 满足未被满足的需求，变成成功的公司 |
| 技高一筹者 | 公司声称找到了现有的商品或服务的更好的替代品，它们更能吸引客户，并满足消费者的需求 | 吞掉当前市场参与者的市场份额 |
| 颠覆者 | 公司声称自己改变了某个产业的整体格局，或改变了提供产品或服务的基本方式 | 当前的产业模式无效或低效，而颠覆行动会改变整个产业格局，同时保证赢利 |
| 低成本参与者 | 公司发现了减少运营成本的方法，且愿意通过降价售出更多产品 | 销量的增加足以弥补减少的利润 |
| 传教士 | 公司宣称自己拥有更为宏大、更为神圣的使命，而非仅仅以盈利为目的 | 在赚钱的同时，也会（为社会）行善 |

该列表并不完整，但它确实涵盖了很大一部分公共以及私人资本市场中的公司故事。而且还有两点值得注意。第一点是一个公司可能有两个不同的故事。例如在 2015 年 9 月优步的发布会中，公司既讲述了一个颠覆的故事（优步正在引领汽车服务业的变革），又讲述了

一个主导的故事（优步在拼车服务市场正变得不可阻挡）。第二点是当一个公司步入其生命周期的下一个阶段时，其故事会发生变化。因此，当谷歌于 1998 年初入搜索引擎市场时，对市场中的参与者而言，谷歌是斗志昂扬的初创者，但是在 2015 年，谷歌已经转变为市场上的主导者，甚至可以说是恃强凌弱者，而且实至名归。

## 故事讲述者采取的步骤

在本章的大部分内容中，我都是从听故事的人和投资者的角度看待故事讲述的，这两类人会依据创始人的推销故事衡量公司的价值。但是，如果你既是创业者又是故事讲述者，那又该怎么做呢？这时，从关于故事结构和故事类型的介绍中学到的东西就可以派上用场了，你可以采取以下步骤将故事讲得更好。

1. 了解你的公司和你自己：作为一个故事讲述者，如果你自身都不了解你的公司，那你就很难讲出一个好的商业故事。如果你的商业愿景很模糊或根本没有商业愿景，那么你的商业故事也将反映出这种模糊。不管你是历史悠久的成熟公司的总裁还是创业公司的创始人，在你给股权研究分析师或风险投资人讲述故事时，情况都是如此。事实上，作为创业公司的创建者，你参与了公司发展的全过程，你既是故事的一部分，又是你的公司的一部分，二者同等重要。因此你应该思考一下你希望自己在这家公司以及这个故事中扮演怎样的角色。

2. 了解你的受众：由于每个人对故事的兴趣不同，因此当你向不同的利益相关者（职员、客户或潜在投资者）讲述你的商业故事时，你的商业故事可能也会有所不同。职员愿意与你分享商业成功的热情，但是他们对你计划如何与他们分享这些成功以及怎样规避个人在失败中的各种风险更感兴趣。与你获取的利益相比，客户可能对你的产品更感兴趣，他们想听的故事是，你的产品和服务将如何满足他们的需求，以及他们需要为此付出什么作为回报。投资者也希望了解你的产品和服务，但通常是从你计划如何将其转化为收入或价值的视角出发的。投资人内部也存在很大差异，投资期（长期、短期）以及投资人期待的回报方式（现金回笼、股票增值）的不同也会导致他们在聆听故事时的侧重点有所不同，而你的故事可能只能满足其中一部分投资人的期望，但无法满足另一部分投资人的期望。

3. 整理事实：扭曲事实对你所讲故事的损害最大。因此，你有必要做些准备，去了解你的公司面对的竞争形势以及你期望夺取的市场。在讲故事前，你要先检查故事，考察是否将新闻学中的“5个W”运用到了你的商业故事中，“5个W”具体包括：

- 你的客户、竞争者以及职员是谁？（Who）
- 你的公司现在的发展状况如何？对公司未来的发展你有何愿景？（What）
- 你准备何时或花费多长时间实现你对公司的愿景？（When）
- 你的公司在何处（市场和地理位置）运营？（Where）

- 你为什么认为自己会成为市场上的胜利者？（Why）

4. 讲述细节：你的商业故事很可能与市场机遇和宏观经济趋势有关，而你需要具体谈谈你计划如何利用这些机遇和趋势。例如，假定你正在创建一家社交媒体公司。仅仅说明人们当前会更频繁地通过社交媒体进行互动、获取新闻或进行娱乐活动是不够的。你需要具体说明作为一家公司你准备采取何种手段吸引人们来关注你的产品和服务。

5. 去展示而不描述：史蒂夫·乔布斯为苹果公司所做的主题演讲之所以能引起共鸣，是因为他愿意并渴望在舞台上与大家分享苹果公司的新产品，即使是冒着其中一些产品可能会在现场出现故障的风险。同样，通过展示产品和服务，你的商业故事不仅会给观众留下更深的印象，而且在引起行为反应方面的效果也会更好。

6. 有个好的结局：记住亚里士多德的建议，你应该为故事编写一个结局，这不仅会让观众兴奋起来并积极采取行动，而且你也能借助一个完整的故事封装好你想传递的信息。

我自己从未向投资者、雇员或客户讲述过商业故事，所以你应该对我提出的任何相关建议保持怀疑。然而，我在教学过程中一直相信，优质的教学也一定要具备以上六个方面。

## 好故事的组成成分

让某些故事比其他故事更扣人心弦的因素是什么？毕竟，故事由不同的人讲述，故事的形式有很多种，故事中的曲折情节也不尽相同，但是好的故事确实有一些共同点。我认为一个好的商业故事应该具备以下特征：

1. 故事简单。好的商业故事会着力于传递一个核心思想，并且让传递的过程更加简单直接。

2. 故事可信。一个好的商业故事必须能激发行动并且易于传播，其前提是它能经受住现实的考验。这意味着一个公司在展现其优势的同时要承认其局限性。

3. 故事真实。“真实”这个词很常见，其含义却很模糊，但不可否认，当你的故事真实地反映了你自己以及你的公司时，你的故事就能引起更多的共鸣。

4. 故事感人。在这里，感人并不是指讲故事的人要在台上哭泣，而是指故事讲述是由衷地发自你的内心的。如果你自己对你的故事都没有激情，你如何期待别人会对你的故事有激情呢？

我不会按照通常在课堂上的做法做一些冗长而枯燥的陈述，去讲应该做什么、不应该做什么，我决定向我最爱的故事讲述者皮克斯动画工作室寻求帮助，获取一些经验。我还记得与我的孩子们一起看《玩具总动员》时，我惊讶于一个故事竟然能做到同时让成人和孩子全神贯注。并且，随着时间的流逝，我越发羡慕皮克斯这种讲故事的能力。我开心地发现，曾经在皮克斯工作的艾玛·科茨根据自身经验，就故事讲述这个主题写了一本简明的指南手册，名为《22 条经典故事法则》。她列出了一些规则，尽管不是所有规则都可以直接为商业故事讲述所用，但大部分规则都值得效法。将皮克斯的故事讲述规则引入商业故事讲述，你就能根据观众的兴趣对你的故事进行调整，简化故事使之重点更突出，然后在反复地讲述中修改故事，最终完成故事。我发现最后一条建议最为重要，因为将故事讲给不同的观众听是了解什么元素会在你的故事中会发挥作用、什么元素不会的最好途径。通过反复练习，你确实能将故事讲得更好。

另外，就我个人而言，我是《创智赢家》这档节目的忠实观众。在这档节目中，一些出色的创业者会将其创业计划展示给成功的风险投资家和企业家以寻求投资。看这档节目时，我最爱的活动之一就是听节目中的创业者分享商业故事，并思考为什么有些商业故事能与听众发生联系，有些则不能，以及为什么这种联系有时（而并不总是）会转化为投资意愿。

## 小结

精彩的故事能魔力般地创造联系，唤起行动。在本章中，我设法探索了这种魔力背后的逻辑。让人惊讶的是，两千多年来，构造故事的方式几乎未曾发生变化，无论是亚里士多德提出的以戏剧理论为基础的故事结构，还是约瑟夫·坎贝尔发现的英雄之旅的故事结构，这些结构都大同小异。同样，无论是小说还是商业故事，能让你频频回顾的基本故事类型也屈指可数。

在本章结尾，我探索了构造好故事和讲述好故事的一些步骤。擅长讲商业故事的人既要学习故事结构和故事类型，又必须要深刻、充分地了解自己的公司、所面对的观众和他们自己，并在此基础上构造一些简单直接、反映现实的故事而非虚构的故事。此外，那些听故事的人也应该开放思维，经常地根据事实去检查故事的真实性，并且愿意接受这一点：与小说不同，商业故事的结局不总是符合人们的期待。

# 第4章　数字的力量

故事能够创建与听众的关联并使人记忆深刻，而数字能够使人信服。借助数字，即便是最不确切的故事也可以给人一种精确的感受，并且，在处理不确定性时，借助数字进行判断会让你感到更舒服。在本章中，我首先会追本溯源，简单回顾从古代文明中的数字起源到今天的定量模型这段历史。然后，我会着眼于数字对我们的影响力、我们使用数字的原因，以及过去30年中的科技发展是如何使数据的收集、分析和传播变得更容易的。最后，我会分析以下两个问题：过于信任数字的风险，以及数字为什么会让你误以为自己是客观真实的、掌控着事情的发展，而事实上却并非如此的。

## 数字的历史

最初的数字系统可以追溯到史前时代，也就是绘制在洞穴壁画上的计数系统。所有的古代文明都有其各自的数字系统，其中玛雅的数字系统是以60作为基数的。一般认为，古埃及人发明了10进制的数字系统，这成为当今数学运算的基础。而我们如今使用的数字，虽然被称为阿拉伯数字，却是由古印度人首先使用的。在传播的过程中，阿拉伯人发现了数字0的魔力，而中国人认识到了负数的存在。

虽然有了这些进步，但在人类历史中的大部分时间里，数字的使用仍只限于小部分人，这是因为获得数据并对其进行保存是非常困难的，而且计算过程也很耗费时间，分析工具也十分有限。到了中世纪，保险业的诞生以及统计理论方面的进步使数字在商业领域得到了更广泛的应用。而 19 世纪金融市场的发展则极大地促进了数字的使用。同一时期，数字处理发展为一种职业，保险精算师、会计师和股票经纪人等职业纷纷出现。

20世纪中期计算机的发明是数字历史上的又一变革性事件。随着机器计算取代人类劳动，数字运算的规模也得到了扩大。在个人计算机于 20 世纪 70 年代问世之前，有机会接触到体积庞大且非常昂贵的计算机系统的个体或组织（一般是大公司、大学和研究单位）明显比我们其余的人更有优势。个人计算机使更多的商业人士、投资者和新闻记者能够做到上一代只有极少数人可以做到的事情，同时也使数据访问和进行数据分析所需要的工具得到了普及。

## 数字的力量

随着机器的力量以越来越快的速度不断增长，人们在决策过程中越来越依赖于数字的趋势变得十分明显。公司尝试着以“大数据”分析作为指导来确定生产何种产品、将产品销售给哪些客户以及以何种价格来销售产品。投资者也越来越倾向于以数字为导向，其中一部分投资者（宽客）甚至完全依赖数据和用于分析数据的精密工具做决策。在此部分中，我想重点讲述究竟是什么让数字如此吸引人。

## 数字具有精确性

在本书开头，我引用了《点球成金》一书，这是一本关于职业棒球队奥克兰运动家的经理比利·比恩的书。[1]在美国，棒球是一项历史悠久的运动，对于这样一个可以产生大量与球员相关的统计数据的体育产业，它的发展在很长一段时间里却更依赖于故事讲述：球探讲述的关于年轻棒球投手如何有潜力的故事、球队经理对球员讲述的关于如何在比赛中根据具体情况做出正确反应的故事，以及球员讲述的关于如何击球或投球的故事。基于对数字的信任，比利·比恩利用从比赛中获取的海量统计数据来选择合适的队员以及高胜率的比赛方式，从而彻底改革了这项运动。仅凭着极少的经费就成功创建了一支世界级球队这一事实，不仅使他成为管理界的一颗明星，也令他成为棒球界人人争相效仿的对象。迈克尔·刘易斯从许多方面讲述了故事和数字之间的张力，并将当时的棒球界对比恩的尝试做出的反应描述为“一种不科学的文化对科学的方法做出的反应，或未能做出反应的例子”，从而论证了数字的力量。[2]

人们深信数字是科学的，且比故事更精确，基于这种信念，比利·比恩给棒球界带来的这一变革产生了深刻而广泛的影响。由比恩才华横溢的导师、棒球统计学家比尔·詹姆斯命名的棒球记录统计分析方法如今已在其他运动中得到了广泛应用，管理者和运动员们都纷纷借鉴了此分析方法。纳特·西尔弗是一位接受过专业培训的统计学家，他通过用数字质疑传统政治理论专家所讲述的、他称之为“肤浅空洞的故事”而颠覆了传统政论领域。当然，被数据革命颠覆得最为彻底的领域便是商业领域，一部分原因是该领域有相当多的数据可用于分析，另一部分原因则是恰当地运用这些数据可以带来巨大的收益。

我在第2章曾提到社交媒体为故事讲述创建了一个极为广阔的平台，但有趣的是，社交媒体也反映出了我们自己对数字的关注程度，比如，你会用点赞数来衡量脸书帖子内容的受欢迎程度，或者用转发量来评估 Twitter 推文的影响程度。并且，有证据表明，出于吸引更多人的注意这一目的，人们会有意调整其在社交媒体上发布的内容。

**数字是客观的**

在教育生涯中的某一时刻，我们学会了所谓的科学方法（但也常常会忘记）。至少在高中课堂上，教师对此是这样描述的：科学方法的本质是先提出假设，再进行实验并收集数据，然后根据这些数据接受或推翻假设。此描述隐含的信息是，真正的科学家是没有偏见的，而且数据会提供问题的答案。

在第2章探究故事讲述的危险性时，我讨论过偏差是如何在无形之中潜入故事的，以及对于听众来说想要在故事讲述者创造的环境中抵制偏差有多困难。数字对人们有如此之大的吸引力的一个原因是，不管合理与否，人们认为数字是公正的，不带有主观色彩。尽管这种推测并不符合事实（我会在下一节中讲到这一点），但不可否认，听众虽然很难和主要借助数字而非故事来阐述案例的人产生共鸣，但他们的确更有可能认为这个人更客观。

## 数字意味着控制力

在童话故事书《小王子》中，小王子在参观一颗小行星时遇到了一个数星星的人，那个人固执地认为如果他能够数完所有的星星，他就能拥有这些星星。这则童话故事引起了许多人的共鸣，因为人们似乎都有这样一种感觉，在对一样东西进行了测量或者将它与数字进行了关联之后，他们就能更好地控制它。因此，尽管一个体温计只能让你知道自己在发烧，一台血压监测仪仅能为你提供你的血压读数，但两者似乎都让你对自己的身体健康产生了一种控制感。

而在商业领域，数字的力量已经被精练为一句广为人知的口号："你无法管理你不能衡量的东西。"那些制造、销售以及投资测量工具的公司非常乐于听到这句口号。在部分商业领域中，借助新工具得以更准确地衡量产量和业务发展情况，促使这些领域中的公司取得了巨大的进步。以库存控制为例，能够实时跟进每样产品的库存，使公司能够在减少存货的同时及时地满足客户需求。然而，在许多商业领域中，这一口号已经变更为："如果你衡量了它，你就已经管理了它。"换言之，许多公司似乎用更多的数字取代了严谨的分析。

---

### 案例研究 4.1：量化投资的力量

量化投资的发展最能体现数字在投资中的力量，其推广者对他们完全依赖数字进行投资这一事实丝毫不加掩饰。事实上，他们竞相比较着自己的投资过程已经在多大程度上依赖于数据以及其所使用的数据分析工具是多么的高效和精确。量化投资的根源，可以追溯到一位传奇性的人物——本杰明·格雷厄姆，他被许多人视为现代价值投资之父。格雷厄姆为找出股价被低估的公司开创了多种筛选方法，但在他所处的时代，应用这些筛选方法是一件很困难的事，因为数据通常是手工收集的，筛选也是手工完成的。如今，股票筛选已经变成了一件很容易，几乎是零成本的事了。

导致现代投资组合理论诞生的马科维茨革命，也是量化投资得以发展的一个促因。哈里·马科维茨在 20 世纪 50 年代提出的在既定的风险水平下找出产生最高收益的投资组合，即寻找有效投资组合的投资方法，由于受到数据访问和分析水平的限制，在当时堪称计算噩梦。如今，配备了性能强大的个人计算机和线上数据库开放的访问权限的个人投资者已能够凭借一己之力找出有效投资组合，在几十年前这可能是需要数人花费几周的时间才能完成的工作。

在 20 世纪 70 年代后期，随着历史收益数据和账务数据越来越容易获得，一股新的学术研究潮流涌现出来，研究人员开始致力于仔细钻研以往的数据，试图找到某种系统化的模式。人们从这些研究中初步发现，与市值较大的公司相比，市值较小的公司的股票的回报率更高，此外，低市盈股票总能跑赢大盘。这些都被学者称为反常现象，因为它们与经典的风险与收益模型所预测的结果并不相符。对这些市场失灵现象的发现为投资者和投资组合经理创造更高收益带来了良机。

在过去的十年中，随着数据可获得性的进一步提高（其中一些甚至是实时更新并公开的），加之计算能力突飞猛进的发展，量化投资演变出了一些新的但可能会产生麻烦的形式。在迈克尔·刘易斯最新出版的著作《高频交易员》中，他着重描述了一部分被称为高频交易员的投资者，这些人借助高性能的计算机从海量的实时价格数据中筛选出那些错误定价的商品，并立即以错误定价进行商品交易以赚取差价。这些暗池交易几乎完全是数字驱动的，是纯数字驱动型投资发展过程中的必然产物。

## 数字的危险性

正如故事讲述的优点可以被错误利用，数字的优点也极易变成弊端，并被数字处理者利用来劝说投资者接受他们的观点。

### 精确的假象

在一位数学家向我指出“精确”和“准确”这两个词的侧重点存在差异之前，我经常不加区分地使用它们。他使用一个镖靶来解释其中的差异：一个模型的精确度，可通过对于同一组输入数据该模型每次得到的预测结果之间的接近程度来衡量；而一个模型的准确度，则是通过比较模型结果与实际数字之间的接近程度来衡量的（见图 4–1）。

换言之，你可以创建精确但不准确的模型，也可以创建准确但不精确的模型。这一差异值得我们注意，因为数字处理系统常常错误地将精确度看得比准确度更重要。

你对数字研究得越多，就能越早地意识到，尽管数字看起来或可以被伪装得很精确，但它们其实一点儿都不精确，尤其是在被用于对未来进行预测时。事实上，统计学家已经试着在估算过程中揭示这种不精确性了。在统计课上，你会被教导在进行估算时，应同时标出估算值的“标准误差”，以提示结果存在的潜在误差。但在实践中，尤其是在商业和投资领域中，人们会忽略这条忠告，而将估算结果当作事实，这常常会导致灾难性的后果。

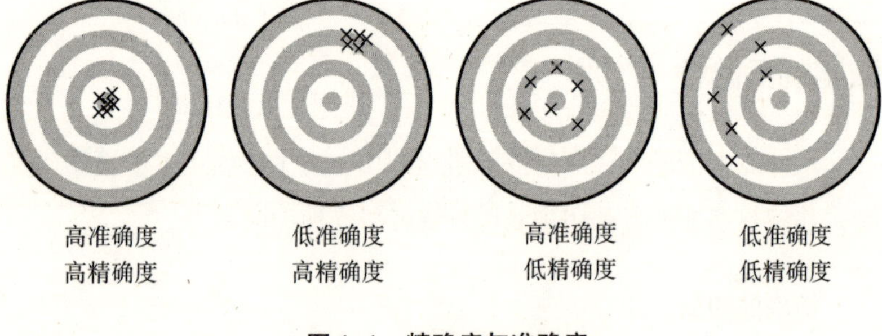


**图 4–1　精确度与准确度**

最后，数字还有一个特性，这一特性会进一步强化数字的不精确性。行为经济学中的一项重要发现是，我们对数字的反应不仅取决于数字的大小，还取决于数字被“框定”的方式。零售商就利用了数字的这个弱点。他们会将一件商品的价格标高至 2.5 美元，然后在旁边标注该商品现在打 8 折，因为购物者更倾向于购买这样一件打折的产品而不是价格直接标注为 2 美元的类似产品。在一个更著名的框架偏差的例子中，研究者给被试展现了这样一个情境——有 600 名患者感染了某种致命的疾病，被试被要求从针对该状况的两种处理方式中做出选择，每种处理方式的对应结果如表 4–1 所示。在正面框架中，

72% 的被试选择处理方式 A 而不是处理方式 B，尽管两种方式的最终结果从数字层面来看完全相同。而在负面框架中，只有 22% 的被试选择处理方式 A 而不是处理方式 B，同样，两种方式的最终结果从数字层面来看是相同的。在商业环境中，这两种框架可以类推为赚钱（正面）和赔钱（负面）以及公司生存（正面）和公司失败（负面）。根据研究结果，对相同数字采用不同的框定方式同样会导致不同的决策反应。

表 4–1　框架效应

| 框架 | 处理方式 A | 处理方式 B |
| --- | --- | --- |
| 正面 | 200 人获救 | 33.33% 的概率 600 人全部获救，66.67% 的概率无人获救 |
| 负面 | 400 人死亡 | 33.33% 的概率无人死亡，66.67% 的概率 600 人全部死亡 |

### 案例研究 4.2：“嘈杂的”历史——股权风险溢价

股权风险溢价，简单地说，即投资者将资金投入股票（一种风险投资）而不是投入无风险的投资中的要价。因此，如果投资者可以赚取 3% 有保障的（无风险的）年收益，那么股权风险溢价就是他们投资股票所要求的年收益超过3%的部分。直觉上，你会认为股权风险溢价会随以下因素而变化：第一，投资者规避风险的程度，越规避风险，股权风险溢价就越高；第二，投资者对所投资股票风险程度的评估，风险越高，股权风险溢价就越高。

考虑到股权风险溢价是公司的财政情况评估与估值的关键信息，你将如何估算这个数字？大多数从业者会求助于历史数据，考察投资者过去相较于无风险投资在股票上获得收益的情况。在美国，相关的历史数据最早可以追溯到一个世纪或更久以前，尽管现在的股票市场与当时相比已经扩大了许多倍且已经发展成熟。如果你认为美国财政部不可能违约，因此它发行的证券（短期国债和长期国债）是有保障的无风险投资，那么你就可以从过去的数据中估算历史股权风险溢价了。例如，1928~2015 年，美国股票的年均收益率为 11.41%，而同期国债的年均收益率为 5.23%。二者相差的 6.18% 即为历史股权风险溢价，而从业者会利用这一数字预测未来。

对这一数字做进一步的探究，应当注意到的一点是，这个平均值是根据易于波动的股票收益率计算得出的，股票收益率的波动范围在1933年高达50% 的年收益和1931年低至–44% 的年收益之间。图4–2记录了股票收益的波动情况。

因此，估算出的 6.18% 这一历史股权风险溢价就需要带上一个“标准误差为2.30% ”的警告标识。这意味着什么呢？笼统地讲，这意味着你的预测最多可能会有上下 4.60% 的误差，也就是说你的真实股权风险溢价可能低至1.58%，也可能高达10.78%。[3]

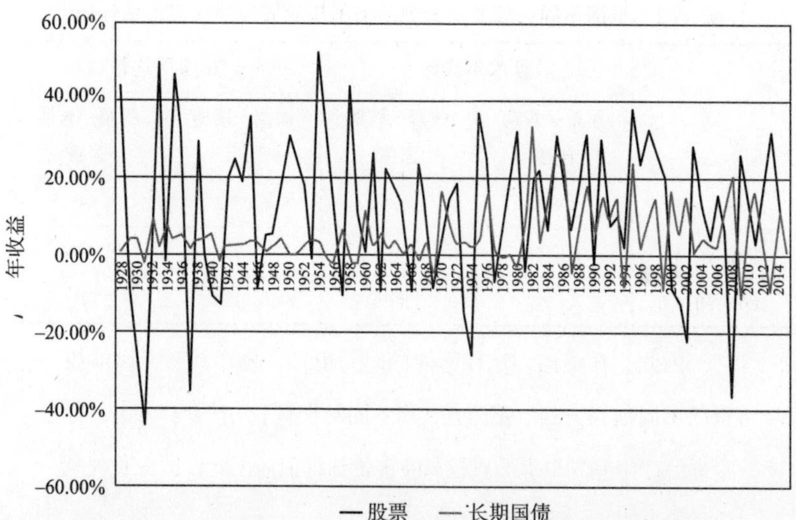


**图 4–2　1928~2015 年美国股票和长期国债的年收益波动情况**

资料来源：Damodaran Online（http://pages.stern.nyu.edu/~adamodar）

如果考虑到估算方法会影响估计值这一事实，这些数字的波动幅度甚至会更大。你可以不使用 1928~2015 年的数据，而使用更短时间（比如说最近 10 年或 50 年）或者更长时间（历史数据最早可追溯到 1871 年）内的数据。你也可以不使用10年期的长期国债，而使用 3 个月的短期国债或者30年期的长期国债作为比较对象。此外，你还可以使用复合平均数或几何平均数来代替算数平均数。每种估算方法的使用都可能产生一个不同的历史股票风险溢价估计值，如表 4–2 所示。

表 4–2　根据不同估算方法得到的美国年度股权风险溢价估计值

| | 算术平均数 | | 几何平均数 | |
|---|---|---|---|---|
| | 股票—短期国债 | 股票—长期国债 | 股票—短期国债 | 股票—长期国债 |
| 1928~2015年 | 7.92% | 6.18% | 6.05% | 4.54% |
| 1966~2015年 | 6.05% | 3.89% | 4.69% | 2.90% |
| 2006~2015年 | 7.87% | 3.88% | 6.11% | 2.53% |

因此，在美国，选择不同的时间窗口，使用针对无风险投资的不同估算方法，甚至是使用不同的收益平均值计算方法，都会导致产生差异很大的股权风险溢价估计值。因此，历史股权风险溢价只能是一种估计，而非事实。

**客观的错觉**

框定数字的方式可以改变人们对数字做出反应的方式，根据这一事实，我们进而可以联想到有关数字的第二种错觉——数字是客观的，数字处理者不会将个人意图带入数字处理中。真的是这样吗？在下一章中，你将详细了解到收集、分析和展示数据的过程为偏差的入侵提供了非常多的机会。更糟糕的是，在专业数字处理者的掌控下，用数字来掩饰偏差比讲故事的效果更好。

从听众的角度来看，有不同的偏差在起作用，你看待数字的方式和你选择关注的数字都取决于你先前的看法。举例而言，我在我的个人网站上估算了每年年初美国公开上市交易的公司支付的实际税率。为了提供全面的统计数据，我使用了三种不同的计算平均值的方法报告了每个行业的平均税率：行业内公司税率的简单平均数、行业内公司税率的加权平均数和行业内在当年实现盈利的公司税率的加权平均数。每年都有一些记者、政治家和商业贸易集团使用我的税率数据，而这些数据常被用来支持彼此之间差异很大的观点。商业贸易集团为了证明他们支付的税费份额是合理的，会选择能产生最高值的税费算法来为自己辩护。认为美国公司所支付的税费份额不合理的游说团体也会查看同一份表格，并找到产生最低值的税费算法来支撑他们的论证。双方都据理力争，说事实（和数字）是支持他们一方的观点的，同时都不承认偏差的存在。

---

**案例研究4.3：数字和偏差，以及股权风险溢价**

案例研究 4.2 中，我已说明了不同的估算方法会产生不同的股权风险溢价估计值，这些估计值介于低值 2.53%（2006~2015年间股票超过长期国债的几何平均溢价）和高值 7.92%（1928 ~ 2015 年间股票超过短期国债的算术平均溢价）之间。根据之前我对 1928~2015 年间股权风险溢价估值的标准误差2.30%，这一结果是非常合理的。

选择使用不同的股权风险溢价估值会产生不同的影响，在美国，一个影响可能会很大的领域就是公用事业（供电业、供水业）领域。数十年来，这些行业中的公司一直在其所处区域内处于垄断地位，但作为交换条件，监管委员会决定这些公用事业领域的产品价格可提高的幅度。这些委员会在做决策时会考虑什么样的收益率对于这些公司的投资者来说是合理的，然后据此设定产品价格的提高上限以使这些公司实现该收益。在过去几十年中的大部分时间里，这一合理收益率的计算都是将股权溢价风险作为一项关键参数来进行的，具体而言，收益率会随着股权溢价风险的增加而增加。

不出所料，受监管的公司和监管机构对于应当采用表 4–2 中的哪个数字产生了很大分歧。一方面，这些公司希望采用尽可能高而又不用被追究责任的溢价，比如表中的 7.92%。因为溢价越高，意味着收益率越高，价格可以提升的幅度也就越大。而另一方面，监管委员会则更倾向于采用较低的溢价，因为这样做可以抑制产品价格上涨，令消费者更满意。双方都声称其对溢价的估计值是真实的，因此常常需要法院或者仲裁委员会来推出一个折中方案。

---

**控制感的错觉**

可以衡量一个事物并不代表你就可以控制它。比如，体温计可以测出你发烧了，却不能帮你退烧；对投资组合收益率标准误差的估量只能告诉你它是有风险的，但并不能帮助你规避风险。话虽如此，但当你能够衡量某个事物时，你还是会感觉自己更有控制感，而且你花在数字上的时间越多，你对测量工具的依赖也就越大，这是事实。

在我倾注了自己大部分时间的公司财务与估值领域，我注意到几个常见现象。首先是假设分析或者灵敏度分析经常被用作对估值或项目分析的补充。在大多数情况下，这些分析发生于决策完成之后。对于分析师在这些分析上花费如此多时间的原因，我可以提供的唯一解释是，这可以让他们获得更多的控制感。其次是分析师会留意一些细小且一般不相关的细节。我想半开玩笑半认真地告诉你，无论是对于公司估值还是对于项目收益率，当我感到不确定时，我会在最终数字上加上几位小数以让估值结果显得更精确。

仅仅因为拥有精密的测量工具就误认为自己控制着一切的风险就是，它不仅会让你在判断时用数字完全取代你的常识，而且会让你无法针对今后的风险做好相应的准备。不幸的是，2008 年的信贷危机期间，全世界的银行就遭遇了这种风险。在危机爆发的20年前，这些银行开发出了一种名为VAR（风险价值法）的风险度量方法，这使他们能够以数字的方式看到其行业损失的最坏情况。在这20年中，风险管理专家和学者对VAR进行了不断的修正，使该方法变得越来越强大、复杂，以达到使其更有效的目的。随着银行经理越来越依赖VAR，他们逐渐放松了警惕并做出这样的推论：如果计算出的VAR结果处于他们设定的安全范围之内，那么他们所面对的风险就处于控制之中。然而，这种幻觉在 2008 年的金融危机中轻易地破灭了，VAR核心假设的弱点暴露了出来，原本以为可以借助VAR规避灾难性风险的银行发现自己陷入绝境。

---

**案例研究 4.4：长期资本管理公司经历的一个可悲（却真实）的故事**

如果你过于信任数字，你就应该关注LTCM（长期资本管理公司）的经历。该公司由前所罗门兄弟公司的操盘手约翰·梅里韦瑟于 20 世纪 90 年代早期成立，公司承诺其汇聚了金融界最有头脑的人才，能够以极高的效率发现并利用债券市场中的错误定价。在践行该承诺的第一部分时，梅里韦瑟从所罗门挖走了那里最优秀的债券交易员，并召集了两位诺贝尔奖得主，迈伦·斯科尔斯和罗伯特·默顿加入进来。在公司成立的最初几年，该公司也实现了承诺的第二部分，为华尔街的精英赚取了巨额收益。在那些年，LTCM利用了安全的投资机会，借助低成本债券融资来扩大资本并赚取可观收益，成为华尔街其他公司羡慕的对象。

随着可支配资金规模的不断扩大，该公司不得不拓宽探索范围，纳入更有风险的投资。而通过数据分析，它确实找到了此类投资。该项举措原本并不致命，但该公司将针对安全投资的举债经营的方式，照搬到了风险更大的投资上。之所以这样做，是因为根据一些复杂模型的预测结果，他们了解到，尽管单独的投资是有风险的，但根据历史经验，这些单独投资的盈亏变化并不同步，因此这种组合投资的方式是安全的。

1997 年，俄罗斯市场的崩溃波及了其他市场，而该公司的策略也同时宣告失败。由于其投资组合的价值发生了大幅度下跌，LTCM 发现自身深陷规模扩大和高额负债的副作用。LTCM 无法在不影响市场价格的情况下解除大额头寸，同时又持续地受到来自抵押贷款机构的还款压力，因而面临着必然破产的危机。美国联邦储备委员会（美联储）担心其会连累市场上的其他投资者，于是为该公司进行了由银行牵头的紧急融资援助。

从LTCM的惨败案例中我们可以吸取什么教训呢？拥有最

杰出的人才、最新的数据和最佳的投资或商业模型，都不能确保你获得成功。

---

**震慑作用**

如果你是一名财务分析师、投资顾问或者银行家，并且正面对着一群质疑你的听众，那么使听众安静下来的最简单的方法就是打开一张填满数字的复杂的电子数据表。当你的听众并不善于分析数字时，这一招会尤其有效，而如果这群听众精于数字，你也不必担心，因为仅依靠人脑，他们一般也无法读完并弄懂页面上的一大堆数字。

数字具有震慑作用这一事实无论是对于数字处理者还是对于他们的听众而言，都已不是一个秘密。对于数字处理者来说，这种震慑作用能够有效打断争论和阻止听众深究问题，从而避免数字中所包含的严重的甚至是致命的漏洞被揭穿。对于听众来说，数字为他们提供了一个不用认真研究的借口。当危机发生时，就像 2008 年的VAR那样，数字处理者和数字使用者都将责任归咎于模型本身。

我知道我能够用数字给那些不同意我的估值和投资判断的人一种震慑。当被问及切中我的投资判断要害、可能会暴露其弱点的问题时，我会迫切地想搬出一个方程，要么用来转移问题，要么用来使提问者对其所提问题的根据感到怀疑，但我也知道这样做只会使我的判断显得更不可靠。

**模仿问题**

如果你完全依赖于数字进行决策，就如一些纯粹的数字处理者所宣称的那样，那么作为决策者，你的麻烦就大了。原因有二。第一个原因是你让自己处于完全可以被取代的位置，你不仅可以被其他地方的要价更低的数字处理者取代，还可以被机器取代。毕竟，如果你的强项是在决策时可以像机器一样保持客观且只受数字驱动，那么，要执行该项任务，真正的机器永远可以比你做得更好。这正是提供机器人投资建议的新兴金融技术公司的业务：他们会像金融顾问那样询问投资者一些可以将答案转化为数字的问题（年龄、收入、存款和退休计划），然后计算机会根据这些数字生成一份投资组合建议。

如果你认为自己不会被取代的理由为，你所拥有的数据比其他人的更好且你的计算机比其他人的更强大，那么你将面临第二个问题，即完全靠数字驱动的决策过程是很容易被模仿的。因此，如果你投资"定量对冲基金"，并精心构建了一个定量模型来寻找最好的股票以买进和卖出，那么只要我能够看到你买进和卖出的股票，并使用一台功能足够强大的个人计算机根据你的投资结果反推模型，我就能轻易地复制你的策略了。

**从众问题**

让我们设想一下，你生活在一个大数据的世界里，在这个世界里你和其他所有人都拥有一个共同的巨大的数据库和一台功能强大的计算机可用于分析和理解数据。因为所有人都共享相同的数据，甚至可能使用的是相同的工具，所以，你和其他人可能会在几乎相同的时间关注到相同的机遇，并抓住这些机遇以获取利润。当你们在同一时间买进和卖出相同的股票时，这一过程将产生"羊群效应"。那会怎样呢？羊群效应会形成一种势头，从而至少会在短期内强化你的决策。但如果某个基础要素（整体的商业、市场或者经济）出现了结构性的变化，羊群效应就会导致集体性的错误。毕竟，数据来源于过去，而如果未来不同于以往，那么结构性变化的发生将会使基于以往数据的预测彻底瓦解。

这一效应的可能后果令人警醒。随着我们日益步入数据驱动型世界，越来越多的人能够使用数据，毫无疑问，我们将会比以往任何一个时代都更频繁地见证繁荣与萧条。市场泡沫问题比以往任何时候都更严重，而当这些泡沫破灭（这是必然的）时，损失也会变得更加惨重。

**讲故事是解决问题的法宝**

如果数字存在让人产生虚假的控制感、精确性和客观性以及易于模仿等危险性，那么如何将故事与数字进行关联来减少这些危害呢？首先，故事的特性是模糊性，而且故事能够提醒我们，尽管数字看起来是精确的，但改变你的故事就会改变数字。其次，这个提醒也可以消除这样一种错误观念，即你总能以某种方法实现你的预测。实际上这是不现实的，就像你的故事也会被不可抗力改变一样。当你被迫讲述支持你的数字的故事时，你的偏差不仅会暴露给世界上的所有人，也会暴露给你自己。我也相信，如果你能成功地将故事和数字结合起来，他人也会更难效仿你。有别于容易复制的模型，讲故事更细致入微、更加个性化且更难以复制。

将故事与数字进行关联，至少在近期，还不能解决羊群效应的问题。群体思维会导致人们在数字的引导下蜂拥买入相同的股票或者进行相同的投资，也会导致他们强化彼此的故事。但有人认为，制止愚蠢的群体行为的最佳方式是讲述另一个由数字支撑或更具可信性的（更真实的）故事。

---

## 案例研究 4.5：量化投资的失败

在案例研究 4.1 中，我将量化投资描述为数据革命的高潮，即金融市场中的“点球成金”。在这样的金融市场中，数字处理取代了早期的文字叙述和讲故事。接下来，我想讨论数字的危险性（数字具有不精确性，是传播偏差的媒介，并能给人带来控制感的错觉）是如何作用于量化投资（至少某些方面）的失败的。

我们先从数字的不精确性说起。如果你是金融界的比利·比恩，那么好消息是，数字可以创造海量数据，这些数据部分来自公司的财务档案，更多的则来自市场本身（价格变化、交易量）。而坏消息是，你会看到数据是非常嘈杂的，甚至在宏观的市场层面也是如此，从我在案例研究 4.2 中对股权风险溢价进行的标准误差计算就可以看出这一点。几乎所有的量化策略都建立在以往数据的基础之上，其给出的承诺（通常用阿尔法或超额收益的形式来表现）则带有这样一个限定条件：利用以往的数据无法预测未来，而且即便可以预测，预测结果仍有诸多不确定性。

至于偏差，尽管我们一直在努力避免，但完全避免偏差对你处理数字的方式和读取数据含义的方式产生丝毫影响是不可能的。一旦你制定出了一个量化投资策略，为其命名并将其出售给客户，你便不可回头地踏上了一条偏差之路，你会想尽一切办法证明你的策略是有效的，即使它已面临必然的失败。

2008 年的金融危机证明了对冲基金对投资收益的控制能力微乎其微。成熟市场经历了一次近代历史上绝无仅有的困境，基于历史数据仔细构建的模型不但提供了错误的信息，而且在同一时间误导了众多的投资者。

我还不准备放弃量化投资，因为我们身边仍有很多因素使其成为关注的焦点。但我认为量化投资的成功和失败反映了数字的前景和风险。量化投资要想取得成功和进步，必须找到一种将故事与数字相结合的方式，而如果你成功找到了这种方式，那么量化投资不仅会更成功，而且也会更加难以被模仿和取代。

## 小结

我天生就着迷于数字，但当我研究数字时，极为讽刺的一件事是，我对数字研究得越多，对于完全以数字为支撑的论点就越感到怀疑。在我研究数据（包括财务数据和市场数据）的过程中，我意识到数据中包含了多少干扰信息，以及根据这样的数据来进行预测有多困难。我相信科学方法，但不相信世界上存在着“纯粹”的科学家。所有的研究都是带有偏差的，问题只在于偏差的方向和程度。因此，当有人向我讲述一个完全由数字支撑的论点时，我的任务就是探究论点提出者的偏差，而一旦我发现了其偏差所在，我接下来的任务就是对数字进行调整以揭露偏差。现在我已经了解到，我所认为的“只要我为某个步骤或者变量赋值，我就可以控制甚至理解它”是一种傲慢的想法。因此，虽然我可以利用数字为你提供许多种不同的衡量风险的方法，并且这些方法中的大部分都具有长期的研究作为背书，但实际上，我每天都会问自己一个基本的问题：究竟什么是风险？它会如何影响作为投资者的我们？

# 第5章　数字处理工具

如果你擅长与数字打交道，那现在就是你的黄金时代。在10年前需要耗时几个月才能完成的任务，现在利用高新技术只要几秒钟便可完成。数字和处理工具的易获取性让每个人都可以对数字进行处理。但这也是把双刃剑，正如上一章中提到的，有些人可能会不当地使用、操纵数字或错误地理解数字。在本章中，我将数字处理过程分成三个阶段，依次为：数据收集、数据分析和数据呈现。在每个阶段，我都会谈到一些操作方法，帮助你在处理数字的过程中尽可能地减少偏差和错误，并在面对他人呈现的数字和模型时能够更敏锐地发现偏差和误差。

## 从数据到信息

我们目前是处于数据时代还是信息时代？答案我不敢肯定，因为“数据”和“信息”这两个概念虽然含义相差甚远，却经常被互换使用。我们首先接触的是数据，即原始数字，按照此定义，我们现今处于数据时代，因为我们可以收集和存储大量的原始数字，数据在经过处理和分析后才能转化为信息。这里就存在一个问题：数据的激增意味着我们要处理的数据量比原先要多得多，并且众多的数据之间也更可能存在自相矛盾的地方，因而将数据转化为信息就变得越发困难。因此，我们当前面临的问题是数据过载，而非信息过载。

从数据到信息的转变包含三个步骤，每个步骤中都既有一些好的做法，也有一些需要避免的地方，在本章中我将围绕这些步骤展开分析。

1.数据收集：第一步是收集数据。在某些情况下，你只需访问计算机数据库便可完成收集收据这一步骤。而在另外一些情况下，你需要通过实验或调查收集数据。

2.数据分析：完成数据收集后，你不仅要对所收集的数据进行总结和描述，还要寻找数据之间的关系，为决策提供参考。此步骤主要涉及统计分析。

3.数据呈现：完成数据分析后，你需要将分析结果呈现出来。这样他人才能看到并使用你根据数据推断出的信息，而你自己也能更清晰地把握从数据中得到的信息。

在每一个步骤中，你都可能会被一些细枝末节困扰，深陷有关数据收集和统计问题的争辩之中，纠结于是使用柱状图还是饼状图等诸如此类的问题。你需要记住：你的最终目的是运用信息更好地做出决策，因此任何有利于实现这一目的的做法都是可取的，而偏离该目的的做法只会分散你的注意力。

## 收集数据

在数字处理过程中，第一步是收集数据。在人类历史中的大部分时间，这都是一个极为耗时且需要手动操作的步骤。数据大体上有以下几种来源：调研、实验或组织实体（如政府、证券交易所、监管机构和私营公司等）保存的记录。随着人们越来越多地使用电脑进行交易、处理工作，数据被更多地记录在网上，这使得创建和维护数据库变得更为简单。

### 收集数据时面临的选择

在使用数据时，你会面临一个基本问题：要多少数据才算够？你可能会面临两种选择：第一，精心收集少量数据样本；第二，收集大量数据样本，其中包含着无意义且可能存在错误的数据。（这种划分可能过分简化了该选择过程。）在做选择时，你需要遵循“大数定律”，该定律是统计学的基本原理之一。简言之，“大数定律”表明样本量越大，根据样本计算得出的统计数据就越准确。如果你认为此说法不太合理，那么你可以这样想：样本量越大，每个数据点可能出现的错误在平均之后产生的影响就会越小。

假设你要抽取样本来了解某个流程，这时你要决定样本的组成。对于财务数据来说，你可能有以下选择：

1. 上市公司的数据与私营公司的数据：全球大部分上市公司都需按照要求公布财务报表。因此，与私营公司相比，收集上市公司的数据会容易得多。

2. 财务数据与市场数据：对于上市公司，你不仅能获得其财务报表数据，还能从金融市场中获取其价格变动数据和交易（买卖价差和交易量）数据。

3. 国内数据与全球数据：有很多研究员，特别是美国的研究员，在研究时常常只关注本国国内数据，一方面是因为他们认为国内的数据更可信且更容易理解，另一方面是因为这些数据更容易获取。考虑到公司和投资者的全球化趋势，仅关注国内数据已不再适应当前形势，当你预期你的结论具有全球性影响时就更是如此。

4. 定量数据与定性数据：在数据库中，绝大部分数据都为定量数据，一部分原因在于所能收集到的数据中大部分都是定量数据，另一部分原因在于定量数据比定性数据更容易存储和检索。因此，收集有关每个上市公司的董事数量的数据是很容易的，但若要收集有关公司董事会上所发生的意见不合的数据，那就会困难得多。不过，随着社交媒体网站的迅速发展，阅读、分析和存储定性数据的技术也将趋于完善。

你对数据类型的选择关系到你会得出何种分析结果，因为你做的选择会在无形之中导致你的样本出现偏差。

**数据收集的偏差**

对于那些仍然坚信数据具有客观性的人来说，只要仔细关注一下数据收集的过程，就会发现这种观点是站不住脚的。具体而言，抽取样本的过程就至少会存在两种偏差。如果你的目标是展示客观事实，则这些偏差会立即产生明显的负面效果，但如果你希望数据能体现你的观点，则这些偏差对你来说就是个很好的机遇。

**选择偏差**

从统计学概论课程中我们学到，我们可以通过从较大的总体中抽取样本来获得对总体的认识。这种方法完全合理，但前提是这些样本是随机抽取的样本。随机抽取样本看似轻而易举，但要在商业和投资领域做到这点实非易事。

- 在某些情况下，为了得到预期结果，你会对样本的观测数据进行有意的挑选，这时你带入的抽样偏差就是比较明显的。因此，如果某研究人员的研究目的是说明公司通常都可以做出优质投资，则他可能只会使用入选标准普尔500指数的公司作为样本。这些公司是美国市值最高的公司，是昔日的成功让它们拥有了今日的地位，因此它们能够做出优质投资不足为奇，但这项结论并不能推广到市场上的其他公司。
- 另外，收集数据的过程中也可能会存在不太明显的偏差，尽管你可能认为你所做的选择无甚影响。例如，当你使用的数据库其中只有上市公司的资料时，你可以选择仅收集上市公司的数据作为样本。然而，依据这些数据得出的结论无法推广到所有公司，因为私营公司比上市公司规模更小，业务范围更局限于当地。

我认为比较有用的一项原则是，在采集样本时，研究者可以同时观察被排除在样本之外的数据，看是否存在偏差。

**幸存者偏差**

幸存者偏差是我们在抽样过程中必须克服的另一个问题，它指的是当你出于某种原因忽略被排除在外的那部分数据时所带入的偏差。举个简单的例子，我在纽约大学的同事斯蒂芬·布朗曾针对对冲基金回报率开展了一项研究。多项对冲基金回报率研究都得出结论，认为对冲基金的回报率“甚高”（超出预期），但斯蒂芬·布朗指出，很多分析师都犯了同一种错误，即选择目前存在的一些对冲基金，然后对其进行回溯分析，看它们在过去一段时间内的回报率。在这样做的时候，分析师实际上忽略了对冲基金行业的一个残酷现实，即那些表现很差的对冲基金都被挤出了市场。由于没有将此类对冲基金的回报率计算在内，因此样本的统计结果被显著拉高了。斯蒂芬·布朗经过研究得出以下结论：由于幸存者偏差的影响，对冲基金平均回报率被拉高了2%~3%。对于失效率较高的研究领域，幸存者偏差的影响往往会更大。因此，对于投资者而言，相比于研究成熟的消费品公司的数据，在研究科技初创公司的数据时，研究者需要格外注意幸存者偏差可能造成的影响。

**噪声和错误**

在计算机数据时代，随着人们越来越少地采用手动输入数据的方式，我们已经学会了更加信任数据，甚至是过于信任它们了。但即使是在管理最为严格的数据库中，也依然存在数据输入错误，其中有些错误的严重程度大到足以影响你的研究结论。因此，研究人员应至少在统计前将所有数据浏览一遍，检查出可能存在的严重错误。

另一个问题是数据缺失，造成数据缺失的原因可能是数据不可得或者数据未被录入数据库中。要解决这个问题，你可以删除与缺失数据相关的观察结果，但这样不仅会减小你的样本量，还可能会引入偏差（比如当部分样本子集中的数据缺失情况比另一部分样本子集的缺失情况更多时）。我曾经主要使用美国数据进行分析，而自从转向使用全球数据后，我便更加频繁地遇到该问题。例如，我认为租赁承诺对公司来说是一项负债，于是在确定公司的债务情况时我会将租赁承诺转化为负债计算进去。在美国，公司必须按规定披露公司的租赁承诺信息，但在很多新兴市场，特别是亚洲地区，国家对公司并无此要求。因此，我面临两种选择。第一种是采用传统的债务定义，即将租赁排除在负债范畴之外。然而在我的全球样本中，有一半的公司确实会公布其租赁数据，对于这些公司，采用传统的债务定义会大大降低对其财务杠杆的测量的准确性。第二种选择是将所有未公布租赁协议的公司排除在样本之外，但这样不仅会使样本数量减半，还可能导致严重的偏差。我采取了折中方案，对于美国公司，我将租赁承诺当作负债处理，而对于美国以外的公司，我根据公司当年的租赁成本预估其未来的租赁承诺，再将其纳入统计中。

## 分析数据

虽然在大学时期我很喜欢统计学课程，但我也认为这些课程太抽象了，我无法将它们与现实生活中的例子联系起来。说来有点儿遗憾，如果我一早知道统计学对于理解数据如此重要，当初就会更加认真地学习统计学了。

## 数据分析工具

面对一个大样本数据的时候，你可能会希望先对数据进行汇总，生成概括统计量，然后再进行更复杂的分析。你可以从计算平均值和标准差这两个统计量着手，平均值指所有数据点的平均值，标准差指数据值偏离平均值的程度。如果数据并不是均匀地围绕平均值分布，则该平均值可能不是最能代表该样本的统计量，这种情况下你可以估计一下样本的中位数（样本中按数值大小排列位于正中间的数据点）或者众数（样本中出现得最频繁的数据点）。此外还有一些概括统计量可体现样本的数据分布情况，包括衡量样本数据分布对称性的偏度，和衡量样本数据偏离均值频度的峰度。

对于更偏向以视觉化方式理解数据的人，你可以看到他们会经常制作数据分布图。如果你的数据比较离散，即数据值只有有限的几个，那么你可以计算每个值出现的次数，制作一个频率表，并根据该频率表制作频率分布图。图5–1中的频率表和频率分布图显示了2016年年初的美国公司债券评级数据（标准普尔信用评级）。

如果你的数据是连续型数据，即数值可以是最小值和最大值之间的任何值，那么你可以对这些数据进行分组，并计算每组中的数据量，然后将结果用直方图表示。如果你的直方图呈现标准化概率分布（正态分布、对数正态分布或指数分布），你就可以根据标准化分布的特征对你的数据做出统计学评价。为了阐释这一点，我将计算出的2015年年底所有美国公司的市盈率（PE）数据制成了分布图（见图5–2）。

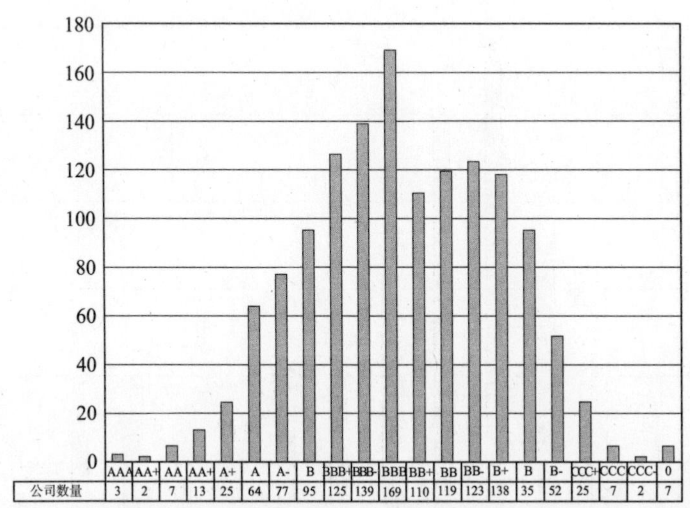


**图 5–1　美国公司债券评级数据（2016 年 1 月）**

资料来源：标普公司资本智商原始数据

最后，你还可以使用统计方法和统计工具来衡量两个或多个变量之间的相互关系。

最简单的方法是计算变量之间的相关系数，该系数的取值范围在 1（两个变量一致地朝同一个方向变动）和 –1（两个变量一致地朝相反的两个方向变动）之间。与该系数比较相似的一个系数是协方差，用于衡量两个变量之间的协动性，但其取值范围不限于 –1 到 1 之间。要想直观地表示两个变量之间的关系，最简单的方法是使用散点图，将每个变量的值参照另一个变量在图中标示出来。如图 5–3 所示，我将美国公司的历史市盈率与预期收益增长率（分析师估计值）的相关关系在图中标示出来以验证“成长越快的公司其市盈率也越高”这一传统观点的正确性。

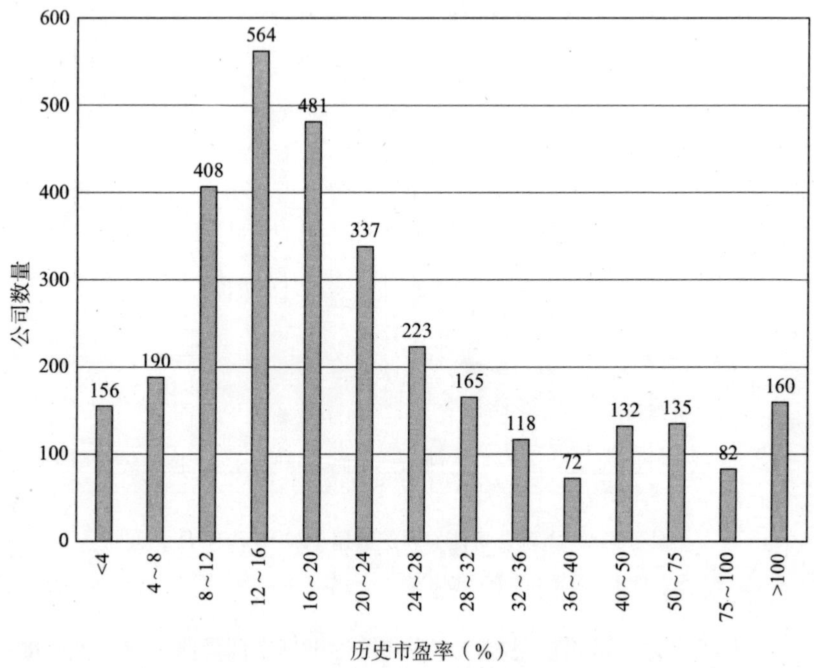


**图5–2　美国公司市盈率（2016 年 1 月）**

资料来源：http://www.damodaran.com

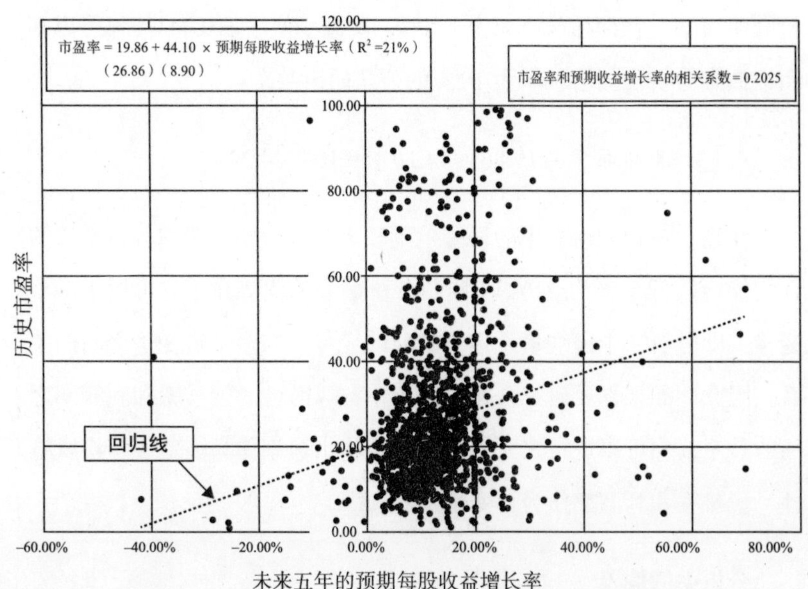


**图 5–3　美国公司的历史市盈率以及未来五年的预期每股收益增长率（2016 年 1 月）**

对于支持这一传统观点的人来说，好消息是该观点总体来说的确是正确的，因为市盈率和公司成长性之间存在着正相关关系，但坏消息是两者之间的相关性并不高（仅为20%）。如果数据分析的目的是利用一个变量来预测另一个变量的变化，那么最合适的分析方法就是回归分析。通过回归分析，你可以找到最适合这两个变量相关程度的回归线。从图形的角度来看，在散点图中能直观表示的是简单回归。图 5–3 显示了我对美国公司历史市盈率和预期收益增长率进行回归分析后得出的结果。左上方的回归方程式中，括号里面的数字是 $t$ 统计量，$t$ 统计量大于 2 即表示该统计结果具有统计显著性。根据回归分析结果可知，预期增长率每上升1%，市盈率便增加0.441。你可以利用该回归分析预测增长率为10%的公司的市盈率：

$$预期市盈率 = 19.86 + 44.10 \times 0.10 = 24.27$$

注意，该预期市盈率的误差范围较大，这表明此回归分析结果的预测能力较低（$R^2$为21%）。回归分析最大的优势在于它可用于多个变量，即分析一个因变量（你要解释的变量）与多个自变量之间的关系。因此，如果你要研究公司的市盈率与风险性、增长率和利润率之间的关系，你可以进行多元回归分析，将市盈率作为因变量，将风险性、增长率和利润率作为自变量。

**分析中的偏差**

统计工具可以帮助我们实现多种统计分析，包括上一节中提到的所有分析。但它是一柄双刃剑，因为可能出现“输入的是垃圾，输出的也是垃圾”的情况。纵观商业和金融领域的数据分析状况，我得出了以下观察结果：

1.我们太过信赖平均值：尽管我们已经开发出了各种数据分析工具，但出乎意料的是，大部分的商业和投资决策依然建立在简单的统计平均值的基础上。我看到过很多投资者和分析师辩称某公司股票价格低是因为该公司的市盈率低于行业平均值，或者某公司债务过高是因为该公司的负债率高于市场平均值。不仅是对于非对称的数据分布，仅关注平均值这一集中趋势测量结果价值不高，而且，仅关注平均值对样本中的大量数据而言也是一种巨大的浪费。若在20世纪60年代，分析师可能还会以耗时和难以操作为理由进行反驳，但在今天这个数据时代，还有什么理由只计算平均值呢？

2.并非所有数据都呈正态分布：对于统计学课程，比较遗憾的一点是，大部分人都只记得一种数据分布形式，即正态分布。正态分布是一种极为优美、便捷的分布形式，只需平均值和标准差这两个概括统计量就可以概括其全部特征，并且尤其适合在概率陈述中使用，例如："由于其距离平均值有3个标准差，因此其发生的概率仅为1%。"然而可惜的是，现实生活中的大部分数据都并非呈正态分布，特别是商业和金融领域的数据。即便如此，分析师和研究人员依然基于正态分布的统计方法对相关数据做出预测、建立模型，并屡屡因实际结果超出预计范围而感到惊讶。[1]

3.异常值问题：异常值通常会削弱统计结果的效力，因此很多研究人员采取的对策是将异常值从数据中剔除——从源头抑制问题，这也不足为奇。但剔除异常值很可能会导致偏差，因为与你的事先假设不符的异常值会被率先删除，而与事先假设相符合的异常值则保留了下来。事实上，如果把商业和投资行业的工作看作危机处理，那你就会知道最需要关注的正是那些异常的数据，而不是那些与假设完全相符的数据。

## 数据呈现

如果你收集、分析数据的目的是让自己更好地做出决策，那么在对数据进行分析后你或许就可以做出最佳判断了。但如果你分析、处理数字的目的是将结果提供给决策者或决策团队，或者你必须向他人解释你的决策，此时你就需要找到方法将数据呈现给你的观众，与此同时，他们可能对这些数据既不熟悉也不感兴趣。

**数据呈现方式**

首先，你可以用表格来呈现数据。表格可分为两种。第一种是备查表，其包含大量的数据，可供人们查看某个部分的具体数据，比如我在个人网站上发布的各行业税率数据表。第二种是演示表，这是一种概括性的表格，旨在显示不同子数据集之间的差异（或无差异）。

其次，你还可以使用图表来展示数据。图表的类型有很多种，但最常用的是以下三种：

1. 折线图：折线图最适用于展示某段时间内的数据变化趋势，以及比较不同数列之间的差异。在图 5–4 中，我描绘了 1961~ 2015 年间美国股票的股权风险溢价和美国国债利率的变化趋势。该图不仅体现了不同时期内股权风险溢价的涨跌，同时也展示了股权风险溢价随无风险利率（国债利率）的变动而出现的变化。

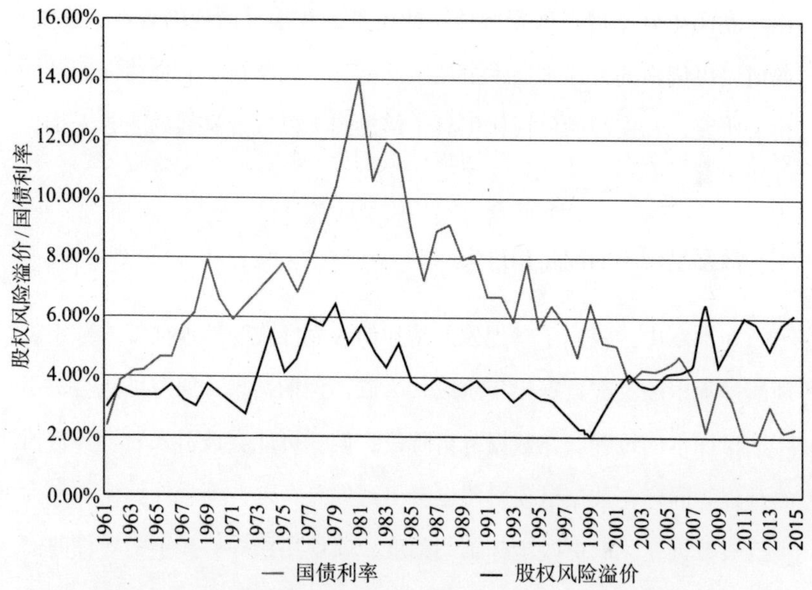


**图5-4　1961~2015年美国股票的股权风险溢价和美国国债利率**

资料来源：Damodaran Online（http://pages.stern.nyu.edu/~adamodar）

2. 柱状图和条形图：柱状图和条形图最适用于展示几个子数据集之间的统计比较结果。比如，你可以比较5个不同市场或行业的市盈率，查看它们之中是否存在一个或多个异常值。

3. 饼状图：饼状图可用于说明整体的各个组成部分。因此，通过使用饼状图，我可以展示某公司在全球不同区域的营业收入，或者多元化经营的公司的业务构成。

爱德华·塔夫特一直是我的偶像，他在数据展示方面十分有远见，他认为我们需要突破电子数据表制作程序的限制性和沉闷感，利用示意图更好地展示数据所传达的信息，我很赞同他的观点。其实，如何以更创新的方式来展示数据本身就是一门学科。它促使人们开展相关研究，开发新的可视化工具（信息图）以及开发新的业务来推广这些工具。

### 数据呈现中的偏差和过失

在本章中，我们了解到偏差是如何或显性或隐性地被带入数字处理的过程中的。在数据收集阶段，为取得预期结果，偏差可能会被引入选择样本的过程。在数据分析阶段，偏差可能会被引入处理异常值的过程。同样，数据呈现阶段也会出现偏差，这并不意外。比如，为了凸显数据变化而更改坐标轴的刻度，或使用误导性甚于引导性的信息图，这些看似细微的偏差都可能会带来重大的影响。

在数据呈现阶段，你需要记住一点：删繁就简。你向决策人员呈现数据的目的不是为了将铺天盖地的三维图形一股脑儿地堆在他们眼前，让他们一头雾水，而是为了帮助他们更好地做出决策。所以，可以通过文字清楚说明的简单数据就不要使用表格来呈现，使用表格就能说清楚的数据就不要使用图形来呈现，可以用二维图形解释清楚的数据就不用三维图形来呈现。我曾经违反过以上所有原则，并且在本书中还可能再次违反。如果我这么做了，我希望你们可以提醒我。

---

**案例研究 5.1：制药公司——研发和收益（2015 年 11 月）**

为了了解制药行业，我从 1991 年便开始分析美国在医疗保健方面的支出剧增是如何开始的。当时，制药公司如同烧钱机器一样，都建立在大量前期研发投资的基础上。其研发出的药物在获得美国FDA的批准后便投入商业生产，而销售药物获得的利润除了用于支付总的研发成本之外，还可产生大量的超额利润。此运作过程的关键因素在于医药公司拥有定价权，这源于受严格保护的专利申请流程、医疗支出的剧增、医疗保险公司的分散以及各级（从患者到医院，再到政府）成本管理的不到位。毫不意外，在此模式下，投资者会根据制药公司在研发上投入的成本（他们坚信研发成本可以转嫁给消费者）以及产品线的完整性和均衡性来决定对制药公司的投入。

那么，在过去10年间这一切是如何变化的呢？医疗成本增长率开始放缓，制药公司的定价权在各种因素的作用下被削弱，包括医疗法律的修订等。首先，医疗保险行业的整合力度有所增大，这潜在提升了医疗保险公司对制药公司所生产药物的议价能力。其次，政府利用Medicaid（医疗补助计划）的购买影响力争取到了更低的药物价格。而 Medicare（联邦医疗保险）依然由保险公司受理，因此后者也可以向制药公司施压，以降低成本。再者，作为药物销售网络节点的药店也出现了公司化改革与合并的趋势，这提升了它们在定价过程中的话语权。所有这些变化带来的净效应是投资研发的收益不确定性大幅增加，因此现在对药物研发项目进行投资必须像对其他大型资本投资项目投资一样进行评估：只有那些能够为公司创造价值的研发项目投资才是优质项目。

我们假设制药公司在 1991~2014 年间丧失了定价权，并且药物研发带来的收益已不如从前。为了验证这一假设，我首先研究了制药公司每年的平均利润率（如图 5–5 所示），并使用不同的利润测量指标［净利润率、营业利润率和研发（或销售）息税前利润率］评估制药公司的利润。

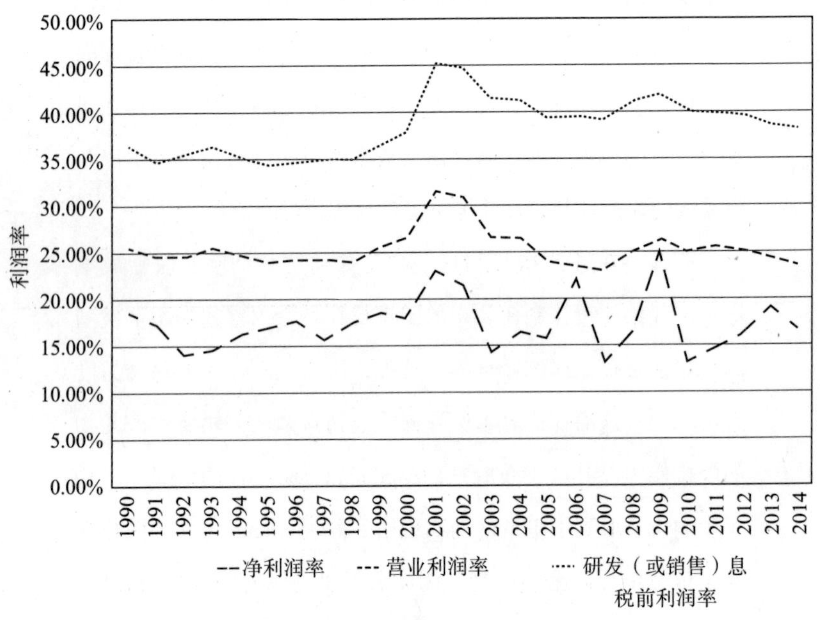


**图 5–5 制药公司：利润率**

数据显示，在此期间，制药公司的利润率虽然出现了小幅下跌，但总体变化不是很大，因此不足以支持“制药公司的定价权在此期间被削弱”这一假设。

接着，我对 1991~2014 年间制药公司每年的研发支出占销售收入的百分比和收入增长情况进行了分析（见表5–1），以考察在此期间研发投入带来的营收增长是否出现了下滑。

表5–1　研发投入对营收增长的贡献率

| 年份 | 研发支出占销售收入的百分比 | 营收增长率 | 研发投入回报率 |
|---|---|---|---|
| 1991 | 10.17% | 49.30% | 4.85 |
| 1992 | 10.64% | 6.40% | 0.60 |
| 1993 | 10.97% | 3.58% | 0.33 |
| 1994 | 10.30% | 15.85% | 1.54 |
| 1995 | 10.37% | 17.32% | 1.67 |
| 1996 | 10.44% | 11.38% | 1.09 |
| 1997 | 10.61% | 13.20% | 1.24 |
| 1998 | 11.15% | 19.92% | 1.79 |
| 1999 | 11.08% | 15.66% | 1.41 |
| 2000 | 11.41% | 8.15% | 0.71 |
| 2001 | 13.74% | –8.17% | –0.59 |
| 2002 | 13.95% | 4.80% | 0.34 |
| 2003 | 14.72% | 16.26% | 1.10 |
| 2004 | 14.79% | 8.17% | 0.55 |
| 2005 | 15.40% | 1.49% | 0.10 |
| 2006 | 16.08% | 2.86% | 0.18 |
| 2007 | 16.21% | 8.57% | 0.53 |
| 2008 | 15.94% | 6.21% | 0.39 |

（续表）

| 年份 | 研发支出占销售收入的百分比 | 营收增长率 | 研发投入回报率 |
|---|---|---|---|
| 2009 | 15.58% | –4.87% | –0.31 |
| 2010 | 15.17% | 19.82% | 1.31 |
| 2011 | 14.30% | 3.77% | 0.26 |
| 2012 | 14.48% | –2.99% | –0.21 |
| 2013 | 14.28% | 2.34% | 0.16 |
| 2014 | 14.36% | 1.67% | 0.12 |
| 1991~1995 | 10.49% | 18.49% | 1.80 |
| 1996~2000 | 10.94% | 13.66% | 1.25 |
| 2001~2005 | 14.52% | 4.51% | 0.30 |
| 2006~2010 | 15.80% | 6.52% | 0.42 |
| 2011~2014 | 14.36% | 1.20% | 0.08 |

我知道营收增长滞后于研发投入，但我们可以通过计算研发成本占销售收入比例的增长，来估计同期研发投入回报率：

$$研发投入回报率=\frac{营收增长率}{研发支出占销售收入的百分比}$$

尽管存在一定的限制，但针对该比例进行的计算结果显示，制药公司研发投入回报率出现了下降，并且在2011~2014年间接近于零。

从该项分析中，我们得出了什么结论？第一，尽管美国医疗行业经历了剧烈的变化，但制药公司依然有利可图。第二，制药公司在内部研发支出上的缩减程度并没有想象的那么严重。第三，从表5–1中可以看出，由于研发投入回报率呈现不断降低的趋势，因此制药公司应该相应减少而非增加研发投入。第四，此项分析在一定程度上解释了为什么有些制药公司开始实施收购战略，针对自身的研发产品线重点收购那些创建时间较晚、规模较小的同类公司。

---

**案例研究5.2：埃克森美孚油价曝光（2009 年3月）**

在本书第13章中，我会向大家介绍我在2009年3月对埃克森美孚公司进行的一次估值。在估值期间，我遇到的首要问题是油价在估值前的6个月发生了大幅下跌（跌至 45 美元/桶），但埃克森美孚公司报道的大部分财务数据（包括营收和利润数据）反映的是前一年的情况，那一年的平均油价为 80 美元/桶。显然，对比于下跌后的油价，该公司在过去12个月的收益异常之高，因此，我需要尽量将公司的收益情况根据下跌后的油价进行调整，这是我遇到的一个挑战。

为了解埃克森美孚公司的收益对油价变化的灵敏度，我收集了1985~2008年间埃克森美孚公司每年的营业收入和当年的平均油价记录。图5–6中列有相应的数据。

同时我也针对每年的平均油价对埃克森美孚公司的年度营业收入进行了回归分析。分析发现，埃克森美孚公司的营业收入几乎完全由油价水平决定（$R^2$超过90%），因此，利用回归分析得到的结果，你可以计算出当油价为45美元/桶时，埃克森美孚公司的校正后的营业收入额。

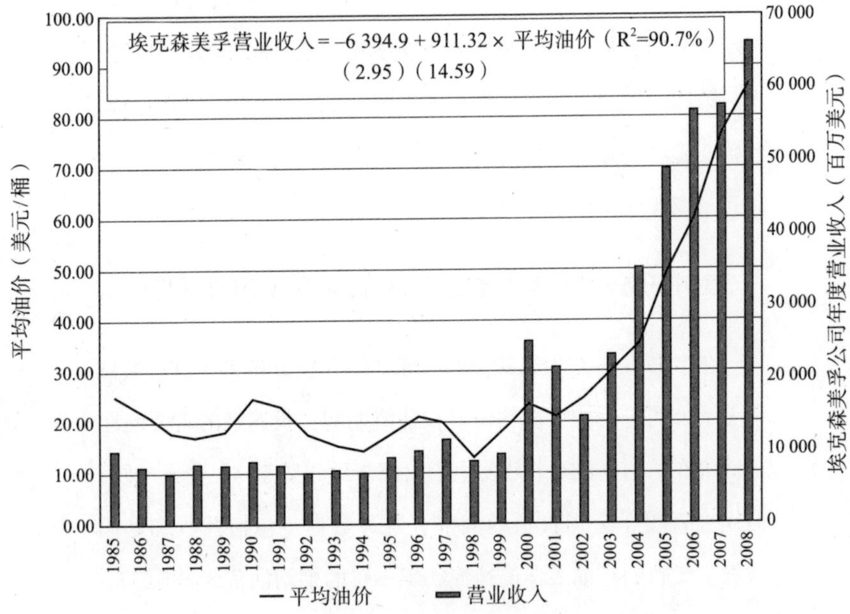


**图 5–6 埃克森美孚公司营业收入以及平均油价**

埃克森美孚公司按当前油价校正后的营业收入 = –639 490 万美元 + 91 132 万美元 × 45 = 3 461 450 万美元

虽然346亿美元的营业收入数据比起埃克森美孚公司在财务报告中公布的过去12个月的营收数据要低得多，但这就是我在埃克森美孚公司估值报告中给出的数字。

---

## 案例研究 5.3：价值破坏——巴西石油公司

在将数据分析转化成故事来呈现时，我并不是特别具有创造力。但我在2015年5月所做的一项分析却一直令我引以为豪，此项分析旨在研究巴西石油公司是如何陷入价值破坏的恶性循环之中，最终使市值下降近1 000亿美元的（见图5–7）。

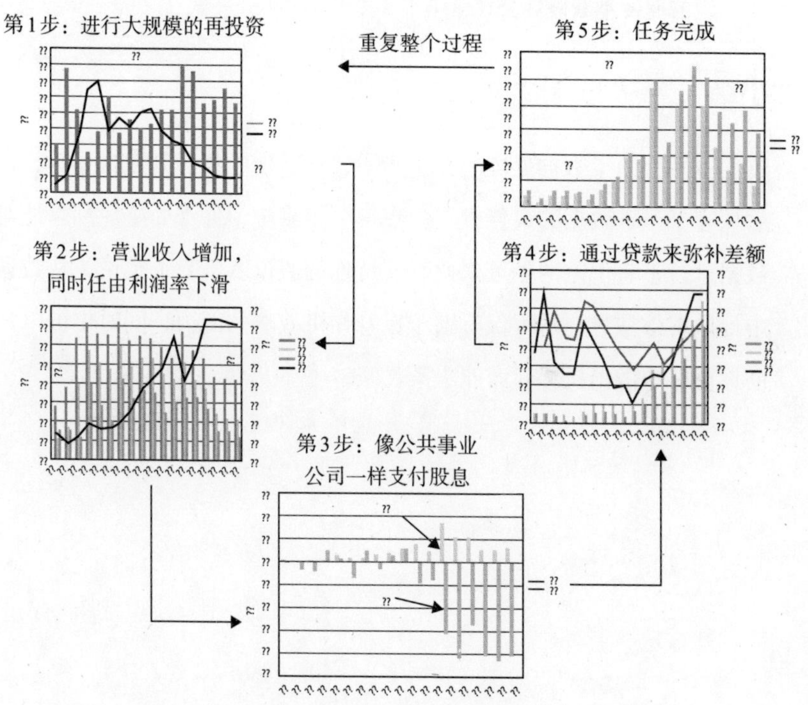


**图 5–7　价值破坏过程图：巴西石油公司（2015 年）**

虽然这张图违背了很多数据可视化规则，并且包含了过多的信息，但我的初衷是给出一张示意图，不仅要能展示出巴西石油公司采取了哪些导致价值破坏的行动，同时也要能指出这些行动之间的逻辑关系。具体而言，由于该公司希望持续支付高股息，因此，如果要在不考虑收益的情况下大规模投资于增加石油储备，那该公司就必须要通过新增债务来融资。这种做法的净效应就是使公司陷入价值破坏的恶性循环之中，以指数级的速度不断破坏公司价值。

---

## 小结

本章介绍了数据处理的三个步骤，从数据收集谈到数据分析，最后探究了呈现数据的最佳方式。在每个步骤中，你都要避免刻意地对数据进行带有偏差的处理来使其支持你的假设。不妄下定论，从数据中提取有效信息，这不仅有助于提升你讲故事的能力，同时也可以帮助你更好地做出投资和商业决策。

# 第6章　构建一个故事

既然我已经介绍过讲故事和处理数字的大概流程，那么现在是时候详细地了解一下如何构建一个故事了。在本章开头，我们先来了解一下商业故事，即关于一些公司的故事以及构建这些故事的步骤。在阅读本章时，你会发现大部分内容都是围绕故事讲述者展开的。而如果你更倾向于扮演一位故事的听众，你可能会怀疑这些经验是否适用于你。毕竟，在有些情况下，故事讲述者和投资者的利益大相径庭。如果你是公司的创始人或经理，你会不由自主地想要分享公司业绩一路高歌猛进的故事，因为这样做会带来更高的公司估值。而作为创始人游说对象的投资人，你要为自己的资金投入承担风险，因此，你不但需要核实创始人故事的可信性，而且对于该公司是否值得投资要形成自己的看法，这个看法甚至可能与创始人的故事背道而驰。在我看来，成功的商业故事（让听者久久难忘并能够支撑其商业成功的故事）是指那些故事讲述者和听众的利益能够完美契合的故事。如果你是某个上市公司的潜在投资者，你必须身兼讲述者和听众这两种角色：作为讲述者，你需要构建一个能为公司价值背书的故事；作为听众，你需要研究你的故事以找出其中最薄弱的环节。一个基本原则是，在投资领域，只做一名被动的听众是行不通的，不管你是公司的创始人、经理还是投资者，你最终必须扮演讲述者的角色。

## 成功故事的精髓

在本书的第 4 章，我们已经探讨过成功故事的构成要素，在构建一个可以对公司或者投资起支撑作用的故事时，我们可以借鉴这些经验。具体而言，一个商业故事具备了以下元素才是成功的：

1. 简单：一个简单且言之有理的故事比一个复杂而杂乱无章的故事更加让人难忘。

2. 可信：商业故事必须可信，这样投资者才能据其采取相应的行动。如果你是一个经验足够丰富的故事讲述者，对于故事中有待澄清的地方，你也许能用语言掩盖它，但是这些有待澄清的内容最终会损害你的故事并且可能会危及你的公司。

3. 鼓舞人心：讲述商业故事并非为了获得最佳创意演说奖，而是为了鼓舞听众（包括员工、客户以及潜在的投资者），让他们认可你的故事。

4. 促使听众采取行动：一旦听众认可你的故事，你就会希望他们能够采取行动。对于员工，你希望他们能够为你效力；对于客户，你希望他们能够购买你的产品和服务；对于投资者，你希望他们能够为你的公司投资。

对于商业故事，一个基本原则是少关注细枝末节，多着眼于全局和公司的愿景。

## 前期工作

在为公司构建一个商业故事之前，讲述者和听众都需要做一些准备工作。你必须研究公司的历史，了解公司所在的市场情况，并估计该市场的竞争激烈程度。

### 公司

第一步是考察公司本身。公司才是你要构建的故事的逻辑出发点。如果该公司已经经营了一段时间，那么你可以从公司的发展历程入手，试着总结公司过去的发展成就、盈利情况和业务方针。尽管在为公司的未来构建故事时不一定要受公司历史的约束，但是你依然要了解公司的历史。

对于初创公司，研究公司历史所得到的信息会很少。仔细研究初创公司的财务报告之后，你通常会不出所料地发现公司最近一个季度的营业收入并没有多少（如果有的话），仍处于亏损阶段。对于这类公司而言，作为投资者，考察公司的创始人或所有者及他们的个人履历，以及同行业中有哪些比较成熟的公司，你会得到更有价值的信息。

### 市场

第二步是考察公司所在或计划进入的市场。表 6–1 列出了一张你要回答的问题清单。

表6–1　市场分析

| 类别 | 问题 | 说明 |
| --- | --- | --- |
| 增长情况 | 所在行业整体市场的成长速度有多快？<br>是否有部分市场的成长速度快过其他部分？ | 除了要考察随时间变化的平均增长率，还需要观察不同产品线和地域的增长率变化 |
| 盈利能力 | 该行业整体的盈利能力如何？<br>在盈利能力方面是否有随时间变化的趋势？ | 考察利润率（总利润率、营业利润率和净利润率）和会计收益率随时间变化的趋势 |
| 为实现增长所进行的投资 | 该行业中的公司必须要为哪些资产进行投资才能实现增长？<br>要实现增长，该行业中所有公司的整体投资是多少？<br>在该行业中，扩大规模的难易程度如何？ | 对于制造型公司，投资主要集中于车间、设备和装配线；而对于技术型公司和制药公司，投资主要集中于研发过程 |
| 风险 | 随时间的推移，收入和收益会有多大的变化？<br>这些营业数据发生变化背后的推动力是什么？<br>在该行业中公司准备承担的债务（或固定承诺）是多少？<br>在该行业中公司面对的风险有哪些？导致公司失败的诱因（到期应付的债务或现金短缺）是什么？ | 收入和收益的变化可能是由宏观经济变量引起的，比如利率、通货膨胀、商品价格、政治风险；也可能是由与公司相关的变量引起的 |

对于成熟行业的知名公司而言，此项分析相对简单，这是因为我们能够观测到并且通常可以预测到这些行业的市场特征（市场增长情况、盈利能力）及其发展变化趋势。但是，如果公司所在行业处于不

断变化或演进的过程中，比如面临着由行业发展成熟带来的改变、消费者的行为变化（如在娱乐内容行业，消费者转向流媒体）、规范条例或限制条件的改变（如电信行业放宽管制）或地域特征的变化，那么分析的难度就会加大。在这些情况下，你不但要判断当前行业的现状，还要预估其未来如何演变。

为一个处在不断变化、演进过程中的行业的初创公司构建一个商业故事可能是最具有挑战性的。2013年对Twitter进行估值时，我必须判断Twitter是会维持其在线广告业务（在线广告业务为Twitter当时的主要收入来源），还是会利用其庞大的用户基数将业务范围拓展至零售业，甚至转向订阅模式。作为投资者，你可能会直接询问Twitter的负责人和经理以获得上述问题的答案，但是你要意识到，他们可能和你一样不明就里，并且往往带有更严重的偏差。

与复杂的公司相比，有些公司会更容易理解和评估。一般而言，稳定成熟的公司比处于转型期的公司更容易评估，大多数上市公司比规模较小的公司或私营公司更容易评估。也就是说，当很难对某公司进行估值时，对该公司进行估值所应收取的报酬就要高于对相对比较容易评估的公司进行的估值。

### 竞争情况

前期准备工作的第三步，也是最后一步，就是评估当前和潜在的市场竞争情况。基于先前对整个领域或行业的增长情况、盈利能力、投资和风险的预估，现在你需要考察同一市场内的其他公司在这些方面的数据。

表6–2列出了一些能够帮助你更好地理解该过程的问题。

**表6–2 竞争分析**

| 类别 | 问题 | 说明 |
|---|---|---|
| 增长情况 | 行业内各个公司之间的增长情况是否有很大的差异？<br>如果存在很大的差异，那么造成这些差异的决定因素是什么？ | 如果行业内各个公司以不同的速率增长，则你需要评估这一现象是否与公司规模、地理位置或细分市场有关 |
| 盈利能力 | 行业内各个公司之间的盈利能力是否有很大的差异？<br>如果存在很大的差异，那么造成这些差异的决定因素是什么？ | 如果各个公司之间在利润率方面存在巨大差异，则你需要考察哪种类型的公司盈利最多，哪种类型的公司盈利最少 |
| 为实现增长所进行的投资 | 市场中是否存在一个所有公司都采用的标准投资模式？<br>如果没有，采用不同投资模式的公司的盈利能力和增长情况是否存在差异？ | 随着行业内公司的发展，你需要考察他们的投资需求是否出现减少（由于规模经济和人脉优势）或（随着竞争变得越来越激烈）增加 |
| 风险 | 行业内各个公司承担的风险（盈利变动性和存续情况）是否有很大的差异？<br>如果存在很大的差异，那么造成这些差异的决定因素是什么？ | 你需要考察行业内不同公司面临的风险（运营和存续）是否存在差异，如果存在差异，则需要考察造成这些差异的原因 |

在对行业内的公司进行评估之后，你必须仔细分析你的公司在当前行业内的竞争格局中所扮演的角色以及公司的盈利途径是什么。在做出这些判断时，你很容易就会陷入想象——其他公司在原地徘徊，而你的公司会不断斩获商机，开拓创新，发展创利，但是这种想象通常都是不切实际的。在你发现巨大的市场机遇时，你要相信其他人也一定发现了这个机会。当你决定利用这次市场机遇时，你要做好其他人也会利用该市场机遇的心理准备。你可以从经济学的分支——博弈论中吸取经验。博弈论旨在对有多个局中人的博弈进行研究，并试图

根据你的动作以及其他对手的动作来预测博弈以何种方式结束。在博弈中，你可能并非总是资本最为雄厚、最聪明或反应最快的局中人，因此，在评估时你最好做到实事求是（尽管这很难）。

---

### 案例研究 6.1：汽车业（2015 年 10 月）

后面我会对以下两家汽车公司进行估值：法拉利和大众汽车。在接下来的四章中，我会对法拉利进行估值，以对从故事到估值这一过程进行说明；此外，我还会提一下大众汽车以说明丑闻是如何（也可能不会）颠覆一个故事的。我选取的这两家公司都属于汽车业，我会利用该行业目前的发展情况等信息对即将发生的行业变化做出一些推测。

汽车业历史悠久，最早可以追溯至 20 世纪初期。汽车业的发展为工业经济的发展奠定了基础。曾经有段时间，根据汽车公司的发展情况，分析师可以准确预测国家经济的发展情况。汽车业昔日的辉煌如今已不再。今日的汽车业已成为一个没落行业，汽车公司的总体利润低于资本成本，大多数公司陷入了价值破坏的困境。如果你认为这是耸人听闻，那么我告诉你，这正是全球最大的汽车公司之一——菲亚特汽车公司的首席执行官塞尔吉奥·马尔乔内的看法。马尔乔内敢于对投资者说真话，对于他的公司以及整个汽车行业所面临的问题丝毫不加掩饰。在发表了上述观点（有时是在公开场合，有时是在其他汽车公司高管在场的情况下）一段时间之后，他通过在某个分析师电话会议上发表的名为“一个资本毒虫的自白”的演讲，对他的上述观点进行了具体阐释。[1]在该演讲中，他提出在过去 10 年的大部分时间里，汽车业的利润都要低于资本成本，如果不进行重大的结构性变革，这种表现欠佳的现状还会持续下去。

那么，到底是什么导致了汽车业整体表现欠佳呢？从大的范围来看，我们会发现汽车业有以下三个特点：

1. 增长率较低：汽车业是一个周期性行业，会随着整体经济的阶段性变化而起起落落，但即便是一个周期性行业，汽车业也已是一个相对成熟的行业。这一点在表 6–3 中的汽车公司营业收入增长率中得到了体现。

2005~2014 年间，亚洲和拉丁美洲的新兴市场经济体显著地推动了汽车业销售额的增长，但是即使出现了这一大幅增长，汽车公司在 2005~2014 年的总收入年复合增长率也仅为 5.63%。

表 6–3　汽车公司营业收入及其增长率（2005~2014 年）

| 年份 | 总营业收入（美元） | 增长率（%） |
| --- | --- | --- |
| 2005 | 1 274 716.60 | 11.54 |
| 2006 | 1 421 804.20 | 30.44 |
| 2007 | 1 854 576.40 | –1.94 |
| 2008 | 1 818 533.00 | –13.51 |
| 2009 | 1 572 890.10 | 15.47 |
| 2010 | 1 816 269.40 | 8.06 |
| 2011 | 1 962 630.40 | 7.54 |
| 2012 | 2 110 572.20 | 2.28 |

（续表）

| 年份 | 总营业收入（美元） | 增长率（%） |
|---|---|---|
| 2013 | 2 158 603.00 | −3.36 |
| 2014 | 2 086 124.80 | 5.63 |
| 复合增长率：2005~2014 年 | | |

资料来源：标普公司资本智商数据

2. 利润率很低：马尔乔内针对汽车业所说的最关键的一点是指出在现有的成本结构下，汽车行业的营业毛利非常低。为了对这一点进行说明，同时也为了对法拉利进行估值做好准备，我对全球市值超过 10 亿美元的上市汽车公司的税前营业利润率进行了计算（见图 6–1）。

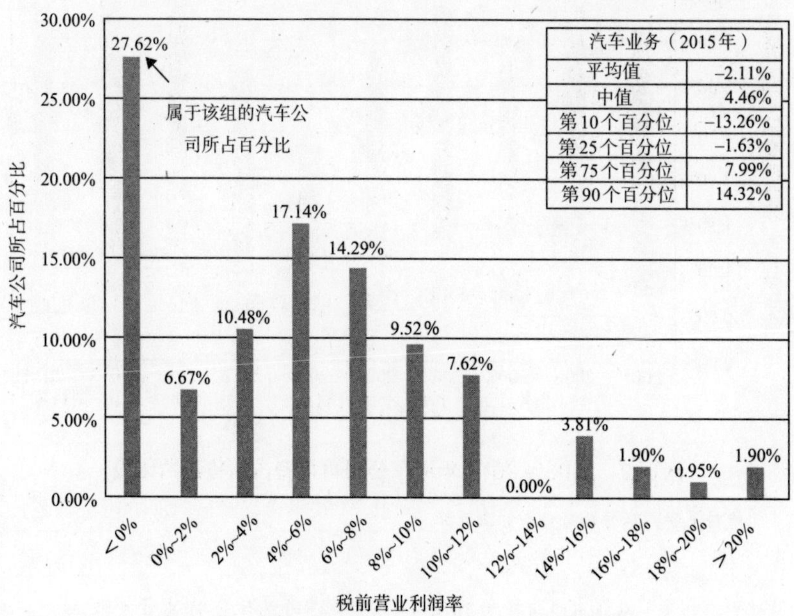


**图 6–1　汽车公司的营业利润率（2015 年 10 月）**

资料来源：标普公司资本智商数据

从图6–1可见，不但超过1/4的汽车公司出现了亏损，而且税前营业利润率的中值仅为4.46%。

3. 再投资需求高：汽车业一直都需要较高的厂房和设备投资，而近年来，汽车相关的技术发展进一步提高了汽车公司的研发支出。衡量资本流动的一个标准就是看整个行业的净资本支出（超出折旧的资本支出）及研发费用占销售额的比重（见图6–2）。

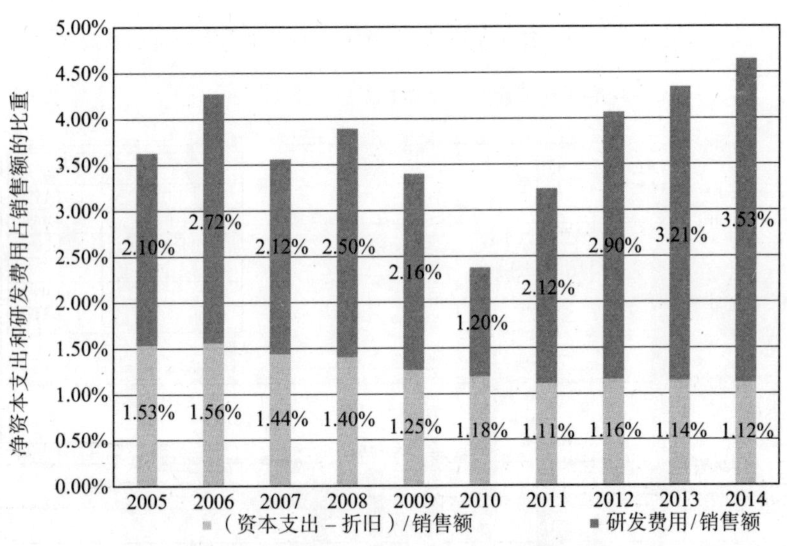


**图6–2　2005～2014年汽车公司再投资占销售额的比重**

资料来源：标普公司资本智商数据

从图6–2可见，2014年，汽车公司总体上将其营业收入的近5%用于再投资，其中研发投入占再投资的很大一部分比重。

正是这种乏力的营收增长，加上超低的利润率和不断攀升的再投资导致汽车业的投资回报率低于其资本成本，如表6–4所示。

表6–4　投资回报率和资本成本：汽车公司

| 年份 | 投资回报率 | 资本成本 | 投资回报率－资本成本 |
|---|---|---|---|
| 2004 | 6.82% | 7.93% | –1.11% |
| 2005 | 10.47% | 7.02% | 3.45% |
| 2006 | 4.60% | 7.97% | –3.37% |
| 2007 | 7.62% | 8.50% | –0.88% |
| 2008 | 3.48% | 8.03% | –4.55% |
| 2009 | –4.97% | 8.58% | –13.55% |
| 2010 | 5.16% | 8.03% | –2.87% |
| 2011 | 7.55% | 8.15% | –0.60% |
| 2012 | 7.80% | 8.55% | –0.75% |
| 2013 | 7.83% | 8.47% | –0.64% |
| 2014 | 6.47% | 7.53% | –1.06% |

从表6–4可见，2004~2014年这10年中，有9年时间，汽车公司总体上的投资回报率均低于其资本成本。

汽车业现状的维护者们毫无疑问会反驳说，这种低迷的表现是因为分析者只考察了样本的整体表现，但其中部分公司的表现会好一些。

为了解决这一争论，我对汽车公司从市值、地理位置和市场重心（高端市场或大众市场）等几个方面进行了研究，结论如下：

1. 小公司和大公司：如表6–5 所示，将汽车公司按照市值划分为 5 个等级，则市值最高的汽车公司的平均利润率要高于小公司，但在资本回报率方面，大公司与小公司差异并不明显，整体上均不尽如人意。

**表 6–5 截至 2015 年 10 月汽车公司的盈利能力（按市值计算）**

| 市值等级 | 公司数量 | 营业利润率 | 净利润率 | 税前资本回报率 |
|---|---|---|---|---|
| 最高（大于100 亿美元） | 31 | 6.31% | 5.23% | 6.63% |
| 2 | 16 | 5.24% | 5.57% | 10.72% |
| 3 | 14 | 2.43% | 3.19% | 3.40% |
| 4 | 20 | 1.51% | –0.40% | 2.02% |
| 最低（小于 10 亿美元） | 26 | 2.46% | 2.56% | 2.74% |

2. 成熟市场和新兴市场：过去 10 年间，汽车销售的增长大部分由新兴市场贡献，因此汽车公司在新兴市场的表现有可能会优于其在成熟市场的表现。在表6–6 中，我对汽车公司在新兴市场和成熟市场的盈利能力进行了比较，但结果再次令人失望。汽车公司在新兴市场的表现在营业利润率方面要逊于其在成熟市场的表现，在净利润率和资本回报率方面也仅稍微领

先其在成熟市场的表现。

表6–6 截至2015年10月汽车公司在成熟市场与新兴市场上表现的比较

| 分类 | 公司数量 | 营业利润率 | 净利润率 | 税前资本回报率 |
|---|---|---|---|---|
| 新兴汽车市场 | 73 | 5.01% | 6.13% | 7.54% |
| 成熟汽车市场 | 34 | 6.45% | 4.91% | 6.52% |

3. 大众市场和高端市场：瞄准超级富豪市场的超豪华汽车制造商（法拉利、阿斯顿马丁、兰博基尼、布加迪等），其产品价格昂贵，销售增长率高于汽车业的同行，并且盈利能力也比同行强很多。新兴市场尤其是中国市场的新兴富豪是销售额增长背后的主要推力。

在我对法拉利的估值中，我会利用上述这些关于汽车业整体情况的分析结果，构建法拉利的公司故事。

## 案例研究6.2：拼车业（2014年6月）

2014年6月，我在读到一则新闻故事（其中讲到优步公司在一轮融资中被估值为170亿美元）之后，对优步产生了兴趣。我在2014年6月发布了我对优步的首次估值，在该估值中，我认为优步是一家拥有本地（而非全球）网络优势的城市汽车服务公司。在那时，我的首要任务是评估汽车服务市场的市场规模和市场构成。在2014年中期，我遇到的一个最大的问题是：汽车服务市场是一个相对本地化的市场，各个城市都有不同的规定和市场结构，而且几乎没有什么有条理的信息，这使得它比汽车业更难评估。

1. 市场规模：起初我试图通过调查拥有全球最大的出租车市场的城市（东京、伦敦、纽约和一些其他大城市）以及查看行业集团网站和监管机构对市场规模的估计来预估整个市场规模。对于纽约，我可以从纽约市出租车和轿车委员会处获得 2013 年黄色出租车和有执照的汽车服务公司的全年总营业收入。遗憾的是，对于很多新兴市场中的城市，我无法得到其营收数据，因此我对城市汽车服务市场规模的初步预估（1 000 亿美元）部分是基于猜测。

2. 市场增长率：历史数据表明，市场增长率总体较低，在成熟市场，增长率约为2%；在新兴市场，增长率可能为4%~5%。同样，该数据来自那些出租车收入被监管机构密切关注并报告的市场。

3. 盈利能力：作为该市场组成部分的私营出租车公司通常不愿意公开数据，但是我用了两个数据来支持我的结论——汽车服务业有一个相对有利可图的市场，至少在拼车公司出现之前是这样。第一个数据是全球范围内的上市出租车公司所报告的税前营业利润率的，这个数据通常为15%~20%。第二个数据是出租车经营权的市场价格，该价格数据在部分城市是公开的。举例来说，在纽约市，2013年12月一辆黄色出租车牌照的交易价格约为120万美元，每年的预估利润为10万~12万美元。

4.投资：要加入出租车行业，传统的方式就是先购买执照（前期投资）以获得经营权，然后买一辆车作为出租车，最后是雇用一名司机（支付固定薪酬或者进行收入分成）。因此，第一笔投资是出租车执照，第二笔投资就是汽车购买，要想赚钱，你必须在这两个方面都进行投资。

5.风险：尽管当地经济状况会对出租车服务的营业收入产生一定的影响，但是汽车服务业的准入限制会保障其相对稳定的收入水平和现金流。当2002年纽约市出现经济萧条时，出租车服务的营业收入也趋于下降。一般而言，城市的出租车服务业状况能反映出同一时期该城市的金融服务业的健康状况。有些出租车公司比其他公司更易受到影响，唯一的原因就是它们之前曾向银行贷款或者将其出租车向外租赁，也就是说，在收入减少的情况下，它们仍然需要支付固定的还款。

在政府严密监管和相对分裂的竞争态势下，2014年6月的汽车服务业的状况表明，竞争者之间经营状况的巨大差异是由监管限制而非公司特点导致的。

## 故事

一旦你对公司所在市场的结构有了清楚的了解，你就可以迈出估值的第一步，为公司构建一个故事。因为这是一个可反复进行的过程，我的建议是：如果你不是很有把握，那么你可以先构建一个故事，之后在遇到困难或者碰到自相矛盾的数据时再回过头来看看它。你的故事可以宏大且勾画出一个美好的愿景，也可以具体且重点突出，你必须根据需要做出选择。故事可以致力于维持现状，或者挑战传统的公司经营方式（破坏）；故事可以围绕一个能长期经营的行业（持续经营）展开，或者涵盖一个有限的周期，讲述从高速增长到逐步衰落的全过程。显然，你讲的故事必须与公司实际相符，在下一章，我会探讨如何发现那些不相符的地方。

**大与小**

在一个宏大的故事中，你会概述公司的广阔愿景，该愿景将涵盖很多的业务和地理区域。而在一个小故事中，公司的愿景可能仅限于某个具体的行业或区域。你也许会说这两者之间没有可比性。宏大的故事确实会给员工和投资者带来更大的兴奋感，可以帮助你在早期获得更多的投资。但是宏大的故事需要我们付出以下两种代价：第一，如果你选择不去聚焦于某项业务，而是同时运营多项业务的话，对你的公司而言这可能会造成毁灭性的后果。第二，由于你设定的期望太高，一旦你未能达到预期，你就会受到惩罚。

在这里讨论这一点可能有点儿操之过急了，但是这种鲜明的对比正是我2015年9月在优步和来福车这两个拼车服务公司身上所见到的。在2014年6月我首次对优步进行估值时，我将其作为一家城市汽车服务公司进行评估，而次年优步公司的标语和行动让我重新思考，将其重新定位为一个全球化的物流公司，这一定位扩大了其潜在的市场规模。同一时期，来福车对其公司愿景进行了聚焦，首先是业务

（确定只做拼车业务），然后是其经营地点（确定只在美国发展）。在本书第 14 章，我会再次探讨这两家公司，研究这两个迥然不同的故事对其估值的影响。

**成熟商业模式与破坏性商业模式**

如果你的故事中所讲的公司采用的是成熟的商业模式，也就是行业现有的模式，那么你的故事就会相对简单。当然，你仍然需要阐明公司的优势业务维度，如采用了更低的成本架构，或者能够收取溢价，以让自己在市场竞争中脱颖而出。相反，计划挑战成熟商业模式的公司采用的是破坏性商业模式。到底要选择哪种模式构建故事取决于你所估值的公司及其所处的行业。

如果某个公司是成熟商业模式本身的重要组成部分，则很难为该公司构思一个采用破坏性商业模式的故事。举例来说，在构建一个采用破坏性商业模式公司的故事时，特斯拉就比大众合适得多。事实上，如果你相信克莱顿·克里斯坦森说的话（“破坏往往来自处于绝境的公司”），那么你就能明白对于正处于公司生命周期早期的公司而言，构思一个破坏型故事更容易。

此外，破坏性的商业模式对于运营高效的公司是很难实现的。这些成熟的公司通常处于抵抗破坏的有利位置，此外，它们的客户也不太可能接受颠覆性的改变。而如果某个行业的经营状况很差，并且该行业的公司盈利十分微薄甚至没有盈利，交付给客户的产品和服务也让客户很不满意，那么这就是进行破坏性创新的千载难逢的机会。因此，优步的破坏性创新故事便十分顺理成章，彼时，传统的出租车服务业监管过度，表现糟糕，各方（出租车司机、客户和监管方）都不满意。

### 持续经营与有限生命周期

如果你所讲故事的主角是上市公司，那么其中一个优势便是上市公司可以永久经营，是拥有无限生命周期的法人实体。尽管在对上市公司进行估值时你通常会采用这种假设，但在有的情况下，采用另外一种假设可能效果会更好。如果你需要对一家私营律所或医疗机构，或者一家上市特权信托公司（你可以一直分得自然资源储备的一部分直至其枯竭）进行估值，那么你所讲的故事应该有一个有限的生命周期，当该生命周期终止时，你就要开始收尾（清算资产），然后故事到此就结束了。

有些人可能会说，所有关于自然资源（石油、采矿）公司的故事都应该是一个具有有限的生命周期的故事，因为这些资源都会在未来的某一个时间点枯竭。因此，如果你要讲一个关于埃克森美孚公司的故事，而你认为该公司是一个石油公司，那么采用有限生命周期的假设会更适合该故事。而相反，如果在你的故事中，埃克森美孚是一家能源公司，一旦石油枯竭，它可能会立即转向经营有关另一种能源的业务。在这种情况下，你的故事就可以不采用有限生命周期这一假设，你可以将它视为一家持续经营的公司。

### 增长空间

你面临的最后一个选择是把公司放在多大的增长空间中。一家处于庞大市场的初创公司，其增长潜力可能无边无际；但是一家所在行业处于萎缩阶段且正走下坡路的公司，则在你的故事中其规模可能自然而然就会随时间缩小。从以下几个章节里我对一些公司所做的分析中可以看出，高速增长的故事很显然适用于优步或者特斯拉，但不适用于大众。对于亚马逊这样的公司，其增长空间可能是故事中争议最大的一个方面。认为亚马逊已然拥有庞大规模从而难以继续实现高增长的评估者会给公司一个较低的估值，而认为亚马逊会寻求新的市场和业务增长点的评估者会确信其有能力继续保持两位数的营收增长率，并给出一个较高的估值。对于我将在第 14 章评估的杰西潘尼公司，随着其基础业务经营状况的不断恶化，故事的核心问题将不再是增长率有多高，而是公司需要缩减到什么程度。

---

### 案例研究6.3：优步的故事（2014年6月）

2014年6月，当我第一次试图对优步进行估值时，我对其彼时的产品和经营模式并不太了解。在我对优步的经营模式进行研究的过程中，我很快意识到优步从事的并非出租业，至少从传统的观念来看不是，因为它没有自己的出租车，也没有作为员工的出租车司机。相反，优步扮演的是一个中介的角色，它将司机和车与要搭车的用户“匹配”到一起，然后抽取车费的一部分作为提成。优步对乘客的价值在于其对司机和车辆的甄选（确保安全与舒适）、高效的定价和支付系统（用户选择服务等级，系统根据所选等级报价）以及便捷性（乘客可以在手机屏幕上看到来接他的车辆的位置）。

图6–3 显示的是2014年6月优步业务模式的各个环节、优步在各个阶段提供的服务类型以及对所提供服务是否独特的评价。

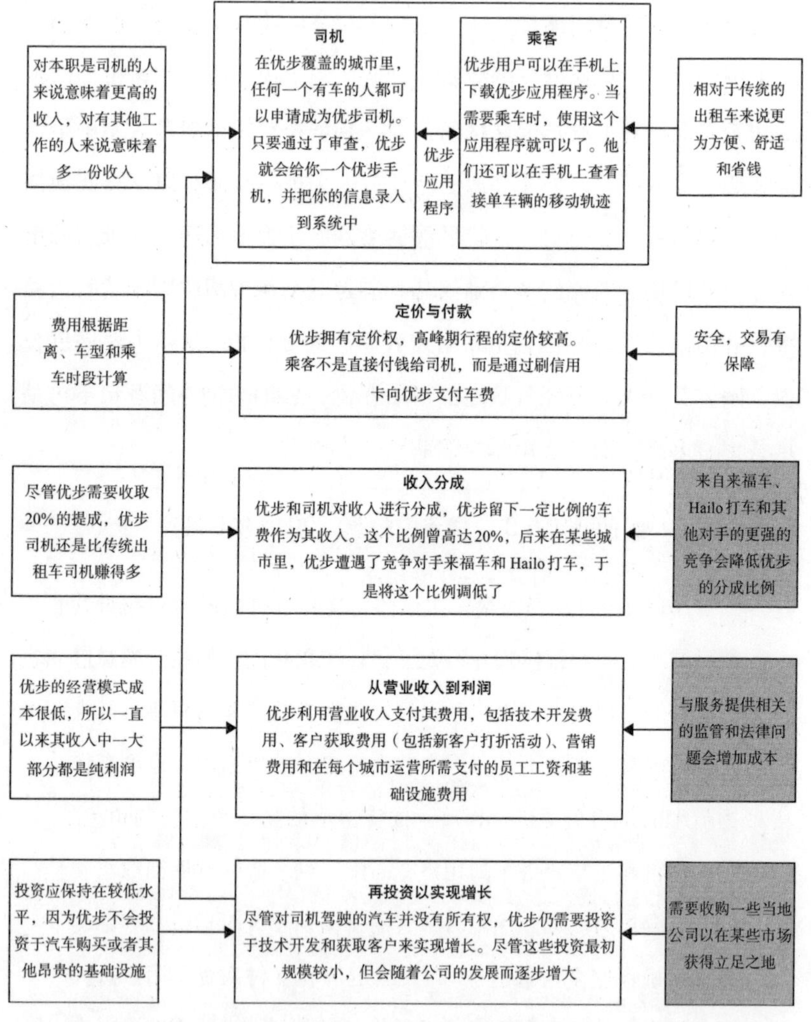


图6–3 优步业务模式（2014年6月）

自2009年创立以来，优步的营业收入呈指数级增长。优步的CEO 特拉维斯·卡兰尼克表示公司规模每6个月就会扩大一倍。

为了替优步构思一个故事，我仔细研究了优步的一系列关键要素，以下是我在2014年6月针对各个要素得出的结论：

1. 业务：优步现在并且将来依然会是一家城市汽车服务公司。尽管它能够拓展业务至郊区或其他行业，但其用户需求在这些领域会降低，并且相应的扩张成本会比较高。

2. 市场增长情况：优步（以及其他拼车服务公司）会吸引新用户进入城市汽车服务市场。这些新用户部分产生于公共交通系统使用者，部分产生于私家车车主。这会推动城市汽车服务市场的增长。

3. 网络优势：优步的网络优势在本地，换言之，如果优步成为某个城市最大的拼车服务公司，那么在这个城市继续扩大市场会更加容易。然而，在某一城市建立的优势很难迁移到另一个城市，其在这个新的城市中的竞争对手可能是当地最大的拼车服务公司，而后者会坐享当地的网络优势。

4. 竞争优势：收入分成的比例有些专横，司机80%，优步20%，但至少在美国市场，这个分成比例已被广泛接受为一个标准。优步的市场地位相当强势，因此它能够维持这种分成标准及其定价权。

5. 业务模式：优步采用的是一种低资本密集度的模式，在这种模式下，它并不拥有出租车，而且其基础设施投资水平较低。这种模式被认为具备可持续性，优步会继续采用这种模式。

6. 风险：优步是一家年轻的公司，目前仍处在亏损阶段并且需要持续的新的资金投入。凭借其在实现营收增长上的成功，它能够获得持续的私人资本市场的投资。优步缺钱的可能性非常低，但是它仍然面临着相当大的经营风险。

这个故事会不会出错呢？当然有可能，但这也正是投资和商业的本质所在。在下一章中，我会构建与该故事一致的数字。

---

## 案例研究6.4：法拉利的故事（2015年10月，首次公开募股前）

法拉利的故事始于恩佐·法拉利。他是一个赛车爱好者，于1929年创办了一家赞助阿尔法·罗密欧赛车手的公司。恩佐于1940年制造了他的第一辆赛车（Tipo 815）。法拉利作为一家汽车制造公司成立于1947年，其工厂位于意大利马拉内洛。法拉利公司在很长一段时间里都属于法拉利家族私人所有。在20世纪60年代中期，由于深陷财务困境，恩佐·法拉利将公司50% 的股份出售给菲亚特公司。1988年，菲亚特持有的股份比例增加至90%（法拉利家族持有剩余10%的股份）。从那时开始，尽管公司非常赚钱，但法拉利就只是菲亚特旗下一家很小的公司。

为了说明法拉利汽车俱乐部的排他性，我们来看以下数据：2014年全年，法拉利只卖了7 255辆跑车。这个数字只比前5年高出一点点。尽管法拉利起源于意大利，但是其跑车销售依靠的是全球的超级富豪。在图6–4中，我按照地理位置标出了法拉利 2014 年的销售情况。

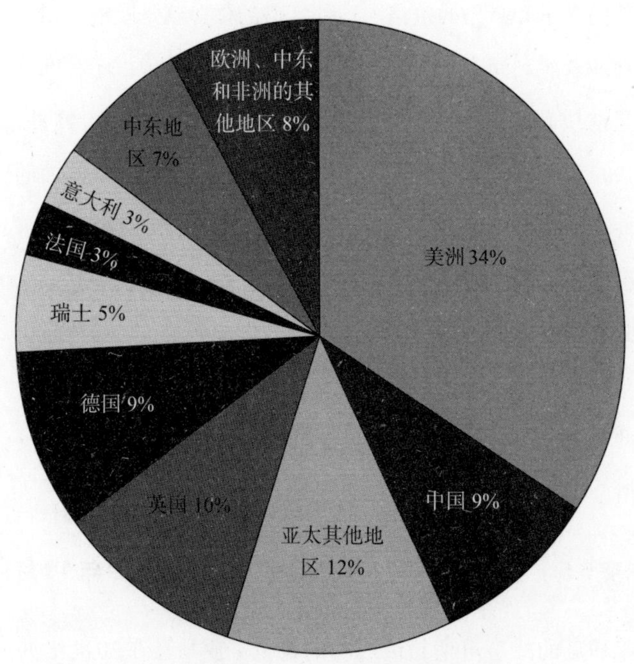


**图6–4　法拉利营业收入分布**

从图6–4中我们可以看出，法拉利很重要的一部分销售收入来自中东地区，并且像其他的跨国公司一样，法拉利的增长尤其依赖中国市场。在这种排他性以及定价权的优势下，法拉利在IPO前的12个月里的营业利润率为18.20%，这个数字是全球汽车业当年营业利润率平均值的3倍之多。在过去的10年中，法拉利经受住了市场危机的考验，历次危机对其销售额、定价权和利润率都几乎没有造成什么影响。

基于以上这些数据，我对法拉利在2015年IPO前的评估是，它仍然是一个具有超级排他性的汽车生产商，并将继续保持较低的产量和高昂的价格。这种策略的优势就是能给公司带来很高的营业利润率，部分原因是高昂的汽车单价，还有部分原因是法拉利无须在广告和营销方面进行过多的投入。此外，尽管法拉利会持续进行研发投入以保持其在速度和外观方面的前沿性，但是考虑到没有必要扩大产能，法拉利的再投资需求仍然可以控制在一个较低的水平。

此外，由于只专注于全球极少数的超级富豪，与其他豪华汽车生产商相比，法拉利受宏观经济变动的影响较小。在接下来的两章里，我会将这个故事转化为估值数据，并对法拉利进行估值。

---

## 案例研究6.5：亚马逊——“梦幻成真”模式（2014年10月）

亚马逊的故事可谓超级成功的典范。亚马逊在20世纪90年代成立时只是一个网络书店，但随着互联网热潮的兴起，其在20世纪90年代末期迅速成长为互联网行业的佼佼者，并出乎意料地经受住了互联网泡沫破灭的考验。在差不多是互联网热潮顶峰的2000年1月，我对亚马逊进行了估值，预测其营业收入在接下来的10年里会增长40倍，并且扭亏为盈。[2] 在接下来的十多年里，亚马逊的收入超过了我的预期，但其利润率仍远远低于我于2000年所做的预测，如表6–7所示。

表6–7　亚马逊的收入和利润：预估和实际

| | 收入（百万美元） | | 营业收入（百万美元） | | 营业利润率 | |
|---|---|---|---|---|---|---|
| 年份 | 我的预估（2000年） | 实际 | 我的预估（2000年） | 实际 | 我的预估（2000年） | 实际 |
| 2000 | 2 793 | 2 762 | –373 | –664 | –13.35% | –24.04% |
| 2001 | 5 585 | 3 122 | –94 | –231 | –1.68% | –7.40% |
| 2002 | 9 774 | 3 392 | +407 | –106 | 4.16% | 2.70% |
| 2003 | 14 661 | 5 264 | +1 038 | –271 | 7.08% | 5.15% |
| 2004 | 19 059 | 6 921 | +1 628 | –440 | 8.54% | 6.36% |
| 2005 | 23 862 | 8 490 | +2 212 | –432 | 9.27% | 5.09% |
| 2006 | 28 729 | 10 711 | +2 768 | –389 | 9.63% | 3.63% |
| 2007 | 33 211 | 14 835 | +3 261 | –655 | 9.82% | 4.42% |
| 2008 | 36 798 | 19 166 | +3 646 | –842 | 9.91% | 4.39% |
| 2009 | 39 006 | 24 509 | +3 883 | –1 129 | 9.95% | 4.61% |
| 2010 | 41 346 | 34 204 | +4 135 | –1 406 | 10.00% | 4.11% |
| 2011 | 43 827 | 48 077 | +4 383 | –862 | 10.00% | 1.79% |
| 2012 | 46 457 | 61 093 | +4 646 | –676 | 10.00% | 1.11% |
| 2013 | 49 244 | 74 452 | +4 925 | –745 | 10.00% | 1.00% |
| 2014年（最后12个月） | 51 460 | 85 247 | +5 146 | –97 | 10.00% | 0.11% |

需要注意的是，亚马逊较低的利润率并非由计算错误或者市场环境恶劣导致，而是其主动实施的“以利润换营收”策略的结果。为实施这一策略，亚马逊不断地以低于成本的价格推出新的产品和服务（亚马逊会员、Kindle电子阅读器和Fire平板电脑）以吸引并留住用户。

2014年10月，我认为亚马逊的故事循着一条名为“梦幻成真”的故事线。在故事中，亚马逊向投资者承诺：如果公司能够创造收入，利润自然会有。在我的故事中，我认为亚马逊在短期内将继续通过以成本价或低于成本的价格销售产品或提供服务从而获得较高的营业收入，并且最终将依靠其强大的市场支配力获得利润，但是这种市场支配力会随着新的竞争对手进入零售市场而受到抑制。

---

## 案例研究6.6：阿里巴巴——中国故事（2014年9月）

要了解阿里巴巴这家公司，你应该访问一下他们的旗舰网站——淘宝网。淘宝是一个令人眼花缭乱但内容丰富的购物平台。在这个网站上，个人和商户都可以用固定价格或可谈价格销售他们的新商品或二手商品。尽管一开始借用了亿贝的模式，但是淘宝在以下两个方面有别于亿贝。第一个方面就是，相对于销售二手商品的个人卖家，淘宝更多地向销售新产品的中小型零售商倾斜。第二个方面就是，阿里巴巴不收取交易费，其主要的营收来源是广告。

2010年，阿里巴巴开辟了一条新的业务线——天猫，天猫是针对精选出来的大型零售商推出的在线商城。此举将阿里巴巴的业务拓展至更大的C2C（消费者对消费者的电子商务模式）交易市场。零售商在天猫商城向阿里巴巴支付一笔保证金（用于对买到假货的买家进行补偿）、一笔技术服务费以支付固定的商店维护成本，以及取决于成交价格的销售佣金。阿里巴巴还开发了一款类似于PayPal（贝宝）的第三方在线支付平台——支付宝。在过去几年中，支付宝在中国的在线支付市场已占据支配地位。在对阿里巴巴就IPO进行估值时，需要注意的一点是，因为支付宝已从阿里巴巴分离出来，以独立的实体运营，所以投资者不会获得支付宝的股份。

阿里巴巴成功地让在线零售业在中国市场扎根，并在运作过程中获得了极其丰厚的利润。2013年，阿里巴巴实现营收约80亿美元，其中营业利润约40亿美元。从图6–5中我们可以看到，阿里巴巴是如何从一个规模很小的初创公司一跃成为利润丰厚的商业巨头的。

我认为以下四个因素是阿里巴巴成功赢得中国在线零售业务市场领导者地位的关键：

1. 较早地进入一个成长型市场并将其打造成自己的主场：阿里巴巴成立于1999年，当时的中国在线零售市场还处于发展的初始阶段。在美国最大的几家在线电子商务公司（亚马逊、亿贝等）要么忽略了这一市场，要么未能好好开发这一市场时，阿里巴巴不但根据中国的市场情况进行了商业模式的调整，而且在中国电子商务市场的演变和成长的过程中发挥了关键作用。目前，中国已成为全球第二大在线市场。中国在线零售市场和美国在线零售市场的关键区别在于，由于阿里巴巴的巨大影响力，前者更加依赖网上商城，而后者更加依赖零售业务网站。

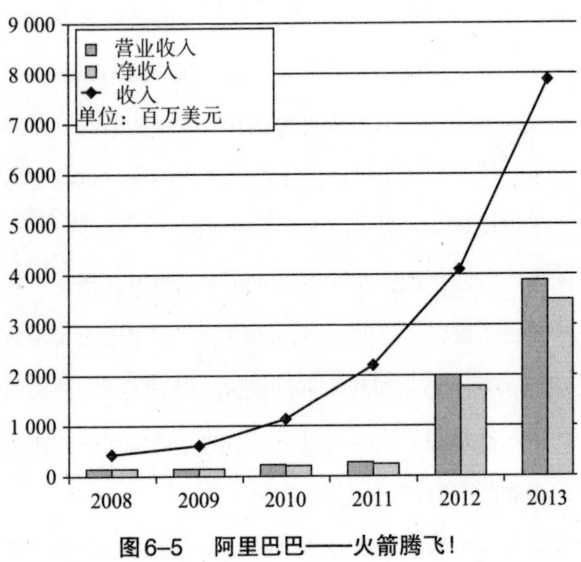


**图6–5　阿里巴巴——火箭腾飞！**

2. 差异化和主宰市场：关于阿里巴巴是如何在中国打败亿贝和亚马逊的故事对于喜欢商业战略故事的讲述者来说是非常有启发性的。从核心来看，阿里巴巴成功（而亿贝失败）的原因有三：第一个是经济方面的原因。阿里巴巴最初不收取交易费，完全依赖较少的广告收入维持经营，与竞争对手相比，这一策略对零售商很有吸引力。第二个原因是阿里巴巴根据中国文化的特色以及当地的消费者行为习惯调整了其业务模式。《经济学人》将淘宝称为“在线集市”可谓名副其实，因为阿里巴巴创建淘宝就是为了让买卖双方能够在网上讨价还价。第三个原因是淘宝非常贴合中国市场的实际情况：中国零售市场极为分散，成千上万个中小型零售商，他们缺少曝光度，缺乏可信度和在线支付处理能力，而淘宝替他们解决了所有这些问题。缺少曝光度这个问题可以通过网站的流量来解决；缺乏可信度的问题可以通过阿里巴巴提供的由卖家支付的独立验证服务解决；而缺乏在线支付处理能力的问题则可以通过支付宝解决。2013 年，中国约 75% 的在线零售业务量来自阿里巴巴旗下的购物网站。

3. 不要贪婪：尽管中国大部分在线零售交易都需要经由阿里巴巴的网站来完成，但是阿里巴巴只从中分了很小的一杯羹。尤其是淘宝，其营收主要来自零售商为了在其网站上展示产品而支付的广告费，而这个费用只占总交易额的很小一部分。对于天猫，因为其收取交易费，阿里巴巴确实从交易营收中获得了较大的分成，但这个分成比例也仅仅是交易营收的 0.5%~1.5%。尽管这一比例看起来可以忽略不计，但事实证明它成了阿里巴巴的竞争优势之一，因为它使得竞争对手无法以更低的分成为客户和零售商提供相同的交易服务。

4. 务实：阿里巴巴似乎以很少的付出（以及很低的营销成本）就实现了巨大的盈利，而且，因为它不打算发展为一家技术创新型公司，因此其研发成本几乎可以忽略不计。凭借这些优势，阿里巴巴获得了极为可观的数据：2013 年其税前营业利润率约为50%，净利润率接近40%，无论从哪个标准来看这都是相当高的。

在2014年阿里巴巴筹备IPO时，我判断它会坚持其经营战略，保持其在中国市场的支配性的市场份额以及较高的利润率。不过，阿里巴巴在中国市场的优势在它进军其他市场时可能会成为劣势。因此，在这次估值中我将阿里巴巴视为一个中国的在线零售巨头而非一家跨国公司。但在第7章另一个版本的故事中，我会将阿里巴巴看作一家跨国公司重新估值。

---

## 小结

一个好的商业故事应该是简单、可信且具有说服力的。而要讲一个好的商业故事，你需要充分了解故事中的公司以及公司所在的市场。这就需要你收集公司和市场的相关数据，同时也要利用第5章提到的分析工具将数据转化为有用的信息。这一过程的关键在于你要认识到数据本身是无法构成一个好故事的。作为故事的讲述者，你必须要准备好做判断。尽管这些判断是根据数据和从中提取的信息做出的，但它们仍然只是判断。你很可能会出错，这并不一定代表你的判断存在漏洞，而很可能是不确定性因素导致的后果。

如果你正在听那些需要获得你的认可或投资的人讲述故事，那么你同样需要做故事讲述者所做的功课（了解公司、市场和竞争情况），并且利用这些知识找出故事中最薄弱的环节。最后，如果你基于某个故事决定对某个公司进行投资，那么你必须先把它变成你自己的故事，从而打破讲述者和听众之间的那条分界线。

# 第 7 章　故事试讲

与凭借天马行空的想象创造出的虚构故事不同，公司故事必须以现实为基础。在本章，我会通过测试故事是否有可能、很有可能和极有可能来进行故事讲述的实战练习。在这个过程中，我会先从绝无可能的故事（童话故事）入手，探讨故事如何偏离轨道，以及分析为什么公司创始人和投资者在某些情况下会认同这些故事；再分析似无可能的故事，找出它们在某些情况下受欢迎的原因；最后分析一些不太可能的故事，研究其中一些故事是如何成为现实的。

## 三种可能性（3P 原则）：有可能、很有可能和极有可能

如果要讲述一个关于公司的故事，第一项测试应是确定其是否可能发生。如本章的后面部分所述，有些故事连这个小小的测试都无法通过，因而注定只能成为商业版的童话书。你或许会问，怎么会有人妄想去讲一个不可能发生的故事呢？我的答案是，只要对讲故事头脑发热，并且周围的人和你的想法类似，这种事情就有可能发生。

第二项测试是判断你的故事是否很有可能发生。与第一项测试相比，该测试更为严格。对于很有可能的故事，你必须提供证据证明它

真的能够发生。比如，你可以先指出已经实现你的故事中的部分情节或目标的其他公司；然后以你的公司的历史为例，以充分的论据证明你的公司与此类成功公司相类似。

第三项也是最严格的一项测试是判断你的故事是否极有可能发生。这需要你对故事进行量化，对你在故事中讲述的公司愿景进行尽可能准确的量化估计。并非所有通过第一项测试的故事都能够通过第二项测试，而有很多通过第二项测试的故事在第三项测试中的表现不尽如人意。

我们为什么要在意这些呢？传统的估值方法大部分建立在极有可能发生的故事之上，其中，你可以在概率的基础上，计算收入、收益和现金流的预期值。当你无法准确预测公司的未来增长率时，你的故事就停留在"很有可能"这个水平上。至于有可能发生的故事（这些故事也许会发生，但你无法确定甚至不知道这些故事是什么），传统的估值方法往往行不通，这时你只能采用实物期权模型。关于对有可能、很有可能和极有可能发生的公司故事进行估值的差别，如图 7–1 所示。

以我讲过的 2014 年 6 月关于优步的故事为例。在该故事中，我将优步描述为一家城市汽车服务公司。这一特点明显符合第一项（有可能）和第二项（很有可能）测试的要求，因为优步当时已经在十几个城市展开运营。在对于其未来收入和现金流的预测中，我对极有可能的结果做出了尽可能准确的估算。然而，在估值的时候，有传言称优步正在打入郊区市场，并将与汽车租赁公司展开竞争，以对其现有的业务模式进行合理拓展。因此，我将其总体市场规模扩张和该市场的较高增长率纳入考虑范围。最后，有不少人认为优步会蚕食汽车市场，导致城市购买者不再购买汽车，同时阻止农村家庭购买第二辆家用汽车。这听上去是有可能发生的，但在2014年6月，我没有看到这种现象发生的证据，因此未将该因素纳入对优步的初始估值，不过我会考虑增加一项期权价值。图7–2总结了我的优步故事的三个层次。

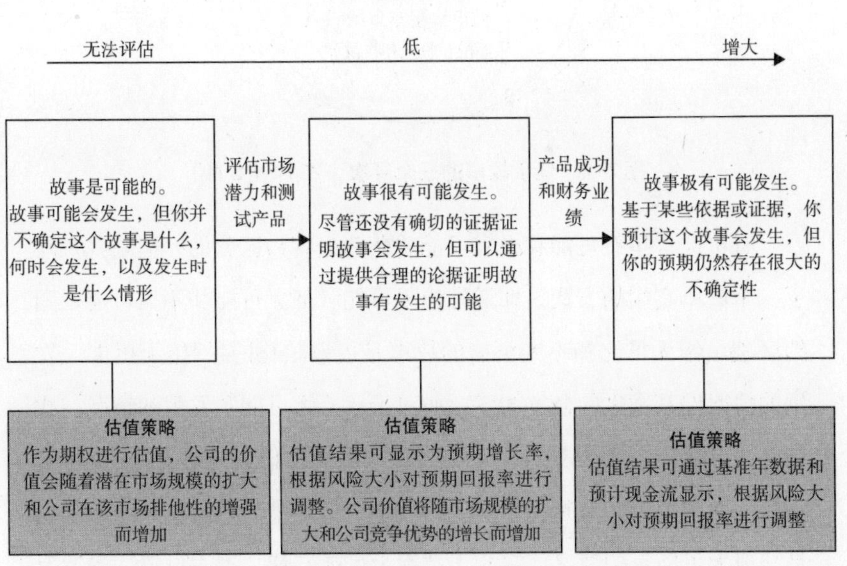


图7–1 对有可能、很有可能和极有可能的故事进行估值

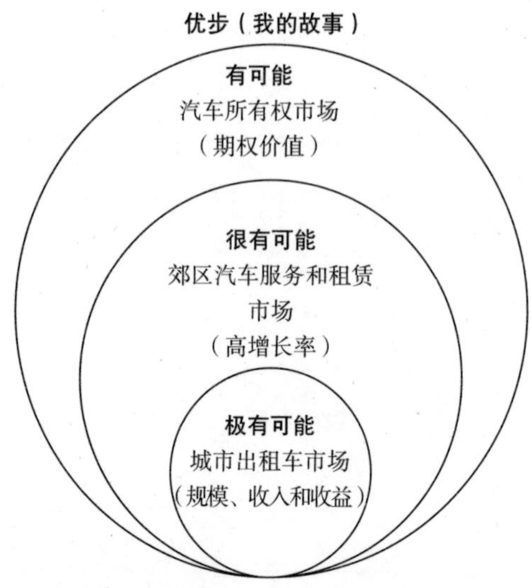


**图 7–2　优步故事的三个层次（2014 年 6 月）**

有可能、很有可能和极有可能并非总是容易区分的，但是我发现了一个简单实用的方法，即考虑绝无可能、似无可能和不太可能之间的区别。绝无可能和不太可能的故事是可以量化的，“绝无可能”发生的情况即其发生的概率为零，而对于“不太可能”发生的情况，我们能为其确定一个发生概率（尽管这一概率极低）。当证明某个情况不会发生很困难，但判断它发生的概率也很困难的时候，这种情况就是“似无可能”的情况，它介于“绝无可能”和“不太可能”的情况之间。“绝无可能”、“似无可能”以及“不太可能”就是故事中听起来不太靠谱的那部分内容。图 7–3 显示了被我归纳为“怀疑论的连续统一体”这一判断系统。

| 绝无可能 | 似无可能 | 不太可能 |
| --- | --- | --- |
| 这种情况发生的概率为零 | 故事听上去“不靠谱”，但是我们无法证明这种情况不会发生，也无法确定这种情况可能发生的概率 | 这种情况发生的概率较低但可以测算 |

**图 7–3　怀疑论的连续统一体**

利用上述模型来分解故事还能让我们对具有不同的投资理念的投资者如何看待投资故事以及投资价值获得新的认识。传统的价值投资者放弃了采用本杰明 · 格雷厄姆所著《证券分析》[1] 中介绍的基于分红的估值模式，而是提出了“只投资已知的、可预见的领域”的投资箴言。他们投资讲述“极有可能”的故事的公司，甚至直接表明他们青睐必定会成功的公司。更加激进的价值投资者也许会在投资极有可能的故事的基础上再稍微冒点儿险，以合适的价格投资那些很有可能成功的公司。成长型投资者则更习惯于将赌注压在“很有可能”发生的故事上，并将故事转化为对增长率的预估，同时接受这些预估具有一定风险的事实。后期风险投资者普遍偏好“很有可能”的故事，即对有希望和潜力（另一种描述故事发生的可能性较低的方式）的公司进行投资。早期的风险资本家愿意在“有可能”的故事上碰运气，他们深知这些故事中只有一部分会成为“很有可能”的故事，更少的一部分会成为“极有可能”的故事。关于投资者类型及其偏好的故事可能性的范围如图 7–4 所示。

我们为何要关注这些？为了让故事起到应有的效果，我们必须找到合适的受众。例如，如果故事的主角是一家商业模式尚未成形的初创型科技公司，而其面对的听众是一群在奥马哈市参加伯克希尔 · 哈撒韦公司年会的价值投资者，此时我们所讲述的故事就无法达到预期效果。同理，传统的盈利型、低增长的公司故事面对硅谷的投资者也达不到预期效果。

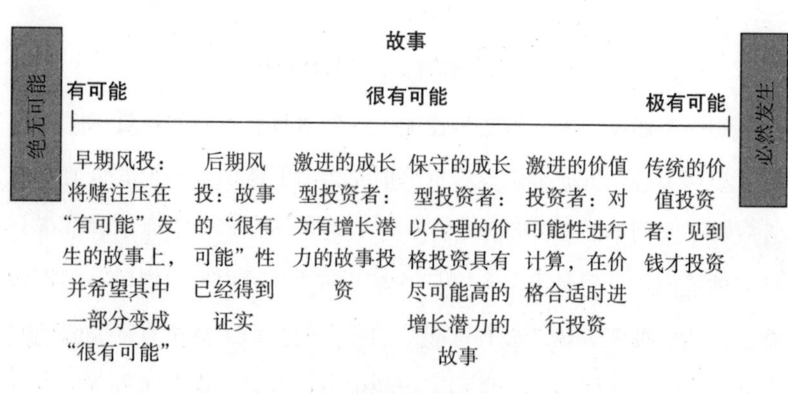


图7–4　故事和投资者类型

## 绝无可能的故事

是什么让故事变得绝无可能？答案是故事中描述的公司在某个时间点打破了不可违背的数学、市场或财务限制。在很多情况下，故事讲述者甚至未曾意识到自己的故事已经出格，因为导致上述违背规则内容的假设可能非常隐蔽或者故事讲述者未对其加以控制。在本节中，我会列出一些绝无可能的故事示例。

### 公司规模超过经济体

在讲述公司故事时，认为公司假以时日将愈加壮大，这本无可厚非，但我们都认同这样一种观点：没有公司能够发展到超过其所在经济体的规模。这也许是一个显而易见的事实，但令人吃惊的是，总有人在估值时违背如此简单的数学限制。

当你以DCF（贴现现金流）的形式评估一家公司的内在价值时，几乎所有公司的估值中的最大现金流都是其终值。这一数字通常是对公司今后5~10年内发展情况的估计，用于反映公司在未来某个时间点的内在价值。在进行真正的内在价值评估时，你只能在两种估算终值的方法中择其一：如果你的公司生命周期有限且你打算在公司生命周期结束时对所有资产进行清算，那么对终值的估算就可以使用清算价值。但大多数情况下，至少是在对持续经营的公司的终值进行估算时，你会假设现金流将以恒定的速率持续增长，这就形成了一个数学上的无穷级数，以及一个永续的增长等式，用以计算在该时间点之后所有现金流的现值：

$$第 n 年的终值 = 第 n+1 年的预期现金流 /（贴现率 - 预期增长率）$$

该等式在全球范围内的财经课课堂上都有老师教过，并且经常被分析师不假思索地照搬使用。但由于其中存在的各种错误，它已成为估值焦虑的主要根源。

分析师们往往会因为采用该等式对一家资金成本率为8%、预期增长率为9% 的公司进行估值，却得到一个负的终值而心烦意乱，此类现象屡见不鲜。在将愤怒宣泄于评估模型前，他们应当意识到该模型中的预期增长率指永续增长率，而假设中的9%的永续增长率（以美元计）实际上就构成了一个绝无可能的故事。如果一家公司在相当长的时间内以9%的速度增长，其规模会扩大到成为一个经济体，甚至，在全球化的惠益下，其将发展到无法再增长的程度。简而言之，任何超过经济体的名义增长率的永续增长率都是不可能实现的。

**超过市场规模**

对收益和现金流的估算通常是从对未来收入的估算开始的。当公司具有高增长潜力时，其收入有朝一日会呈指数增长不足为奇。但有一点需要当心：无论你认为一家公司在争夺市场份额时会有多么成功，其最终的市场份额都不可能超过100%。

但很多估值枉顾这一明显的约束，原因之一是我们对历史增长率的信任。在构建公司故事时，我们会很自然（并且理智）地确认这家公司的历史增长速度有多快，而对处于生命周期初期的很多公司而言，其历史增长率很可能是“天文数字”，部分原因在于这些公司是从小规模起步的。因此，当一家公司的收入从100万美元增长到500万美元时，其增长率就是400%。如果你的故事是建立在该公司能长期维持这一增长率的假设之上，那么故事中的公司收入将很快接近并超过总体市场的收入。

要解决这个问题，你应当假设随着公司逐步发展壮大，其规模扩大的难度会逐渐增大，因而公司在未来的增长率将不得不低于其过去的增长率。作为合理性验证，你最好再去了解一下公司所在市场的总量，以及公司在未来致力于获得的市场份额。

**利润率超过 100%**

用一家公司创造的盈利除以它的收入就能估算出它的利润率。如果要为拥有强大定价权的公司进行估值，那么构建一个具有高利润率驱动价值的公司故事就是合理的。但即便如此，无论该公司的定价权有多大，其利润率不可能超过 100%。

最有可能违反上述这一规则的故事是效率故事。在效率故事中，你可能会说提高公司的效率（从新流程或新管理层方面）能让公司逐步实现高速增长，同时其收入将与过去持平或有缓慢增长。该故事在短期内是合理的，但如果预计公司会在很长一段时间内维持这种增长水平，则该故事就会变成一个白日梦。切记，随着成本削减（通过变得高效），利润率将提高，而如果你假设公司在效率方面的改善能持续很长一段时间，那么利润率突破 100% 也就不足为奇了。

**资本无成本！**

公司需要资本以谋求发展，而资本提供方通过投资以获得回报。如果是以债务形式进行的投资，那么投资方可以要求明确的回报率，这通常会以利率的形式来表现；但如果是以股权形式进行的投资，那么要求明确的回报率恐怕只是一种一厢情愿的想法，因为大部分成本是隐性成本。换句话说，当投资者购买你的股权时，他们希望以下述两种方式的某一种来获得回报：持有股票时，以股息形式获得回报；卖出股票时，通过股价增值来获得回报。股息代表公司的显性现金流，而股价增值的部分则是隐性的。

股权收益的隐性部分让一些公司将自己的股权抵押视为零成本或接近零成本。我曾听到有些公司的CFO（首席财务官）声称其支付的股息率（股息占股价的百分比）是他们股权抵押的真正成本，这使得60%不支付股息的美国公司的股权抵押成本变得极低，甚至可以视为零。这种说法经不住推敲，因为它并未考虑到预期股价增值这一因素，而后者是投资者要求获得的股权收益的一部分。

## 似无可能的故事

很多故事都是被第二道关卡（“很有可能”测试）拦住的，尤其是在做出关于市场动态的假设时，比如那些关于竞争对手、客户、员工和监管者将如何对公司行为进行回应的假设。

### 市场动态

假设故事中的公司处在一个竞争异常激烈的行业，在故事中，你认为该公司正在争夺较大的市场份额，这是一个很有可能的故事。但是如果你还宣称该公司能够在提高其产品价格的同时获取较高的利润率，那么这个故事听上去似乎就不那么合理了。毕竟在竞争激烈的产品市场，如果你抬高价格，你就会失去而非赢得市场份额。对于故事的每个环节，你都必须深思熟虑，想清楚他人将如何反应，以及在这种反应的前提下，你的故事是否能继续达到你想要的结果。如果你在故事中讲到通过削减员工工资与福利而增加利润，那么你需要考虑到，只有在员工在减薪后还愿意继续为你工作的情况下，这个故事才行得通。

## 大市场幻想

某些情况下，对于单个公司成立的很有可能的故事对于行业整体而言则会变得不可能。一个典型的示例就是被我称作“大市场幻想”的现象，在这个现象中，一些公司发现了一个庞大的市场（中国、云计算、拼车、在线广告）并被他们发现的机遇深深吸引。为了了解（几乎是）理性和精明的单个投资者是如何被大市场的潜力愚弄而变得集体失去理性的，现在假设你是一名企业家，你生产出了预计拥有巨大市场潜力的产品，基于此，你能够说服风险投资者为你的公司提供资金支持（如图 7–5 所示）。

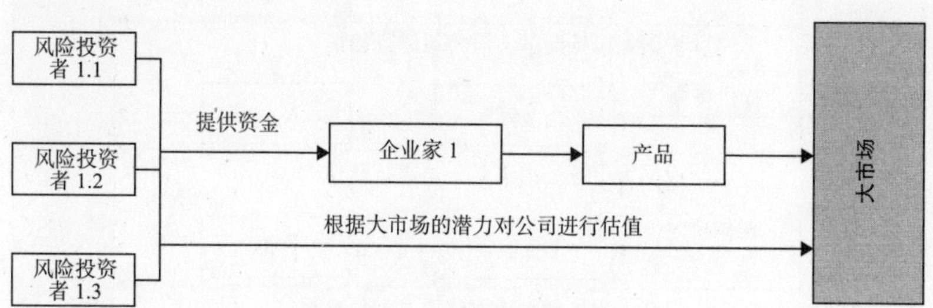


图 7–5　企业家预见大市场

请注意，图 7–5 中的每个人的行为都是非常理智的。企业家创造出了他认为能够满足巨大市场需求的产品，而企业家背后的风险投资者则看到了产品蕴含的潜在盈利能力。

现在假设 6 个其他的企业家在你这么做的同时也发现了相同的巨大市场潜力，并且同样生产出了他们自己的产品以满足该市场需求，而且每个企业家也都找到了风险投资者来支持他的产品和梦想，如图

7–6所示。

为了使游戏变得有趣，我们假设这些企业家都很聪明且非常了解自己的产品，并且风险投资者也很精明且具有商业头脑。如果这是一个合理的市场，那么每个企业家和赞助他的风险投资者都会根据自己对产品的市场潜力和成功可能性以及对当前和未来竞争对手的评估，对公司进行估值。

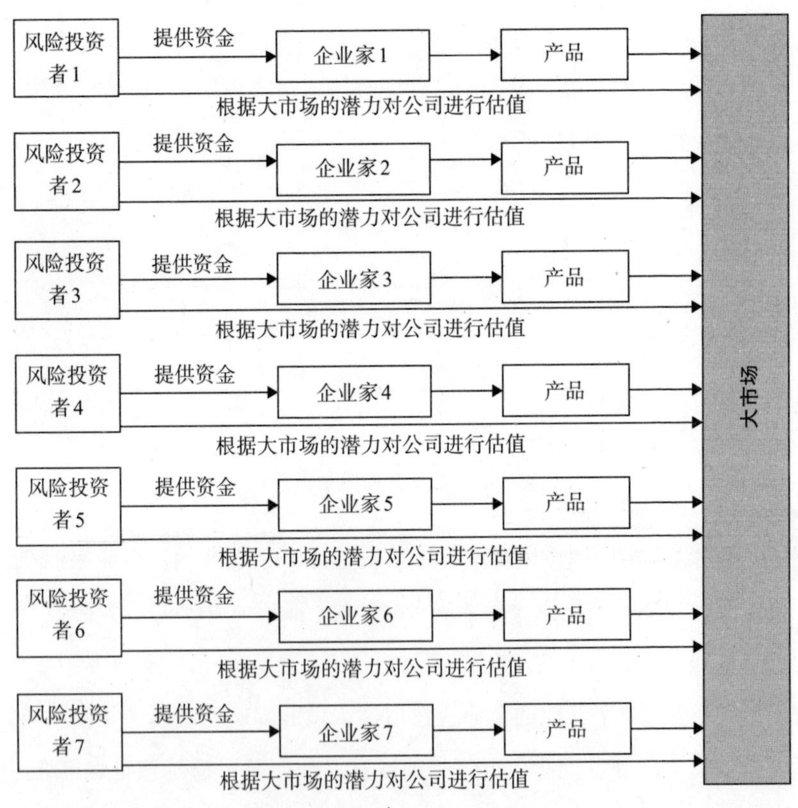


**图7–6　许多企业家预见大市场**

现在，我们为故事增加一些偏离理性的曲折情节。假设企业家和风险投资者都极为自负，前者对他们的产品在竞争中的优势自负，后者对他们挑选必将赚钱的公司的能力自负。这一假设也并非特别不合理，因为已经有确切证据表明这两个群体（企业家和风险投资者）具有自负的倾向。现在，游戏发生了变化，因为每个公司集群（企业家和支持他的风险投资者）都将高估其产品取得成功的能力和公司成功的可能性，这就会导致以下情况的发生。首先，将目标瞄准同一大市场的公司将全部被估值过高。其次，久而久之，该市场将变得更加拥挤且竞争更加激烈，因为总会有因过高的估值而被卷入竞争的新参与者。因此，市场内的公司总体收入增长情况也许符合投资者对大市场的预期，但单个公司的收入增长和营业利润率将显著低于预期。最后，该领域的总体估值将最终下滑，某些新参与者将被淘汰，但总会有几个赢家，而这些企业家和风险投资者将从他们的投资中获得丰厚的回报。

大市场中的公司被集体估值过高看上去像一个经济泡沫，而修正措施通常会导致市场在泡沫阶段处于“歇斯底里”的状态，出现市场过剩的现象，这一切的罪魁祸首是自负——虽然这一性格特征几乎是所有成功的创业和风险资本投资的先决条件。这意味着，估价过高的程度会有所不同，这取决于以下因素：

1. 自负程度：企业家和投资者对自身产品和投资能力展现出的自负程度越高，估价过高的程度也就越大。这两个群体本身就具有自负倾向，而这种自负会随着他们不断获得市场成功而增加。因此，某个业务领域的市场繁荣持续的时间越长，该领域估价过高的情况往往就越严重。事实上，你可以从中得出一个合理的推论：在有更多经验丰富的风险投资者和连续创业的企业家的市场上，估价过高的现象将会显著增多，因为成功的经验往往会增加人们的自负感。

2. 市场规模：随着目标市场越来越大，其很可能会吸引更多的新参与者。如果将他们带来的自负也包括在内，那么集体估价过高的现象会进一步增多。

3. 不确定性：商业模式和将商机转化为最终收入的能力的不确定性越大，由自负造成的预估数据的偏差就越大，这会导致市场出现更严重的估价过高。

4. 赢家通吃的市场：在具有全球资源优势（靠自身实现增长），且赢家能轻松占据市场主导地位的市场中，集体估价过高的现象会更加严重。由于这些市场的成功回报率较大，因此错误估计成功的概率将对估值带来更大的影响。

大约每过十年，这种集体估价过高的现象就会在年轻市场中出现——20世纪80年代的电脑公司，20世纪90年代的网络公司，以及近几年的社交媒体公司。这种估价过高的现象在被修正后经常表现为行业泡沫破裂，而在这之后，投资者、监管者和旁观者总是会用“不再发生”一词表明自己已经吸取教训，并将避免这一周期的重现。但我认为，只要市场存在，这种集体估价过高的现象就必然会出现，而且这种现象不一定总是不受欢迎。

## 案例研究 7.1：在线广告业务——大市场幻想？（2015 年 11 月）

随着社交媒体公司在近几年涌入市场，2015 年的在线广告市场成为验证集体估价过高现象的最佳实验对象。为了开展这项实验，我选取了在线广告领域中每家公司的市值数据，并估算了其 10年后的预期收入。为了做到这一点，我必须对估值过程中的其他变量（资本成本、目标营业利润率和营收资本比）做出假设并将其设为固定值，同时不断改变收入增长率的数值直至得到当前市值。

图 7–7 以脸书为例说明了这一过程。截至 2015 年 8 月，脸书的公司价值约为 2 456.62 亿美元，基年收入为 146.40 亿美元，资本成本率为 9%。假设现有利润率不变，仍为 32.42%，我可以计算出 10 年后脸书的估算收入（见图 7–7）。

假设脸书当前来自广告业务的收入占比（91%）在今后 10 年维持不变，其广告业务带来的估算收入在 2025 年将达到 1 177.31 亿美元。广告业务收入占比维持不变的假设也许存在一些争议，至少对其他一些公司而言是存在问题的，对于这些公司，投资者可能会将其在新市场的收入增长纳入估值模型。

对于拥有可观在线广告收入的其他上市公司，我都重复了这一过程，并假设每家公司都采用固定的资本成本率，而且以当前利润率或 20% 的利润率（以两者中的较高者为准）作为其目标税前营业利润率。需要注意的是，这两个假设都是比较激进的（由于存在竞争，假设中的资本成本率可能过低，而假设中的营业利润率可能过高），且两者都将导致各公司 10 年后的估算收入下降（见表 7–1）。

表 7–1　在线广告公司的保本收入

单位：百万美元

| 公司 | 市值 | 公司价值 | 本期收入 | 保本收入（2025 年） | 在线广告收入占比 | 在线广告估算收入（2025 年） |
|---|---|---|---|---|---|---|
| 谷歌 | 441 572.00 | 386 954.00 | 69 611.00 | 224 923.20 | 89.50% | 201 306.26 |
| 脸书 | 245 662.00 | 234 696.00 | 14 640.00 | 129 375.54 | 92.20% | 119 284.25 |
| 雅虎 | 30 614.00 | 23 836.10 | 4 871.00 | 25 413.13 | 100.00% | 25 413.13 |
| 领英 | 23 265.00 | 20 904.00 | 2 561.00 | 22 371.44 | 80.30% | 17 964.26 |
| 推特 | 16 927.90 | 14 912.90 | 1 779.00 | 23 128.68 | 89.50% | 20 700.17 |
| 潘多拉电台 | 3 643.00 | 3 271.00 | 1 024.00 | 2 915.67 | 79.50% | 2 317.96 |
| Yelp 点评网 | 1 765.00 | 0.00 | 465.00 | 1 144.26 | 93.60% | 1 071.02 |
| Zillow 房地产网 | 4 496.00 | 4 101.00 | 480.00 | 4 156.21 | 18.00% | 748.12 |
| 星佳 | 2 241.00 | 1 142.00 | 752.00 | 757.86 | 22.10% | 167.49 |
| **美国** | **770 185.90** | **689 817.00** | **96 183.00** | **434 185.98** | — | **388 972.66** |
| 阿里巴巴 | 184 362.00 | 173 871.00 | 12 598.00 | 111 414.06 | 60.00% | 66 848.43 |
| 腾讯 | 154 366.00 | 151 554.00 | 13 969.00 | 63 730.36 | 10.50% | 6 691.69 |

（续表）

| 公司 | 市值 | 公司价值 | 本期收入 | 保本收入（2025 年） | 在线广告收入占比 | 在线广告估算收入（2025 年） |
|---|---|---|---|---|---|---|
| 百度 | 49 991.00 | 44 864.00 | 9 172.00 | 30 999.49 | 98.90% | 30 658.50 |
| 搜狐 | 18 240.00 | 17 411.00 | 1 857.00 | 16 973.01 | 53.70% | 9 114.51 |
| Naver① | 13 699.00 | 12 686.00 | 2 755.00 | 12 139.34 | 76.60% | 9 298.74 |
| Yandex② | 3 454.00 | 3 449.00 | 972.00 | 2 082.52 | 98.80% | 2 057.52 |
| 雅虎日本 | 23 188.00 | 18 988.00 | 3 591.00 | 5 707.61 | 69.40% | 3 961.08 |
| 新浪 | 2 113.00 | 746.00 | 808.00 | 505.09 | 48.90% | 246.99 |
| 网易 | 14 566.00 | 11 257.00 | 2 388.00 | 840.00 | 11.90% | 3 013.71 |
| Mail.ru③ | 3 492.00 | 3 768.00 | 636.00 | 1 676.47 | 35.00% | 586.76 |
| Mixi④ | 3 095.00 | 2 661.00 | 1 229.00 | 777.02 | 96.00% | 745.76 |
| 日本价格网 | 3 565.00 | 3 358.00 | 404.00 | 1 650.49 | 11.60% | 191.46 |
| **非美国合计** | **474 131.00** | **444 613.00** | **50 379.00** | **248 495.46** | — | **133 415.32** |
| **全球合计** | **1 244 316.90** | **1 134 430.00** | **146 562.00** | **682 681.44** | — | **522 387.98** |

注：①Naver 为韩国最大的搜索引擎。②Yandex 为俄罗斯最大的搜索引擎。③Mail.ru 为俄罗斯的一家门户网站。④Mixi 为日本最大的社交网站。

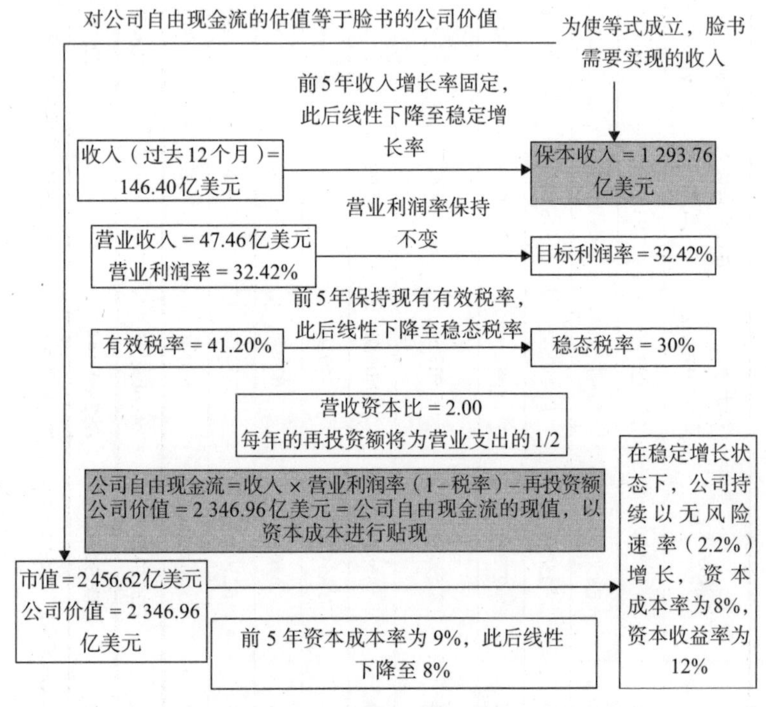


**图7–7 脸书的保本收入**

2015年8月，上市公司计入市价的总体在线广告收入为5 224亿美元（见表7–1）。需要注意的是，表7–1所列公司并不全面，它未包含从在线广告中获得收入的小公司，以及其他行业中通过在线广告实现次要收入的公司（如苹果公司）。表7–1也未包含准备在2015年11月上市的私有公司，其在线广告收入数据正被用于上市前的估值中（如快拍）。在此前提下，我将对被计入市价的在线广告估算收入进行保守的估值。

为了衡量这些估算收入是否成立，我从全球角度审视了总体广告市场以及其中的在线广告部分。2014年，全球广告市场总额约为5 450亿美元，其中1 380亿美元来自数字（在线）广告。整体广告市场的增长率很可能能够反映公司的收入增长情况，不过在线广告将继续扩大其在整体广告市场中的占比。在表7–2中，考虑到2015~2025年整体广告市场的不同年增长率及在线广告在整体广告市场上的不同占比，我计算出了2025年全球在线广告市场收入的估算结果。

**表7–2　2025 年在线广告收入**　　单位：百万美元

| 在线广告在整体广告市场中的占比 | 广告总支出的复合年增长率（CAGR） | | | | |
|---|---|---|---|---|---|
| | 1.00% | 2.00% | 3.00% | 4.00% | 5.00% |
| 30% | 182.49 | 203.38 | 226.42 | 251.81 | 279.76 |
| 35% | 212.90 | 237.27 | 264.15 | 293.77 | 326.38 |
| 40% | 243.32 | 271.17 | 301.89 | 335.74 | 373.01 |
| 45% | 273.73 | 305.07 | 339.63 | 377.71 | 419.64 |
| 50% | 304.15 | 338.96 | 377.36 | 419.68 | 466.26 |

假设整体广告市场的增长情况乐观，且估计其中在线广告市场的占比将升至整体广告市场的50%，我预测的2025年的在线广告市场总额也只能达到4 663亿美元。而表7–1中上市公司的估算收入总和已经超过该数字，因此得出这样一个结论似乎是较为合理的：与市场（在线广告）相比，这些公司被过高估价了。

随着更多的公司争相进入该领域，预估的市场规模和实际市场规模之间的差距将继续扩大，但投资者会继续对这些公司提供资金支持，即使他们已经意识到了这种差距。毕竟，自负的本质体现在创始人和投资者都相信估价过高只会发生在市场上的其他公司身上，而不会发生在自己头上。当市场意识到这种差距，而股价得到修正时，便到了“秋后算账”的那一天，但这个市场里仍然会有赢家。

---

## 不太可能的故事

一个人无论多么见多识广，都无法让所有人都接受一个故事。明智博学之人不认可某个公司的价值故事是很正常合理的。如以下案例所示，我在讲述关于优步、法拉利、亚马逊和阿里巴巴的故事时，针对每家公司的合理的、很有可能发生的“反故事”也可以同时存在。不过有些故事还是会因为太过出格而不太可能实现。

那么是什么让故事变得不太可能实现呢？不是因为你不认同故事讲述者对公司的收入增长、利润率、再投资或风险的观点，而是因为故事讲述者关于这些方面的观点相互矛盾、相互冲突。发现这些矛盾之处的最简单的方法就是利用我提出的“价值铁三角”（如图7–8所示）。

我在下章将讲到，增长、风险和再投资这三个端点是公司价值的驱动性因素。就每个变量而言，其对价值的影响都是可预测的。随着增长幅度的增大，公司价值将有所提升，但是随着风险或再投资的增加，公司价值将有所下降。毫不奇怪，希望公司得到较高的估值结果的故事讲述者会讲述一个将高增长与低风险和低再投资相结合的故事，但是该故事由于前后矛盾，通常不太可能实现。具有高增长特点的公司一般需要较高水平的再投资以实现这种高增长，而且大部分情况下会比其他公司面临更高的风险。

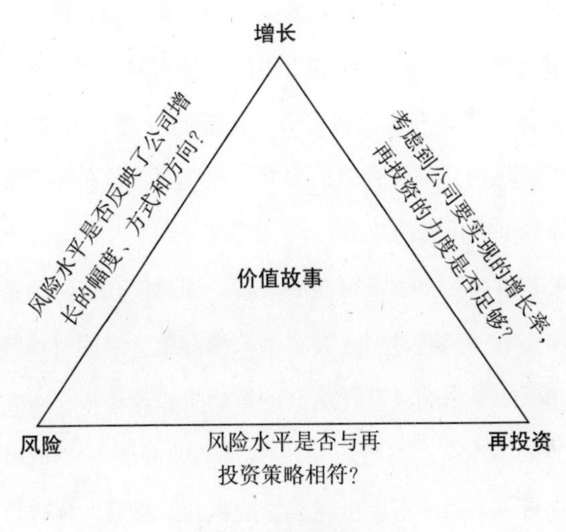


图7–8　价值铁三角

---

## 案例研究7.2：法拉利——排他性汽车俱乐部

在关于法拉利的故事中，我认为法拉利会努力保持其排他性的特质，继续以超级富豪为目标客户，而非试图提高产量和销量。在这个故事中，好的一面是法拉利将能够维持其高营业利润率并在很大程度上规避宏观经济变动所带来的风险，但坏的一面是它将面临较低的收入增长率。

我们还可以考虑一个很有可能的故事，在这个版本的故事中，法拉利会实施“亲民”的替代策略。利用该策略，法拉利可以通过引入低价版车型来扩大其客户群，正如玛莎拉蒂推出吉博力车型那样。这一策略能帮助法拉利实现较高的收入增长率。但就像玛莎拉蒂一样，法拉利将不得不放弃部分营业利润率，因为这个策略意味着较低的定价和较高的销售成本。寻求更大的市场也会让法拉利面临更多的市场风险，因为在这个故事中它的部分客户只是比较富有（而非超级富有），这将导致法拉利更容易遭受经济衰退的影响。很明显，这是一个能通过很有可能测试的可行的故事。

如果要讲述一个不太可能的故事，你可能会说，法拉利可以像玛莎拉蒂一样通过引入新车型来提高销量，同时维持其过去的利润率而不影响风险评估。该策略意味着这样一个实现价值增长的数字组合：高收入增长 + 高营业利润率 + 低风险水平，但这是一个似乎不太可能成立的组合。最后，你也可以讲述一个似无可能的故事，你可以编造一个法拉利通过销售包括衣服、手表和玩具在内的商品，创造了数十亿美元的收入和利润的故事。这个故事也许会发生，但至少在 2015 年年末，从我的角度来看，其发生的概率很低。

---

### 案例研究7.3：亚马逊——其他故事（2014年10月）

在案例研究6.5中，我将亚马逊的故事描述为“梦幻成真”的故事。其中，该公司在将其注意力转移到提高盈利能力之前，将在较低的利润率或零利润的情况下继续追求高收入增长。由于该公司的故事引起了强烈的反响，赞成与反对的声音并存，许多人不认同我的观点，有些人认为我的故事过于乐观，而有些人则认为其过于悲观。

一个更乐观的、很有可能的关于亚马逊的反故事是：亚马逊并非仅仅是一家零售公司，进军云计算和娱乐业会让它在这两个领域获得最大的收益，通过市场渗透和扩大市场份额实现高收入增长，同时获得这两个市场中其他公司所享受的较高利润率。

一个更悲观的故事是：亚马逊将继续追求收入增长，努力将实体零售公司赶出市场，但之后，它会发现它要面对一波新加入进来的在线零售竞争对手，这迫使它继续采取降价模式。在该故事中，最终，亚马逊仍然会实现高收入，但从长期来看，其利润率不会有明显增长。

还有一个近乎疯狂的故事，在该故事中，亚马逊成为终极竞争胜利者，它凭借丰富的融资渠道和耐心的投资者群体等优势，对现有的竞争者发起猛烈攻击。该故事中的亚马逊将变得非常强大以至于能够对任何它提供的服务进行收费，因为用户别无选择。在该故事的结尾，亚马逊最终将获得高收入以及远远高于当今业内其他公司的利润。

---

### 案例研究 7.4：阿里巴巴——全球化公司

在案例研究 6.6 中，我将阿里巴巴描述为一个中国故事，2014 年中国在线零售总流量的 75% 都是通过这家公司实现的，并且我预计它今后将继续主导中国的在线电子商务市场，但同时也无法将其业务范围扩展至其他地域的市场。很多人对这个故事持有异议，认为阿里巴巴拥有极具魅力的CEO马云和丰富的融资渠道等优势，这些都会令其在其他市场中得到很好的发展，如从东南亚开始，扩展至发达国家的市场。该故事听上去似乎很有可能发生，但在该故事中，阿里巴巴必须同时承担实施这一更有野心的发展计划的后果，这些后果包括：

1.较低的利润率：阿里巴巴在中国市场的利润率表现反映了它在该市场中的主导地位及其所具有的强大地域优势。但在其他市场中，它将面临已发展成熟的竞争对手，因此其利润率将急剧下降。

2.更高的再投资：为了打入这些新市场，阿里巴巴将不得不自掏腰包进行投资，或者收购市场中现有的竞争对手，后者的可能性更高。而这些再投资的回报率将低于阿里巴巴在中国的投资回报率。

这个关于阿里巴巴全球化的故事的结果是：阿里巴巴将拥有更高的市场总额（和收入），伴随着更低的利润率和更高的再投资，从而形成一种平衡，而这种平衡可能会也可能不会提高阿里巴巴的价值。

那么，一个似无可能发生的故事会是什么样子呢？那就是在故事中假设阿里巴巴能够成为一家全球性公司，与此同时，它还能保持在中国运营时所实现的极高的营业利润率，并且无须在全球扩张的过程中进行巨额投资。

## 小结

一个公司故事必须靠谱才能令投资者信服。在本章，我建议为故事进行一个三级可能性测试：首先判断故事是否可能发生，然后评估其是否很可能发生，最后分析其是否极有可能发生。我研究了一些绝无可能发生的故事，在这些故事中公司预计自己会超过其所在的市场规模（占据超过100%的市场份额）或实现超过100%利润率。然后，我分析了一些似无可能的故事，它们也许会发生但发生概率极低。最后，我谈到了不太可能发生的故事，故事的单个情节都合理，但作为整体则讲不通，因为这些情节前后不一、相互矛盾。

# 第 8 章　将故事关联到数字

假设你有一个关于公司的故事，该故事有事实依据且通过了可能性测试。在本章，我将讲述如何将该故事与数字相结合，从而判断故事中的公司的价值。首先，我将简单介绍一下估值，但不深入探究相关理论，而是将价值与处于不同行业和不同生命周期阶段的公司的关键驱动因素相关联。然后，我将介绍从大市场故事到低风险故事等不同故事的价值驱动因素。本章最后，我将以几家公司为例（优步、法拉利、阿里巴巴和亚马逊，这几家公司分处不同的生命周期和行业，并且在增长情况方面也有所不同），对将故事与数字相关联的技巧进行说明。

## 价值分解

要将故事与价值相关联，你必须先了解内在价值的基础知识。虽然你也可以从其他地方获得与此话题相关的更深入的分析，但内在价值的基本因素不难总结。内在价值是指你根据资产（公司）的基本要素，即现金流、预期增长和风险，为资产附加的价值。对内在价值的评估关键在于，你可以在不了解市场对其他公司的定价信息（尽管这一信息确实有助于估值）的情况下，对某公司的内在价值进行评估。

如果你严格依据上述定义进行估值，那么DCF（现金流量贴现）模型就是一种你会用到的内在估值模型，即你需要根据资产的预期现金流对该公司进行估值，并根据风险大小对估值结果进行调整。你还可以采用账面价值法来评估公司的内在价值，这种方法的前提是假设固定资产和流动资产的会计估计就是该公司的真实价值。

DCF估值法利用一个公式估算公司的内在价值。该公式将价值与预期现金流绑定，其中预期现金流涉及预估增长率和反映风险状况的贴现率（见图8–1）。

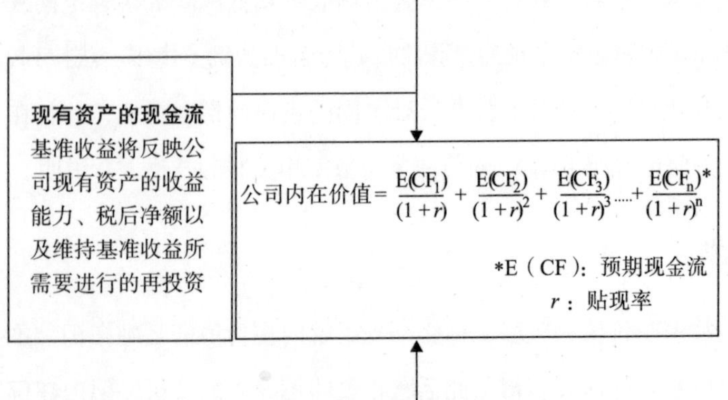


图8–1　内在价值“理论”

图 8–1 还显示了公司的价值驱动因素。第一个驱动因素是利用现存资产产生现金流的能力，具有较强盈利能力的公司比具有较弱盈利能力的公司能够创造更多的价值。第二个驱动因素是增长价值，即公司为实现该增长所付出的再投资的成本与效益（包括不断增长的收入和收益）相权衡的净效应。第三个驱动因素是风险，高风险意味着高贴现率和低价值。

DCF 估值存在一些局限性，其中之一是其仅适用于对持续经营的公司主体，即期望实现长期经营的公司进行估值；而如果该公司无法实现持续经营的概率较大，那么你用 DCF 模型对其进行估值所得的估价将过高。必须通过重重挑战才能实现持续经营的年轻公司以及不堪债务重负、处于颓势的老牌公司，都面临较高的失败风险。对于这些公司，要评估其预期价值，则需要将公司投资者的失败概率及可能后果纳入考虑，这会让你得出一个修正后的估值（如图 8–2 所示）。

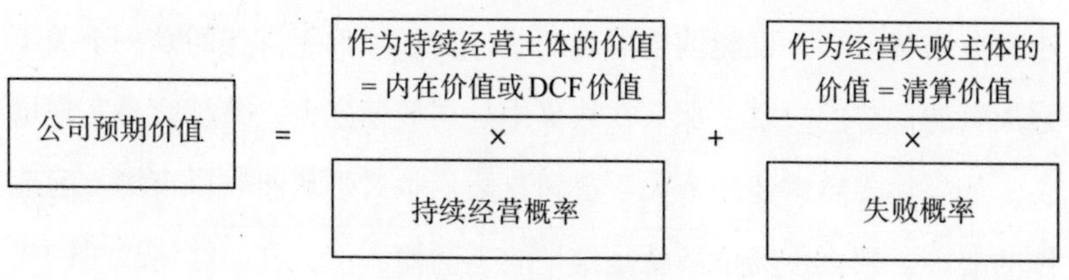


**图 8–2　价值和截尾风险**

这看起来也许像是一种对公司内在价值的粗略解释，但它的确为我们提供了一个全局视角。我将在对单个公司进行估值时，再就此问题进行探讨。

## 将故事与输入相结合

之前的章节主要讲述了关于公司的故事，此类故事应符合公司的发展形势及其所处行业的状况，而难点则在于如何在该故事中体现公司的价值。虽然能达到此目的的方法有很多，但估值模型结构可套用至几乎所有的估值故事。因此，如果你准备将现金流数据作为故事的尾声，那么你首先可以根据公司的目标市场总额以及预计公司能在该市场内占据的市场份额，对公司的收入进行预估。然后，用预估的收入数额乘以税前营业利润率，即可得到该公司的营业收入，再减去税金，就能得到其税后营业收入。之后，用该数额减去公司增长所需的再投资额，你将得到公司的自由现金流。最后，根据风险性调整贴现率对现金流进行贴现计算，即可得到公司的预期价值。

每个故事都要有一个关键输入值，其能最准确地反映公司的价值所在。如果你想讲述的是一个关于大市场的故事，那么市场总额这个输入值就能够体现出大市场这个特征；这意味着即使公司只占有一小部分市场份额，也能创造可观的收入。如果你想讲述的是一个关于强大资源优势的故事，那么在故事中公司规模越大，就越容易实现增长。如果你想要讲述一个关于公司打败竞争对手从而取得市场支配地位的故事，那么市场份额就是这个故事的输入值，其能够使故事的效果最大化。如果你估值的公司具有强大的可持续竞争优势，你将从高营业利润率和高收入中看到公司的价值和投资的回报。如果故事中的公司能从税收减免中受益，那么较低的税率就是那个输入值，其意味着较高的税后收入及现金流。如果你的公司呈现低资本集约度的特质，即能够轻松扩大规模，则再投资数额能够显示出该优势，表明公司能在维持低再投资额的情况下实现大幅度的收入增加。如果公司属于低风险类型，则你对现金流进行贴现计算所使用的贴现率将较低。图 8–3 对各要素的相关影响进行了总结。

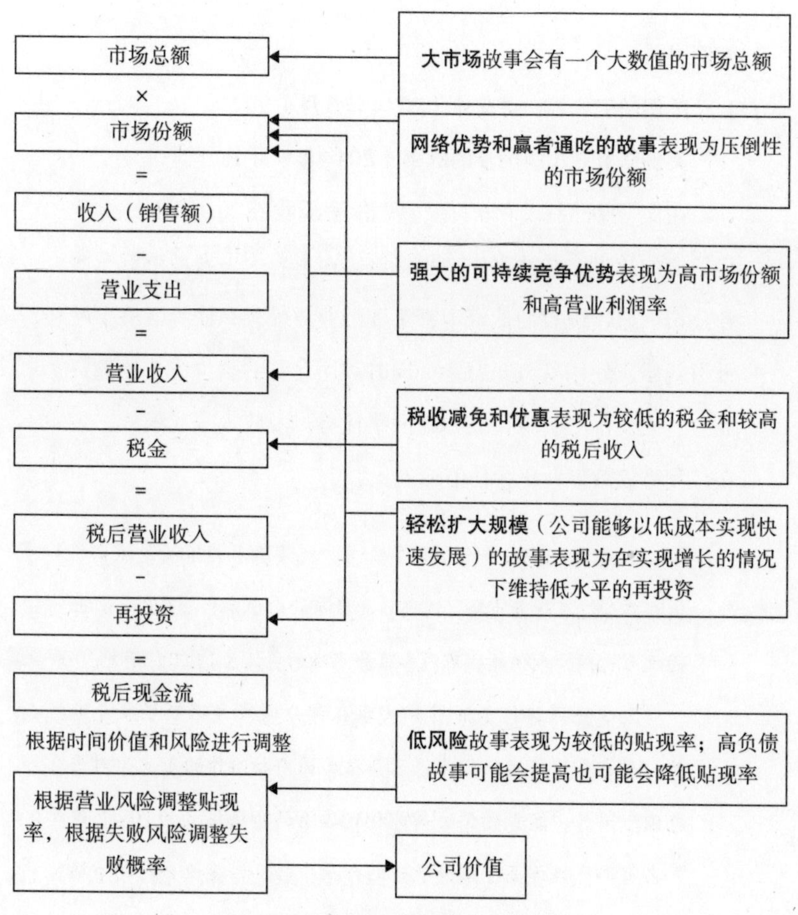


图 8–3　将故事与估值输入相结合

尽管该框架可能略显简单，但其有助于你十分灵活地针对处于公司生命周期不同阶段和不同行业领域的公司的故事进行情节上的调整。

---

## 案例研究8.1：优步——从故事到数字

**案例引入**

**案例研究6.2：拼车业（2014年6月）**

**案例研究6.3：优步的故事（2014年6月）**

在案例研究6.2和6.3中，我讲述了我在2014年6月对优步估值的故事，在故事中，我将该公司形容为一家城市汽车服务公司。通过现有的低资本密集度的业务模式，优步能够不断吸引新用户使用其汽车服务，同时利用自身的竞争优势（融资能力、先发优势）保持其本地网络优势以及收入分成模式。现在，我将该故事转化为估值输入：

1. 作为一家城市汽车服务公司，优步追求的市场是城市的出租车和汽车服务市场。通过计算城市的出租车和汽车服务行业的收入总额，我估测城市汽车服务市场的价值为1 000亿美元。

2. 本地网络优势能够让优步在部分城市占据市场主导地位，而在其他城市，优步很容易被（国内和国外的）竞争对手包围。因此，我预估该公司能稳定占有的市场份额为10%。这一占有率已经远高于该分散化的行业中的任何其他公司的市场份额，但我将预估值设定为10%而非30%或40%，是因为在这个故事中我并不认为优步具有全球化的网络优势。

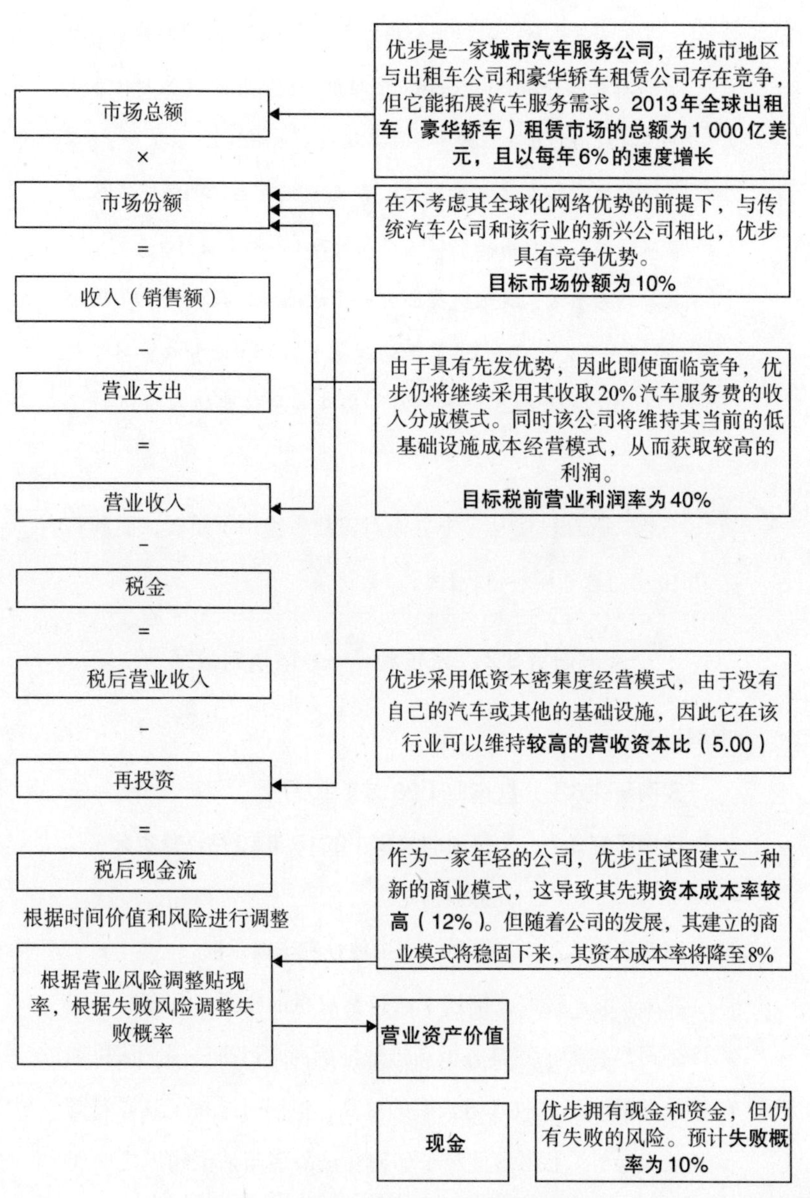


**图 8–4　优步（2014 年）——估值输入**

3.先发地位、雄厚资金和技术优势使优步能够维持与司机之间的收入分成协议（80%收入归司机，20%收入归优步），并维持较高的营业利润率（稳定状态下为40%）。

4.通过延续之前的策略，即无须拥有自己的汽车或投资基础设施，该公司将能够从投入的每1美元中获得5美元的收益。作为参考，美国所有公司关于该统计数据的中值约为1.5（每投入1美元产生1.5美元的收益），而5.0的营收资本比超过了90%的业内其他公司。图8–4对这些输入值进行了总结。

当然，听众已经从多个方面对该故事提出了质疑，而我将在第10章对这些质疑进行探讨。

---

## 案例研究8.2：法拉利——从故事到数字

**案例引入：**

**案例研究6.1：汽车业（2015年10月）**

**案例研究6.4：法拉利的故事（2015年10月，首次公开募股前）**

**案例研究7.2：法拉利——排他性汽车俱乐部**

在第6章，我大致描述了法拉利故事的梗概，并在故事中将该公司形容为一家具有极高排他性的高端汽车公司。法拉利的排他性限制了其收入增长率的提高，但同时维持了其高利润率和低风险性。图8–5显示了如何在该故事与估值输入之间建立联系。

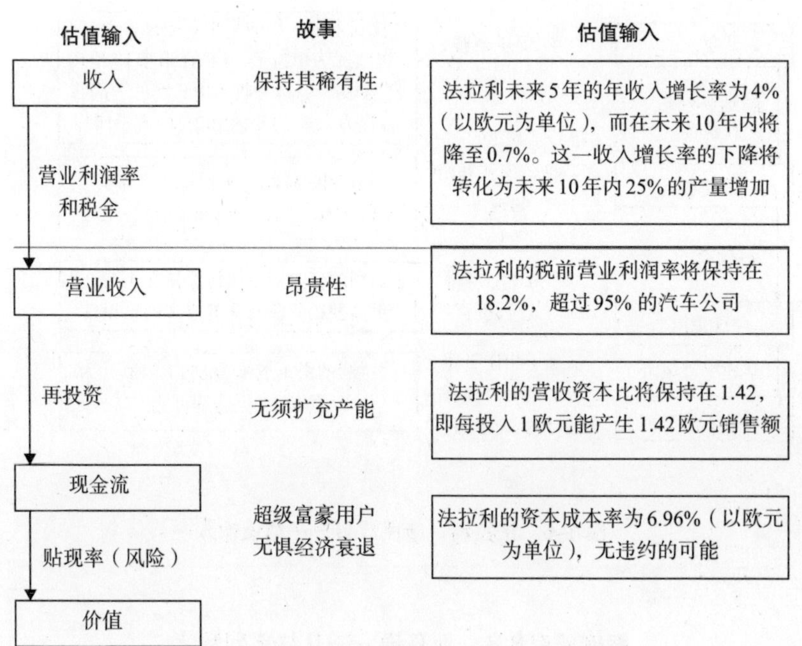


**图8–5　法拉利：排他性俱乐部——估值输入**

在第7章，我又讲述了一个关于法拉利的很有可能的反故事，其中，法拉利希望追求更高的增长率，而为了实现该目标，它引入了一种低成本经营模式并增加了广告支出。图8–6显示了将该反故事转化为估值输入的过程。

这两个故事都很有可能，但从价值效应的角度来讲，二者都不是必然会发生的故事。在保持排他性地位的故事中，虽然其销售额较低，但其利润率较高且风险较低。在第9章，我们将讨论根据这两个故事所得到的不同的估值。

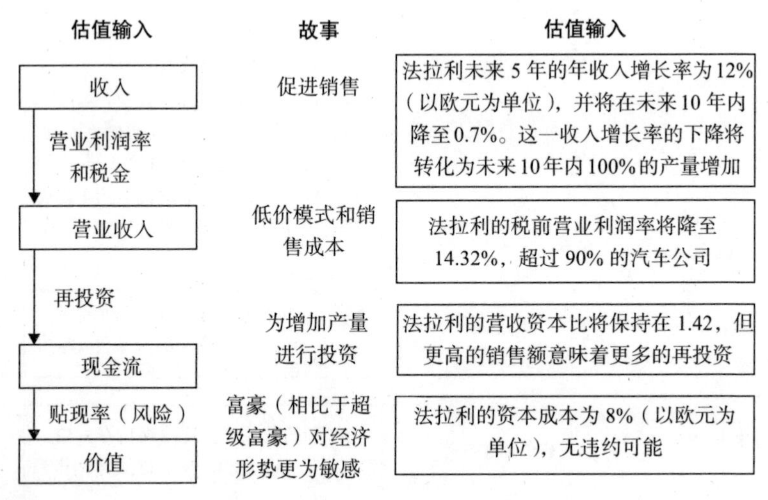


**图8–6　法拉利：亲民故事——估值输入**

---

## 案例研究8.3：亚马逊——从故事到数字

**案例引入：**

**案例研究6.5：亚马逊——“梦幻成真”模式（2014年10月）**

**案例研究7.3：亚马逊——其他故事（2014年10月）**

在我最早讲述的关于亚马逊的故事中，我将其描述为一家“梦幻成真”公司。它接受以较低的利润率甚至零利润，作为对在多个行业（零售、娱乐、云计算）中实现高收入增长的交换，因为它预期自己今后能够创造更高的利润率。图8–7显示了该故事转化为估值输入的过程。

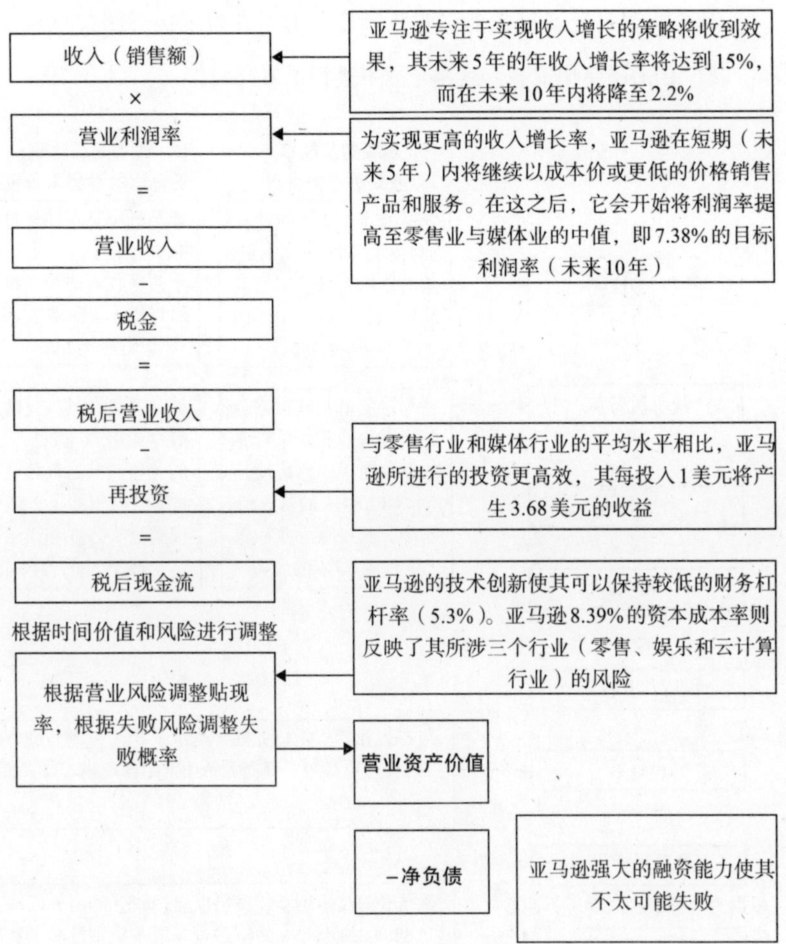


图 8–7　亚马逊："梦幻成真" 故事——估值输入

如第 7 章所述，亚马逊有许多很有可能的反故事，而根据不同故事得到的估值结果会大相径庭。这里列举两个极端的例子：其一，只见收入增长而不见利润已成为其稳态发展模式；

其二，亚马逊通过大肆扩张收割竞争对手获得了极大的定价权。在图8–8中，我对这两个故事进行了研究。

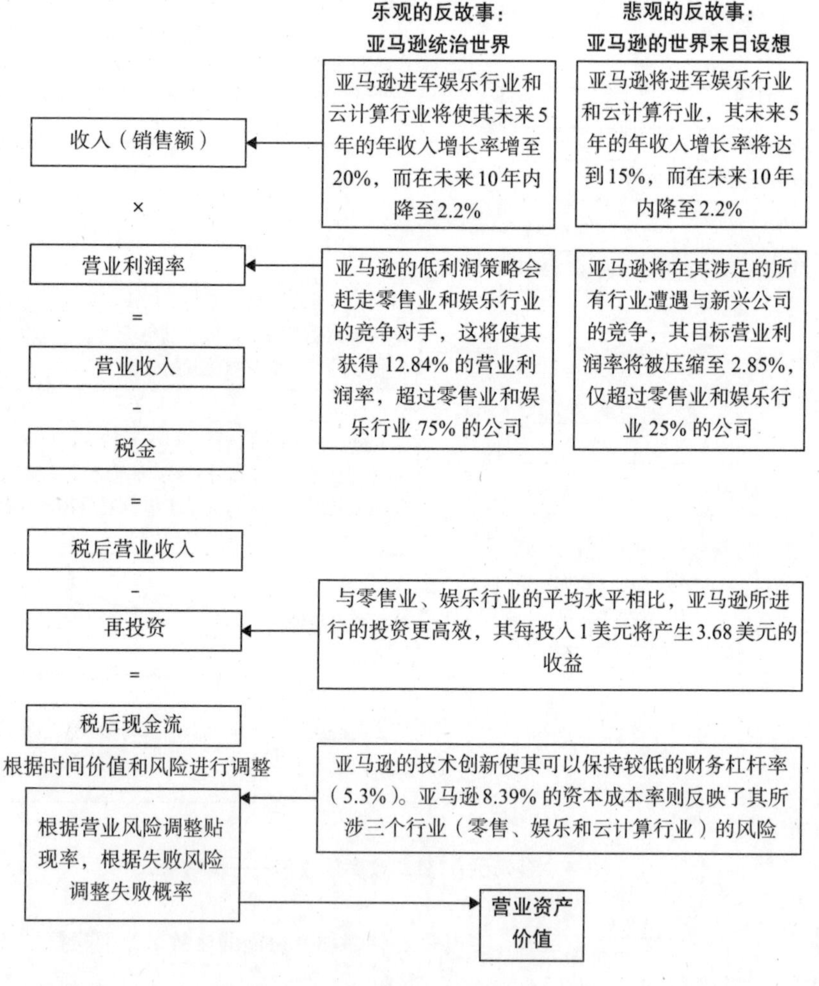


图8–8 亚马逊：反故事

在关于亚马逊的几个不同的故事中，收入增长率这一数值存在差异，但三者最大的分歧在于目标营业利润率。我的第一个故事认为：亚马逊的利润率将逐步接近零售业和娱乐业的中值 7.38%；乐观的反故事认为：亚马逊的利润率将达到12.84%（超过 75% 的公司）；悲观的反故事认为：亚马逊的目标利润率将为2.85%（超过25%的公司）。

---

### 案例研究8.4：阿里巴巴 ——从故事到数字

**案例引入：**

**案例研究6.6：阿里巴巴——中国故事（2014年9月）**

**案例研究7.4：阿里巴巴——全球化公司**

在第6章中，我讲述的关于阿里巴巴的故事是一个中国故事。故事中，阿里巴巴将继续在中国线上零售市场长期占据统治地位，实现持续的增长和盈利。中国线上零售业的规模和发展形成了阿里巴巴价值主张的基础，并因为阿里巴巴的压倒性市场份额和低成本结构得到进一步强化。图8–9显示了阿里巴巴收入增长的故事与中国线上零售市场发展态势的紧密联系。

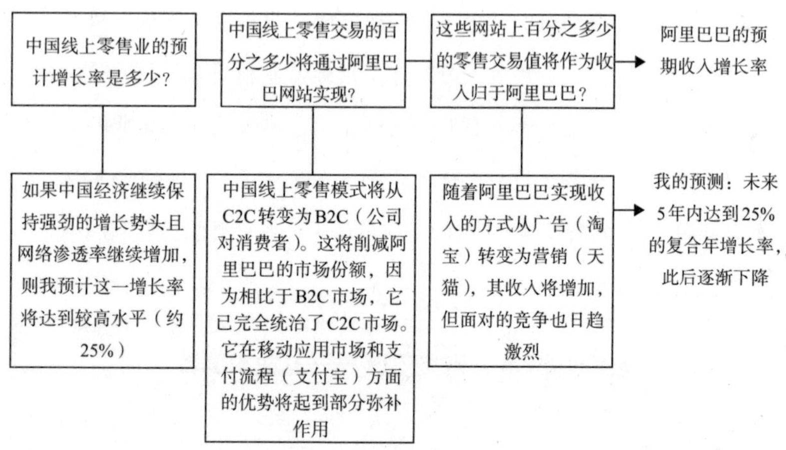


**图8–9　阿里巴巴收入增长和中国线上零售市场发展态势**

在图8–10中，我总结了该故事与估值输入之间的联系（所有预测均以美元为单位，部分是为了反映阿里巴巴计划在美国IPO这一事实，部分则是为了方便起见）。

图8–10中的故事可能忽视了阿里巴巴的全球化野心，在第7章中我还讲述了一个关于阿里巴巴的很有可能的反故事：阿里巴巴将其在中国取得的成功拓展至包括美国在内的其他市场，甚至其他行业。在这个反故事中，尽管其营业利润率更低且再投资水平更高，但阿里巴巴仍能实现更高的收入增长（相比于我之前所讲的故事）。图8–11展示了这一全球化公司故事的情节走向。

如前所述，这一全球扩张战略的净效应是为阿里巴巴增加价值还是减少价值尚待分晓。

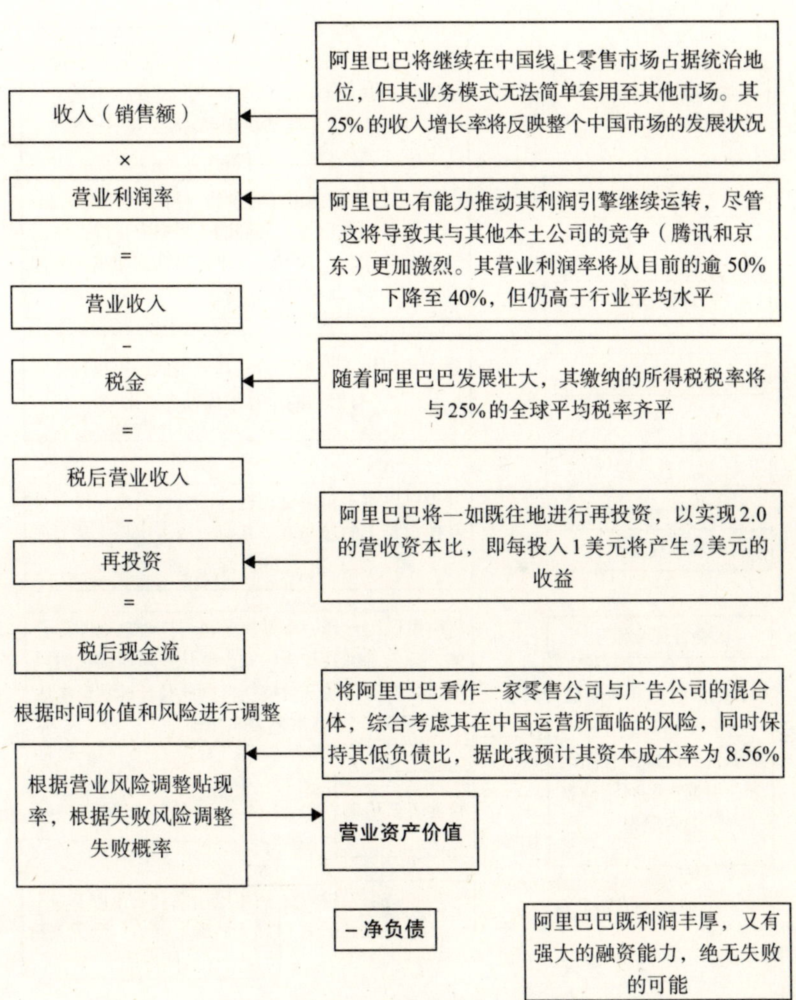


图8–10　阿里巴巴——中国故事

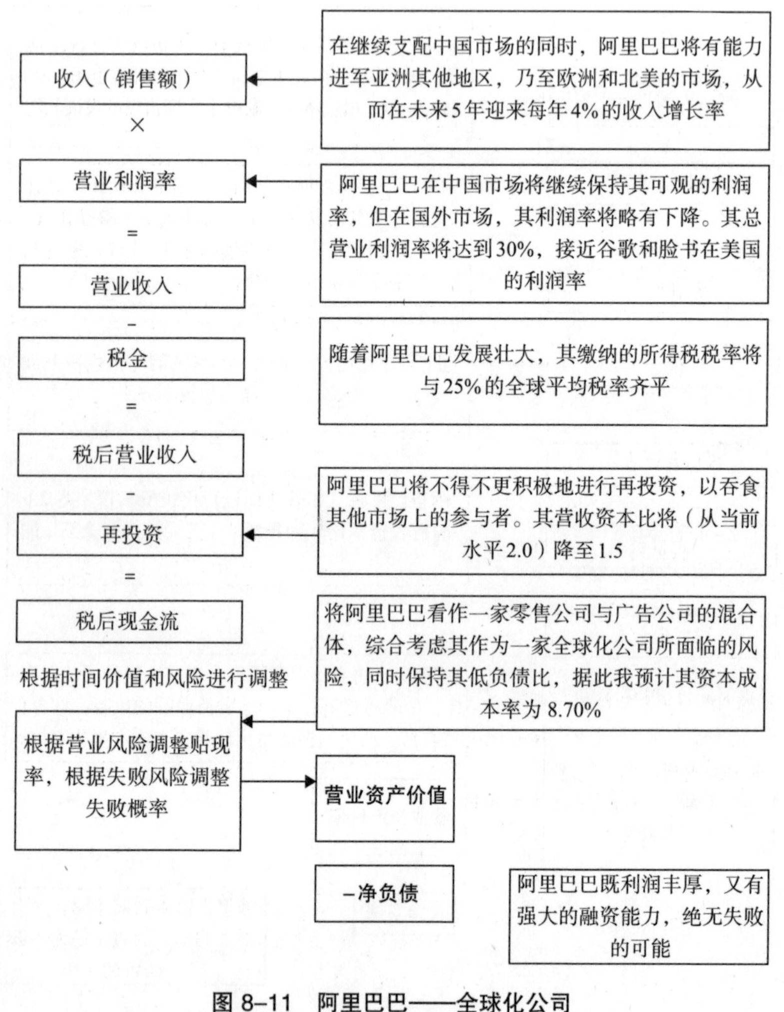


图 8–11　阿里巴巴——全球化公司

## 定性与定量

在谈到定性因素时，故事讲述者与数字处理者之间的分歧显而易见。对故事讲述者而言，估值模型的明显缺点是其忽略了公司文化、管理层和员工的素质以及能影响公司价值的众多软因素。对数字处理者而言，在他们面前提出定性因素会让他们怒火中烧，同时会让他们觉得你思维肤浅，试图利用一些时髦术语让溢价显得合理。这一事实令我左右为难，因为我认为双方都有一定的道理。

定性因素会影响价值吗？当然！管理层能否进行战略性的思考，员工是否忠诚且训练有素，品牌能否经受住时间的考验，这些因素怎么可能不影响公司的价值呢？但在你将我划归至故事讲述者的阵营之前，请容我作为一名投资者先说明一点：你无法从对公司文化、管理层的战略考量或品牌知名度的描述中了解你能获得多少分红。关键在于，要冒着被上述两方阵营嘲笑的风险，将双方的优势结合起来。我认为，任何定性因素，无论多么模糊，都能转换为数字。

回顾我在本章提出的估值，你会发现我曾估值的每家公司都有自己的定性优势，而且这些优势都是它们成功的核心。优步有一支富有冒险精神的管理团队，他们积极寻找机会，并且每个人都有娴熟的技术做后盾，这就是为什么我愿意认为他们将在今后十几年占领拼车市场。法拉利是全球最著名的品牌之一，正是该品牌的知名度让他们拥有了定价权，可以为每辆汽车叫价逾百万美元，使其利润率超过汽车行业95%的公司。亚马逊任命杰夫·贝佐斯为CEO，他是一位既有远见卓识又脚踏实地的企业家，这也许能够解释为什么投资者会一直支持亚马逊的“梦幻成真”故事。在这个故事中，亚马逊可以立即实现收入增长，但必须等待一段时间才能获得利润。阿里巴巴拥有作为中国商业巨头的优势，其市场潜力巨大。因此，根据其潜力，我预测在未来几年内该公司的年收入增长率将达到25%，且利润空间极大。

我认为双方都将从这次对话中获益。天生倾向于定性因素的故事讲述者将不得不把他们的故事塑造得更加具体，并检查其合理性。因此，强调一家公司确实拥有出色的管理层毫无意义，除非你能解释管理层做了什么令他们如此“出色”。对数字处理者而言，引入定性因素会给数字赋予意义，甚至可能引发人们重新评估这些数字是否站得住脚。

最后，将定性与定量相结合能够让投资者仔细审视公司创始人和管理者的主张和要求。对于利润率低于同行业中值，但讲述了一个主打品牌知名度故事的公司，投资者应用怀疑的眼光考察其品牌故事。同样，对于在过去十几年收入增长率持续呈个位数，但讲述了一个主打高增长预期故事的公司，投资者也应持同样的怀疑态度审视其高增长故事。

## 对故事定价

在本章中，我已经讨论了如何在内在估值框架中将故事转换为数字。然而，许多投资者认为内在估值过程太复杂，与估值相比，对公司进行定价更加简单有效。这种定价过程通常采用的形式是，计算出一个价格乘数（根据收入驱动因素、收入、收益或账面价值确定），并与多家“可比”公司针对该乘数进行对比。在本节，我会提出一个架构，将定价与讲故事联系起来，这是众多股权研究分析师的常用策略，然后我会利用该方法对定价的潜在危险进行解释。

**定价的本质**

为便于比较，我们首先来考察估值和定价过程的差别。一家公司的价值由其现金流大小、现金流的风险（不确定性）、预期增长水平和效率所决定。而交易资产（股票）的价格则取决于供求关系，公司价值是定价过程中的一个输入参数，它是众多因素之一，甚至算不上决定性因素。市场的不断变化（势头、风尚及其他定价因素）和流动性（或缺乏流动性）使价格能独立于公司本身而产生动态变化，而这将导致股票的市场价格与公司价值不一致。

价值与价格评估工具能反映这两种过程的差别。如本章上节所述，在估值时，我们会采用DCF模型对驱动价值的基本因素做出假设，然后再进行估值。而在定价时，我们则会采用更为简单的方法。首先，观察现今市场上如何对“类似”公司进行定价；然后，在了解公司特点的情况下，就市场对公司可能给出的价格进行预估。定价过程分为三步：

1. 找出市场上可比较的或类似的公司（资产）。进行相关资产评估（至少在进行股票估价时）的常规做法是，观察待定价公司所在领域的其他公司。从根本上来说，这是一种主观的判断方式，并且在很大程度上取决于市场投资者如何对一家公司进行分类。因此，如果特斯拉被投资者视为科技公司而非汽车公司，则其定价结果也会随分类的改变而改变。

2.探寻投资者在给这些类似公司定价时采用的定价指标。投资者应当采用何种指标对公司进行定价，并非你我所能左右，而是由他们对同类公司定价所实际采用的指标所决定。因此，如果投资者在对社交媒体公司定价时关注的指标是这些公司拥有的用户数，那么在为你的社交媒体公司定价时，你应当同样关注该指标。

3.为你的公司定价。现在你已经了解了投资者用于此类公司的定价指标，你可以根据该定价指标以及多家可比公司的价格乘数对你的公司定价。再次以社交媒体为例，如果根据用户数对社交媒体公司定价，而2013年的市场均价为每个用户100美元，推特在2013年10月拥有2.4亿用户，那么推特的定价约为240亿美元。

定价过程会产生与价值评估过程截然不同的数字。至于你准备采用哪个数字，取决于你是投资者还是交易者（其中“交易者”一词并无贬义）。投资者关注价值，对价格将向价值靠拢具有投资信心。交易者关注价格，他们关注自己是否准确地把握了价格的变化走向。

### 将故事与价格联系起来

个人认为，公开市场上的绝大多数人，包括那些自诩为“价值投资者”的人，实际上都是交易者。他们不愿意接受这个标签，因为他们认为这代表了他们采用的是一种肤浅的分析方法，并且他们害怕被称为“投机者”。在私人资本市场上，这种错觉尤甚，因为大部分风险投资者对价值兴趣寥寥，却尤其关注定价。如图 8–12 所示，风险资本估值模型实际上就是一种利用退出乘数进行定价的工具。

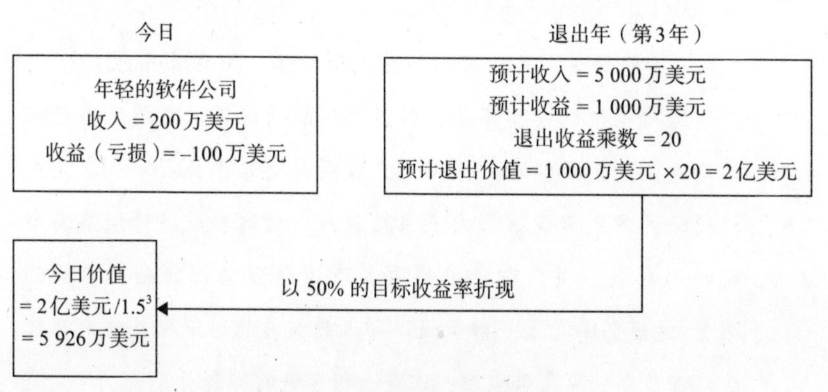


**图 8–12　风险资本估值（定价）**

由于退出乘数是根据可比公司的定价计算得出的，而目标收益率则是一个编造的数字（更像是一种议价工具而非折扣率），因此该过程很少涉及定价。

如果你参与了定价游戏，那么你所面临的挑战是将故事融入定价。要实现这一点，你必须围绕定价指标编故事，无论这一定价指标是什么。与进行内在估值时要在故事和估值输入之间建立成熟的关联相比，这项任务更简单直接。如果你的初创公司是一家社交媒体公司，而且其所在市场关注的主要指标是用户，那么你的故事就应当围绕用户展开。或者，如果定价的市场基础是收益，那么你就必须让故事与未来收益挂钩。

## 定价故事的危险

定价故事具有简洁直接的优点，但也存在自身的弱点，这一弱点也许正是一直以来走捷径所带来的后果：

1. 中间变量：无论采用何种定价指标，在最乐观的情况下，这是进行估值的中间步骤；在最悲观的情况下，它是没有任何实质意义的无效指标。根据用户数对社交媒体公司定价，是在以隐晦的方式假设该公司未来的收入、利润和最终价值与其当前的用户数相关。即使采用更具有价值驱动性的指标（如利润），这里仍隐含着一种假设，即当前收益能很好地反映未来收益。在多变的商业领域中，这是一种危险的信念。

2. 市场变幻无常：如果你认为自己的工作就是提供市场所需（用户、收入或收益），那么请记住市场是变幻无常的。尤其是年轻的公司，其将会遭遇我所说的“成人礼”时刻，即市场关注点会从某个变量突然转换到另一个完全不同的变量。在第14章谈到公司生命周期时，我将继续讨论这个问题。

3. 公司博弈：如果投资者确实关注某个指标，那么公司不仅仅需要围绕该指标讲故事，而且需要改变其业务模式，将关注点放在如何实现该指标的增长上。如果你试图在展示与该指标相关的数据时利用会计工具和测量工具编造更好看的数字，那么你就离灾难不远了。

## 小结

如果估值是故事与数字之间的桥梁，那么本章就是将二者融为一体的主梁。在本章中，我讲述了如何将故事中的文字描述转换为估值模型中的输入项，便于你在下一章实现估值的最后一步。该过程并非总是按顺序进行的，当你将估值输入项与故事挂钩时，你可能需要重温故事的部分情节并进行调整或修改，这都是很常见的。我相信这一过程能让你的故事更有影响力，同时让你的估值更可信。

# 第 9 章　从数字得出估值

在第6章，我介绍了如何构建一个公司故事，紧接着在第7章，我介绍了如何验证该故事是否可能，然后在第8章，我介绍了如何将故事和价值驱动因素关联起来。在本章，我会介绍如何通过使用价值驱动因素来进行估值，从而将之前章节介绍的流程付诸实践。我将在本章的开头部分回顾第8章引入的估值模型，探讨估值的原理。接着，我将以在第8章提到的公司为例，根据之前讲述的各个公司的故事分别进行估值。在本章的第二部分，我会颠倒这一过程，看看如何从现有的估值（通常就是一堆数字）中提炼出故事，然后通过这些故事判断该估值是否合理。

## 从输入到估值

倘若你已将故事转变为估值输入项，那么你就已经完成了估值中较为繁重的任务，因为多数情况下，把各估值输入项转变为价值数值就是估值的操作方式。

## 估值基础知识

在对一家公司进行估值时，你需要先评估其现有资产的价值，接着考虑公司的发展情况所创造或破坏的价值，将该数值加到现有资产的价值之上，同时根据风险调整贴现率。具体步骤如图9–1所示。

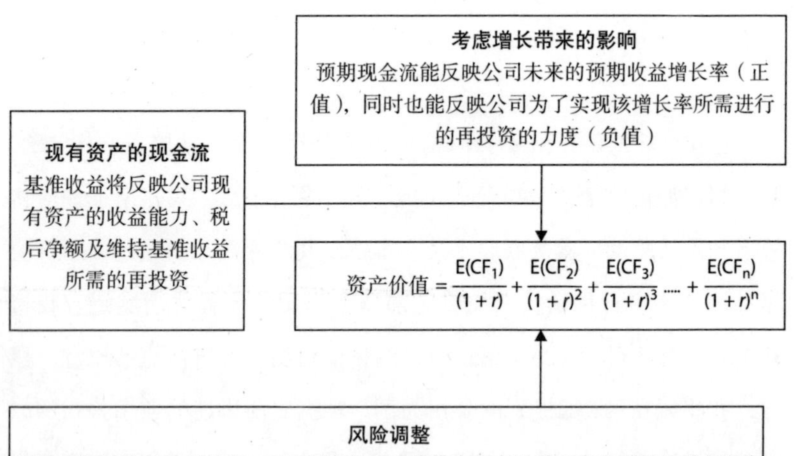


图9–1　估值步骤

在研究故事的作用机制时，值得强调的是各输入项之间是相互联系的，其中一项发生变化通常会引起其他输入项的变化。所以，如果你决定提高估值中的预期收益增长率，你必须考虑以下两点：为了实现该增长，再投资需要增加多少，以及是否需要变更业务组合（并考虑该组合带来的风险）和财务杠杆。

DCF估值模型容易让使用者误解并感到困扰的一个方面是最终

价值的作用。如果你准备对一家公司进行估值，那么最终价值必然是你对公司的当前价值进行估算时的重要影响因素，其预测了公司当前价值的 60% 或 70%，甚至 100%。尽管有些人倾向于将最终价值视为估值模型的一大缺陷，但是我们可以将其视为对从股权投资者的角度考虑如何从投资中盈利的反映。当股权投资者以股息或现金支出的形式持有投资时，就会产生现金流，而他们的大部分投资回报都来自价格上涨。最终价值可以替代价格，随着公司增长潜力的提升，最终价值对公司当前价值的影响也会变大。如果我们能接受对最终价值的这一解释，那么我们应担忧的第二个问题就是对最终价值做出的推测是如何控制整个估值结果的。我们再来看一下估算最终价值（持续经营条件下）的公式：

持续经营公司的最终价值$_n$ = 预期现金流$_{n+1}$/（稳定增长所需的资本成本 – 增长率）

在第 7 章我介绍了估值的第一个限制条件，即最终价值等式中的增长率必须小于或等于公司运营所处经济体（国内或国际）的名义增长率。我建议用无风险收益率代替经济体名义增长率这一指标来收紧这一限制，这样就将货币选择纳入了增长估算：如果货币环境是高通胀的，公司的无风险收益率和预期增长率都将有很大的提高。接下来需要考虑第二个限制条件。为了支撑所有的增长率估算，公司需要再投入足够的资金来维持最终价值中的“稳定”增长率，这一点至关重要。实际上，估算再投资率有一个简单方法：首先估算一个公司在稳定增长中可产生的资金回报率，然后利用该回报率反推再投资率：

最终再投资率 = 稳定增长率 / 投资资本回报率

因此，公司如果希望在新项目上实现 12% 的投资资本回报率，就需要持续将税后营业收入的 25% 用于再投资，这样公司的税后营业收入将保持 3% 的年增长率。

实际上，如果你获得的投资回报率与付出的资本成本持平，那么最终价值并不会随增长率的变化而变化，因为增长率成了一个中性变量。这样一来，你就可以限制最终价值。同时这也意味着，在稳定增长的情况下估算出的价值增量可以反映你是否相信一家公司可以长期维持其竞争优势。如果该公司无法做到长期维持竞争优势，那么公司的资金回报率将下降至与资本成本持平，如此，预期增长率将不会给公司价值造成影响。所以，你为公司构建的故事需要有个收尾部分，在该部分你需要对公司维持超额收益和持续经营的能力做出判断。

**估值漏洞**

在估算出现金流量，依照风险调整了贴现率，并计算出公司的当前价值或营业资产价值之后，如果你认为估值中所有繁重的工作都已经完成了，那你就错了。从营业资产价值到公司股权价值，再到公开上市交易公司的每股股权价值，完成这一系列的转化，你还需要做出以下几个方面的判断：

1. 债务和现金（净负债）：在多数估值中，净负债在估值过程中是一个次要、琐碎的细节，我们在计算股权价值时总会从营业资产价值中排除这一数字，因为它的影响很小。关于债务，关键问题在于你要如何界定它，答案是债务不仅包括在公司资产负债表上看到的附息负债，还包括公司做出的合同承诺。例如：租赁承诺应视为债务并计入债务总额中。因为零售公司和餐馆的经营租金数额不菲，将其归入债务将极大地影响零售公司和餐馆的债务金额。关于现金，你需要理清两个细节。第一个细节是由美国公司税法引起的、仅发生在美国的特殊现象。美国公司税法要求美国国内的公司要对其获得的国外收入支付公司所得税，但此要求仅在其国外收入被带回美国时生效。因此，美国的公司大多选择不将现金带回国内，他们的现金滞留在国外的各地银行中。2015 年年底，苹果公司大概有 2 000 亿的现金结余滞留在海外。如果要将这笔现金带回美国，苹果公司需支付接近 200 亿美元的税金。当你评估苹果公司的价值时，作为公司的股权投资者，你必须决定是否承担由税收造成的这一损失，如果是的话，你还要决定何时承担。第二个细节是，市场中的现款余额可用于投资风险债券，这可能会使得公司的账面价值（公司在财务报表中汇报的价值）和实际价值存在差异。

2. 交叉持股：一家公司拥有其他公司的股票是相当普遍的，并且，作为一个投资者，你可以参与这些股份的投资。因此，这些股份的价值也需要计入估值，而在此之前，你必须明白公司股份是如何划分的。根据美国及国际会计准则，公司股份大致可以分为多数控股，即拥有控股权，通常（但并不常见）为持有另一公司超过 50% 的股份；或少数控股，即在另一公司持有少于 50% 份额的股份。倘若是多数控股，则公司需要合并两家公司的财务报表，就如同完全拥有一家子公司一样，并上报相应的营业数据（收益、营业收入、资产、债务等）。这需要会计师估算这类子公司的股份价值，而子公司中不属于母公司的股份将被视为母公司需承担的债务，这被称为少数股东权益或者非控股权益。倘若是少数控股，则一般无须在营业数据中显示公司所持有的股份的价值，但是需要调整净利润的计算项以反映公司从子公司中获得的股权收益。通常你只需要在资产负债表中标示这些股份投资的账面价值即可。在交叉持股的诸多情况中，股份相互混杂，令人摸不着头脑，因而被称为价值评估中最复杂的项目。但是我有一个简单的规则可以帮助你解决这一问题。你应该先基于母公司的财务状况评估母公司的价值，然后分开评估每个子公司的价值（根据其增长、风险和现金流的特点），接着按持股比例算出每个子公司相应的股份价值，最后将这些数据累加。但如果你仅能获得合并后的财务报表，那么唯一的选择是：利用所知道的一切有关信息，评估不属于你的那部分合并子公司的价值，然后从综合估值中减去这一部分价值。

3.股权激励：在最近的二十几年，许多公司开始用公司股份作为报酬来补偿员工，分为两种形式——限制性股票（包含交易限制）和期权。因为这是对员工的补偿，所以在分发补偿时，即使股权激励涉及使用期权定价模型来评估期权价值，我们也并没有可信的理由可以不将其视为营业费用。尽管会计准则制定者花了一些时间才意识到这一点，但现在它已经被纳入全球大多数国家的标准会计准则。然而分析师和公司高层在依照惯例从估算价值中减去这一流程的费用之后，又会以各种滑稽可笑的理由将这些费用加回来。根本原因之一在于股权激励为非现金费用，它是一种公司以实物或股权支付代替现金支付以增加现金流的方法。但以上做法忽略了这一步骤：如果公司之前就将期权或者限制性股票发行上市，并用发行所得现金收益支付了员工工资，那么就会有现金流产生。另一个原因是股权激励为非经常性费用，但对于每年都会产生这些费用的公司，这是一个很奇怪的理论。以往，员工期权授予还会引发一个问题：如果公司始终不偿付这些期权，这意味着员工可向公司索要相应股份，而公司必须评估这些期权的价值，并且从股票价值中减去这一部分，从而计算出每股价值。尽管分析师尝试根据未偿付股份调整已有期权，但这并不是一个好的解决方法，因为在调整的过程中，不仅价外期权总是不被计入在内，同时在期权转化为股票这一过程中的现金流入及期权的时间价值也被忽略了。

尽管你可能打算按照公式处理上述这些枝节问题（债务和现金、交叉持股和股权激励），但是你需要尝试将这些因素及其带来的影响纳入你的故事中，因为它们象征着公司做出的有意识选择。毕竟，没有规定会要求哪家公司必须做出借钱、持有现金、投资其他公司或授予员工期权的决定。以网飞为例，如果你研究过它的商业模式，你就会知道该公司的故事是：向内容制作公司购买电影独播权，通常还会与之签署一份持续多年的付款承诺，然后去找愿意按月付费观影的用户。该故事中，网飞面临的风险是内容供应商抬高播放权价格而导致成本增加、利润被压榨，同时这些增加的成本还不能转嫁到用户身上。但这也成为推动公司推出自制影片（例如《纸牌屋》）的一大动力，预示着公司故事即将发生转变。在任天堂的案例中，该公司所持现金结余占公司价值的一半。公司管理层固有的保守主义使该公司保有大量现金结余且少有或没有债务，这一点也需要纳入你对该公司故事的描述以及对其最终价值的估算中。最后，如果你正在对一个控股公司进行估值，那么对组成该控股公司的所有子公司的估值并不是故事的结尾，而是故事的全部，你需要在故事中说明管理层在兼并这些子公司的过程中表现如何。

## 估值细化

我相信大多数认为DCF模型是一种僵化的估值模型的评价都是不真实的，并且大多数分析师从来都没有利用过其最强大的功能。我一直在使用DCF模型估算新老公司、各国及各行业的公司和独立资产的价值，而该估值模型在灵活性上仍能不断给予我新的惊喜。以下为该模型的两大功能，许多从业者甚至从没有意识到这两点。

1.不随货币环境发生变化：DCF模型适用于任何货币和利率环境，只要你在现金流通胀和贴现率通胀的相关假设方面保持一致就可以了。简言之，如果你正在低通胀货币环境下估算一家公司的价值，你的贴现率就会是低水平的，而预期增长率也一样（因为二者的计算公式中包含相同的通胀变量）；如果是在高通胀货币环境下，则贴现率和预期增长率都将升高，这反映了相应的通胀情况。

2. 动态贴现率：大多数对DCF模型应用方法的描述都要求你提前估算公司贴现率，然后将该数值在整个估值过程中作为定值处理，这是一个既不明智也不具一致性的做法。因为你预测的是公司的增长情况和业务组合随时间发生的变化，所以你应该能预料到贴现率会随公司的变化而发生改变。事实上，即使公司的业务组合是固定的，公司采用的债务组合和股票组合也会随时间发生变化，而这也会使贴现率发生变化。

许多风险投资者都坚决反对在估算公司价值时使用DCF模型，他们对此方法的鄙夷表明他们接触到的可能都是该模型的僵化版本。在本书中，我列举了我对各类公司（从初创型公司到走下坡路的公司）的估值以说明故事和数字之间的联系，而我这样做还有一个理由，就是希望能清楚地表述我的观点：DCF模型用途广泛，可满足几乎所有的估值需求。

## 估值诊断法

完成估值后，你可能就会将所有的注意力集中在那个最终的数值上——对公司和股份价值（如果是上市公司）的估算值。这不足为奇，但是，估值结果中还有其他非常重要的信息，不仅可以让你对估值的完整性有更多的了解，而且如果你是公司的投资人，它还可以让你了解到你需要追踪其中哪些指标的变化情况。

1. 增长、再投资和投资质量：在本书的前几章里我介绍了估值的三角结构，即增长、再投资和风险的平衡关系，构成了估值的内部一致性。检查估值的内部一致性有一个非常简单的方法，即计算公司在整个高增长阶段的预计营业收入的变化值总额，然后除以同期预计投入的再投资金额。

投资的边际收益＝营业收入变化值/再投资金额

计算投入资本带来的边际收益，可用于粗略估计公司的未来投资预期。如果你通过比较边际收益和公司资本成本、历史资本回报率或行业平均价值，发现该预期太高或太低，那么这将是一种警示，提醒你要重新考虑增长和再投资的假设。

2. 风险和货币的时间价值：对现金流进行贴现的过程是这样的——根据货币的时间价值（你希望尽早得到返还的现金流）和公司持续经营的经营风险对价值进行调整。为了了解时间价值和经营风险会给公司带来多少损失，你可以计算名义现金流的总和（不包括贴现），将该总和值与现金流现值进行对比。尽管你可能已经足够了解货币的时间价值了，但你可能仍会惊讶于在等待现金流返还的时间里损失的价值之大，尤其是在高风险和高通胀的环境下。

3. 现金流价值：如果你的公司是一个处在高速增长阶段的新兴公司，那么你的早期现金流可能是负值，且事实上也应该是负值，部分原因是公司在创立早期普遍有盈利低或者为负的情况，也有部分原因是公司维持高增长需要高水平的再投资。需要注意的是，这些负的现金流会间接导致股权稀释效应，股权稀释效应即股权投资者所持有的股权会因为未来公司上市、股本增加而被稀释，这是大多数股权投资者都有的一个担忧。因为公司上市一般被用作针对负的现金流的一种补偿手段，所以你需要通过将这个负的现金流计入总的估值来体现股权稀释效应。简言之，在使用DCF模型进行估值时，你无须因为未来公司上市而对你所持股份的价值进行任何调整，因为股权稀释已经通过负值的现金流体现在最终的估值中了。

4.股权负值：现金流现值总额就等于公司的营业资产价值，该数值与净负债的差即等于公司的股权价值。但是如果你得到的营业资产价值的数值低于净负债的数值呢？股权价值可以是负值吗？这两个问题的答案分别是“可能”和“不可以”：后者答案为“不可以”，是因为资产的市场价格不能低于零；前者答案为“可能”，是因为一个公司即使处在这样的困境中也可以继续存在，并寄希望于出现一个提高营业资产价值的转机。这种情况中，公司股权具有期货的某些特征，而投资者也应该把它当作期货来对待。

---

## 案例研究9.1：优步——对城市汽车服务公司进行估值

**案例引入：**

**案例研究6.2：拼车业（2014年6月）**

**案例研究6.3：优步的故事（2014年6月）**

**案例研究8.1：优步——从故事到数字**

在第6章，我讲述了一个优步的故事。该故事发生于2014年6月，我在故事中将其描述为一个城市汽车服务公司。在第8章，我又将该故事与估值输入数据（从收益增长到资本成本）相结合。我在表9–1中对所有输入数据进行了归纳总结。

这些估值输入数据都可以通过估值模型获得，表9–2列出了所有的输出结果。据我估算，优步公司当时的市值为将近60亿美元，但我希望你能注意到公司的故事是如何解释估值中的每个数据的，而不是只看结果。估值的进行由这一故事驱动，而不是由列表中的一系列输入数据驱动。

**表9–1　优步估值输入数据**

| 输入数据 | 假设 |
| --- | --- |
| 总体市场 | 优步进入市场之前，本基年城市专车服务公司的总体规模为1 000亿美元，年增长率为3%。优步和其他拼车公司吸引了新用户使用拼车服务，这使城市汽车服务市场的预期年增长率提高到6% |
| 市场份额 | 优步的市场份额将不断增加，达到10% |
| 税前营业收益与税收 | 在10年内，优步的营业收益率将从7%（基准年）提高到40%，而它所负担的税率将由当前水平（31%）提高到美国的平均边际税率（40%） |
| 再投资 | 优步将维持目前的低资本密集度投资模式，其营收资本比将高达5.00 |

（续表）

| 输入数据 | 假设 |
|---|---|
| 资本成本 | 公司成立的第一年，优步的资本成本率为12%（超过90 %的美国公司），而在未来10年内（优步将逐步发展为一个成熟的公司），该数值将下降至10% |
| 失败的可能性 | 考虑到各项损耗和对资本的需求，优步无法达成目标的概率约为10% |

**表 9–2　优步：城市专车服务公司**

<table>
<tr><th colspan="5">故事</th></tr>
<tr><td colspan="5">优步是一个能不断吸引新客户进入专车服务市场的城市专车服务公司。通过维持现有的收益分成（80/20）和低资本密集度（无自有车辆或外聘司机）经营模式，优步可以享受本地网络优势带来的收益</td></tr>
<tr><th colspan="5">假设</th></tr>
<tr><td></td><td>基准年</td><td>1~5 年　6~10 年</td><td>10 年后</td><td>关联的故事情节</td></tr>
<tr><td>总体市场</td><td>1 000亿美元</td><td>年复合增长率为6.00%</td><td>增长率为2.50%</td><td>城市专车服务 +新用户</td></tr>
<tr><td>市场份额</td><td>1.50%</td><td>1.50% → 10.00%</td><td>10.00%</td><td>本地网络优势</td></tr>
<tr><td>收益分成</td><td>20.00%</td><td>保持在 20.00%</td><td>20.00%</td><td>保持原有的收益分成</td></tr>
<tr><td>营业利润率</td><td>3.33%</td><td>3.33% → 40.00%</td><td>40.00%</td><td>强有力的竞争地位</td></tr>
<tr><td>再投资</td><td>—</td><td>营收资本比为5.00</td><td>再投资率 = 10%</td><td>低资本密集度模式</td></tr>
<tr><td>资本成本率</td><td>—</td><td>12.00%→8%</td><td>8.00%</td><td>超过了 90% 的美国公司</td></tr>
<tr><td>失败概率</td><td colspan="3">失败概率为 10%（失败指股权价值跌至 0下）</td><td>新兴公司</td></tr>
</table>

（续表）

| 现金流（单位：百万美元） | | | | | | |
|---|---|---|---|---|---|---|
| | 总体市场 | 市场份额 | 点收入 | 息税前利润（1 − t）* | 再投资 | 公司自由现金流 |
| 1 | 106 000 | 3.63% | 769 | 37 | 94 | （57） |
| 2 | 112 360 | 5.22% | 1 173 | 85 | 81 | 4 |
| 3 | 119 102 | 6.41% | 1 528 | 147 | 71 | 76 |
| 4 | 126 248 | 7.31% | 1 846 | 219 | 64 | 156 |
| 5 | 133 823 | 7.98% | 2 137 | 301 | 58 | 243 |
| 6 | 141 852 | 8.49% | 2 408 | 390 | 54 | 336 |
| 7 | 150 363 | 8.87% | 2 666 | 487 | 52 | 435 |
| 8 | 159 385 | 9.15% | 2 916 | 591 | 50 | 541 |
| 9 | 168 948 | 9.36% | 3 163 | 701 | 49 | 652 |
| 10 | 179 085 | 10.00% | 3 582 | 860 | 84 | 776 |
| 终止年 | 183 562 | 10.00% | 3 671 | 881 | 88 | 793 |

| 价值（单位：百万美元） | |
|---|---|
| 终值 | 14 418 |
| 现值（最终价值） | 5 175 |
| 现值（未来 10 年的现金流） | 1 375 |
| 营业资产价值 = | 6 550 |
| 失败概率 | 10.00% |
| 失败后的公司价值 | — |

（续表）

| 价值（单位：百万美元） | | |
|---|---|---|
| 营业资产价值的校正值 | 5 895 | 估值时风险投资者将优步的价值定为 170 亿美元。 |
| *息税前利润（1 – t）=（收入 × 营业利润率）（1 – 税率） | | |

## 案例研究 9.2: 法拉利——对排他性汽车俱乐部进行估值

**案例引入：**

**案例研究 6.1：汽车业（2015 年 10 月）**

**案例研究 6.4：法拉利的故事（2015 年 10 月，首次公开募股前）**

**案例研究 7.2：法拉利——排他性汽车俱乐部**

**案例研究 8.2：法拉利——从故事到数字**

我在第 6 章讲的关于法拉利的故事是：法拉利将保持其排他性汽车公司的定位，用高收益和低风险应对低增长。在第 7 章，我将目光转向另一个法拉利实现高增长的故事，在此故事中，法拉利的发展伴随着低收益和高风险。第 8 章我将两个故事分别与输入数据进行了结合，这些输入数据归纳在表 9–3 中。

表 9–3　法拉利评估输入

| | 排他性俱乐部 | 加快增长 |
|---|---|---|
| 货币选择 | 欧元 | 欧元 |
| 利润增长 | 未来 5 年的增长率为 4.00%，之后降至 0.70% 的稳定增长率水平 | 未来 5 年的增长率为 12.00%，之后降至 0.70% 的稳定增长率水平 |

（续表）

| | 排他性俱乐部 | 加快增长 |
|---|---|---|
| 税前营业利润（和税金） | 营业利润率将稳定在18.20%（当前水平），税率将下降至33.54% | 营业利润率未来10年内将下降至14.32%，这是由汽车价格下降及销售成本上升导致的 |
| 再投资 | 营收资本比为1.42，但是再投资额较低，因为收入增长率低 | 营收资本比为1.42，但是因为销售额上升，所以需要提高再投入的水平 |
| 资本成本率 | 资本成本率为6.96%，反映了超级富豪稳定的购买力 | 资本成本率为8.00%，因为富有但不算超级富豪的客户相对更容易受到经济形势变化的影响 |

使用这些输入数据，我先在表9–4中根据排他性俱乐部的输入数据进行了估值，然后在表9–5中基于加快增长的情况进行了估值。我估计前者的股权价值为63亿欧元，后者价值为60亿欧元。或许你会震惊于高增长并没有带来更高的价值，其实这是因为维持高速增长导致了公司经营利润下降、资本成本上升，从而降低了公司价值。

**表9–4　法拉利：排他性俱乐部**

| 故事 |
|---|
| 法拉利将保持其排他性俱乐部的定位，不进行大肆宣传，以高价出售相对较少的车辆给超级富豪，而这些人不受经济形势变化的影响 |

（续表）

| 假设 | | | | |
|---|---|---|---|---|
| | 基准年 | 1~5 年　6~10 年 | 10 年后 | 关联的故事情节 |
| 收入 | 27.63 亿欧元 | 4.00%→0.70% | 0.70% | 低增长以保持排他性 |
| 营业利润率 | 18.20% | 18.20% | 18.20% | 高价 + 无广告费用 = 维持当前模式 |
| 税率 | 33.54% | 33.54% | 33.54% | 保持不变 |
| 再投资 | — | 营收资本比为 1.42 | 再投资率 = 4.81% | 低增长，低再投资率 |
| 资本成本率 | — | 8.00%→7.50% | 7.50% | 受到宏观经济的轻微影响 |

**现金流**（单位：百万欧元）

| | 总收入 | 营业利润率 | 息税前利润（1－t）* | 再投资 | 公司自由现金流 |
|---|---|---|---|---|---|
| 1 | 2 876 | 18.20% | 348 | 78 | 270 |
| 2 | 2 988 | 18.20% | 361 | 81 | 281 |
| 3 | 3 108 | 18.20% | 376 | 84 | 292 |
| 4 | 3 232 | 18.20% | 391 | 87 | 303 |
| 5 | 3 362 | 18.20% | 407 | 91 | 316 |
| 6 | 3 474 | 18.20% | 420 | 79 | 341 |
| 7 | 3 567 | 18.20% | 431 | 66 | 366 |
| 8 | 3 639 | 18.20% | 440 | 51 | 389 |
| 9 | 3 689 | 18.20% | 446 | 35 | 411 |
| 10 | 3 715 | 18.20% | 449 | 18 | 431 |
| 终止年 | 3 740 | 18.20% | 452 | 22 | 431 |

（续表）

| 价值（单位：百万欧元） | |
|---|---|
| 终值 | 6 835 |
| 现值（最终价值） | 3 485 |
| 现值（未来 10 年的现金流） | 2 321 |
| 营业资产价值 = | 5 806 |
| –负债 | 623 |
| –少数股东权益 | 13 |
| + 现金 | 1 141 |
| 股权价值 | 6 311 |
| *息税前利润（1 – t）=（收入 × 营业利润率）(1 – 税率) | |

**表 9–5　法拉利：加快增长**

| 故事 | | | |
|---|---|---|---|
| 为实现更高的增长率，法拉利将采用降低价格的汽车销售模式，并通过更多的营销行为来支持该模式，但同时其也将更容易受到宏观经济的影响 | | | |
| 假设 | | | |
| | 基准年 | 1~5 年　6~10 年 | 10 年后 |
| 收入 | 27.63 亿欧元 | 12.00% → 0.70% | 0.70% |
| 营业利润率 | 18.20% | 18.20% → 14.32% | |
| 税率 | 33.54% | 33.54% | 33.54% |
| 再投资 | 1.42 | 营收资本比为 1.42 | 再投资率 = 4.81% |

（续表）

| 假设 | | | |
|---|---|---|---|
| | 基准年 | 1~5 年　6~10 年 | 10 年后 |
| 资本成本率 | — | 8.00%→ 7.50% | 7.50% |

现金流（单位：百万欧元）

| | 总收入 | 营业利润率 | 息税前利润（1 — t）* | 再投资 | 公司自由现金流 |
|---|---|---|---|---|---|
| 1 | 3 095 | 17.81% | 366 | 233 | 133 |
| 2 | 3 466 | 17.42% | 401 | 261 | 140 |
| 3 | 3 881 | 17.04% | 439 | 293 | 147 |
| 4 | 4 348 | 16.65% | 481 | 323 | 153 |
| 5 | 4 869 | 16.26% | 526 | 367 | 159 |
| 6 | 5 344 | 15.87% | 564 | 334 | 230 |
| 7 | 5 743 | 15.48% | 591 | 281 | 310 |
| 8 | 6 043 | 15.10% | 606 | 211 | 395 |
| 9 | 6 222 | 14.71% | 608 | 126 | 482 |
| 10 | 6 266 | 14.32% | 596 | 31 | 566 |
| 终止年 | 6 309 | 14.32% | 600 | 35 | 565 |

价值（单位：百万欧元）

| | |
|---|---|
| 终值 | 6 835 |
| 现值（最终价值） | 3 906 |
| 现值（未来 10 年的现金流） | 1 631 |
| 营业资产价值 = | 5 537 |
| –负债 | 623 |

（续表）

| 价值（单位：百万欧元） | |
|---|---|
| –少数股东权益 | 13 |
| + 现金 | 1 141 |
| 股权价值 | 6 042 |
| * 息税前利润（1 – t）=（收入 × 营业利润率）(1 – 税率） | |

## 案例研究9.3：亚马逊——对“梦幻成真”模式进行估值

**案例引入：**

**案例研究 6.5：亚马逊——“梦幻成真”模式（2014年10月）**

**案例研究 7.3：亚马逊——其他故事（2014年10月）**

**案例研究 8.3：亚马逊——从故事到数字**

关于亚马逊，我提出的“梦幻成真”模式是建立在这样一个假设之上的：亚马逊将继续专注于使用现有策略来实现收入增长，即以低于成本的价格出售产品和服务，这种策略最终会带来利润率的增长，但是新竞争对手的加入可能会使其利润率长期维持在较低水平。第7章我又讲述了亚马逊的两个反故事，一个是悲观的故事——亚马逊专注于收入增长的策略将使其陷入衰退，其利润率将始终无法有所提升；另一个是乐观的故事（至少对投资者而言是如此）——亚马逊的低价销售模式将许多竞争对手挤出市场，亚马逊据此获得了重要的定价权。表

9–6分别列出了三种故事下的估值输入。

表 9–6 为亚马逊估值所需的输入数据——选择性叙述

| | "梦幻成真"故事 | 悲观的故事：股票世界末日 | 乐观的故事：亚马逊统治世界 |
|---|---|---|---|
| 收入增长 | 未来 5年的增长率为15.00%，之后下降至2.20% 的稳定增长率水平 | 未来5年的增长率为15.00%，之后下降至2.20% 的稳定增长率水平 | 未来5年的增长率为20.00%，之后下降至2.20% 的稳定增长率水平 |
| 税前营业利润率 | 营业利润率上升至7.38%，达到零售/传媒行业的中等水平 | 营业利润率上升至2.85%，在零售/传媒行业中超过 25 % 的公司 | 营业利润率上升至12.84%，在零售/传媒行业超过 75%的公司 |
| 再投资 | 营收资本比维持在现在3.68的水平 | 营收资本比维持在现在3.68的水平 | 营收资本比维持在现在3.68的水平 |
| 资本成本率 | 资本成本率为8.39% | 资本成本率为8.39% | 资本成本率为8.39% |

在表9–7中，我根据"梦幻成真"的故事估算出2014年10月亚马逊股份的每股市值为175.25美元；接着在表9–8中，我估算出在悲观的故事中亚马逊的每股价值为32.72美元；最后在表9–9中，我估算出在乐观的故事中亚马逊的每股价值可达468.51美元。

**表 9-7　亚马逊——“梦幻成真”**

| 故事 | | | | |
|---|---|---|---|---|
| 亚马逊将在近期继续专注于收入增长，在传媒、零售和云计算市场以接近成本的价格出售产品和服务，并计划在未来利用自身的市场支配力获取更多的利润，尽管存在来自源源不断出现的新竞争对手的阻挠 | | | | |
| **假设** | | | | |
| | 基准年 | 1~5 年　6~10 年 | 10 年后 | 关联的故事情节 |
| 收入 | 852.46亿美元 | 15.00% → 2.20% | 2.20% | 专注于收入增长 |
| 营业利润率 | 0.47% | 0.47% → 7.38% | 7.38% | 达到零售 / 传媒行业的平均利润率水平 |
| 税率 | 31.80% | 31.80% | 31.80% | 保持不变 |
| 再投资 | — | 营收资本比为 3.68 | 再投资率 = 22.00% | 再投资方面比竞争对手更高效 |
| 资本成本率 | — | 8.39% → 8.00% | 8.00% | 传媒 + 零售 + 云计算 |

**现金流**（单位：百万美元）

| | 总收入 | 营业利润率 | 息税前利润（1 − t）* | 再投资 | 公司自由现金流 |
|---|---|---|---|---|---|
| 1 | 98 033 | 1.16% | 776 | 3 474 | （2 698） |
| 2 | 112 738 | 1.85% | 1 424 | 3 995 | （2 572） |
| 3 | 129 649 | 2.54% | 2 248 | 4 594 | （2 346） |
| 4 | 149 096 | 3.23% | 3 288 | 5 284 | （1 996） |
| 5 | 171 460 | 3.92% | 4 589 | 6 076 | （1 487） |
| 6 | 192 790 | 4.62% | 6 069 | 5 795 | 274 |

（续表）

| 现金流（单位：百万美元） | | | | | |
|---|---|---|---|---|---|
| | 总收入 | 营业利润率 | 息税前利润（1 — t）* | 再投资 | 公司自由现金流 |
| 7 | 211 837 | 5.31% | 7 667 | 5 175 | 2 492 |
| 8 | 227 344 | 6.00% | 9 300 | 4 213 | 5 087 |
| 9 | 238 166 | 6.69% | 10 865 | 2 940 | 7 925 |
| 10 | 243 405 | 7.38% | 12 251 | 1 424 | 10 827 |
| 终止年 | 248 790 | 7.38% | 12 520 | 2 755 | 9 766 |

| 价值（单位：百万美元） | | |
|---|---|---|
| 终值 | 168 379 | |
| 现值（最终价值） | 76 029 | |
| 现值（未来 10 年的现金流） | 4 064 | |
| 营业资产价值 = | 80 093 | |
| –负债 | 9 202 | |
| + 现金 | 10 252 | |
| 股权价值 | 81 143 | |
| 股份数目 | 4.63 亿 | |
| 每股市值 | 175.25（美元） | 估值时亚马逊股票的交易价格为每股 287.06 美元 |

*息税前利润（1 – t）=（收入 × 营业利润率）(1 – 税率）

**表9–8　亚马逊——股东世界末日**

| 故事 |
| --- |
| 亚马逊将在近期继续专注于实现收入增长，在传媒、零售和云计算市场以接近成本的价格出售产品和服务，但无法利用自身的市场支配力在任何一个市场中较大幅度地提高营业利润 |

假设

| | 基准年 | 1~5 年　6~10 年 | 10 年后 | 关联的故事情节 |
| --- | --- | --- | --- | --- |
| 收入 | 852.46亿美元 | 15.00%→2.20% | 2.20% | 专注于利润增长 |
| 营业利润率 | 0.47% | 0.47%→2.85% | 2.85% | 利润率在零售/传媒行业超过25%的公司 |
| 税率 | 31.80% | 31.80% | 31.80% | 保持不变 |
| 再投资 | — | 营收资本比为3.68 | 再投资率=22.00% | 再投资方面比竞争对手更高效 |
| 资本成本率 | — | 8.39%→8.00% | 8.00% | 传媒+零售+云计算 |

现金流（单位：百万美元）

| | 总收入 | 营业利润率 | 息税前利润(1–t)* | 再投资 | 公司自由现金流 |
| --- | --- | --- | --- | --- | --- |
| 1 | 98 033 | 0.71% | 473 | 3 474 | （3 001） |
| 2 | 112 738 | 0.95% | 727 | 3 995 | （3 268） |
| 3 | 129 649 | 1.18% | 1 046 | 4 594 | （3 548） |
| 4 | 149 096 | 1.42% | 1 446 | 5 284 | （3 838） |
| 5 | 171 460 | 1.66% | 1 941 | 6 076 | （4 135） |
| 6 | 192 790 | 1.90% | 2 495 | 5 795 | （3 300） |
| 7 | 211 837 | 2.14% | 3 086 | 5 175 | （2 089） |

（续表）

| 现金流（单位：百万美元） | | | | | |
|---|---|---|---|---|---|
| | 总收入 | 营业利润率 | 息税前利润(1–t) * | 再投资 | 公司自由现金流 |
| 8 | 227 344 | 2.37% | 3 681 | 4 213 | （532） |
| 9 | 238 166 | 2.61% | 4 243 | 2 940 | 1 302 |
| 10 | 243 405 | 2.85% | 4 731 | 1 424 | 3 308 |
| 终止年 | 248 790 | 2.85% | 4 835 | 2 755 | 3 771 |

| 价值（单位：百万美元） | | |
|---|---|---|
| 终值 | 65 024 | |
| 现值（最终价值） | 29 361 | |
| 现值（未来 10 年的现金流） | （15 260） | |
| 营业资产价值 = | 14 101 | |
| –负债 | 9 202 | |
| + 现金 | 10 252 | |
| 股权价值 | 15 151 | |
| 股份数目 | 4.63亿 | |
| 每股市值 | 32.72（美元） | 估值时亚马逊股票的交易价格为每股 287.06 美元 |

*息税前利润（1 – t）=（收入 × 营业利润率）(1 – 税率）

**表 9–9　亚马逊——统治世界**

| 故事 |
|---|
| 亚马逊将在近期继续专注于实现收入增长，在传媒、零售和云计算市场以接近成本的价格进行销售，利用自身的市场支配力来驱逐竞争对手，并在未来获取极高的利润 |

（续表）

| 假设 | | | | |
|---|---|---|---|---|
| | 基准年 | 1~5 年　6~10 年 | 10 年后 | 关联的故事情节 |
| 收入 | 85 246 | 25.00%→2.20% | 2.20% | 专注于收入增长 |
| 营业利润率 | 0.47% | 0.47%→12.84% | 12.84% | 在零售/媒体行业，利润率超过75%的公司 |
| 税率 | 31.80% | 31.80% | 31.80% | 保持不变 |
| 再投资 | — | 营收资本比为3.68 | 再投资率 = 22.00% | 再投资方面比竞争对手更高效 |
| 资本成本率 | — | 8.39%→8.00% | 8.00% | 媒体+零售+云计算 |

**现金流**（单位：百万美元）

| | 总收入 | 营业利润率 | 息税前利润（1 − t）* | 再投资 | 公司自由现金流 |
|---|---|---|---|---|---|
| 1 | 102 295 | 1.71% | 1 190 | 4 632 | （3 441） |
| 2 | 122 754 | 2.94% | 2 464 | 5 559 | （3 094） |
| 3 | 147 305 | 4.18% | 4 200 | 6 670 | （2 470） |
| 4 | 176 766 | 5.42% | 6 531 | 8 004 | （1 473） |
| 5 | 212 119 | 6.65% | 9 627 | 9 605 | 22 |
| 6 | 246 992 | 7.89% | 13 293 | 9 475 | 3 819 |
| 7 | 278 804 | 9.13% | 17 358 | 8 643 | 8 715 |
| 8 | 304 789 | 10.37% | 21 547 | 7 060 | 14 487 |
| 9 | 322 345 | 11.60% | 25 508 | 4 770 | 20 738 |
| 10 | 329 436 | 12.84% | 28 848 | 1 927 | 26 922 |
| 终止年 | 336 684 | 12.84% | 29 483 | 6 486 | 22 997 |

（续表）

| 价值（单位：百万美元） | | |
|---|---|---|
| 终值 | 396 496 | |
| 现值（最终价值） | 179 032 | |
| 现值（未来 10 年的现金流） | 28 427 | |
| 营业资产价值 = | 207 459 | |
| –负债 | 9 202 | |
| + 现金 | 10 252 | |
| 股权价值 | 208 509 | |
| 股份数目 | 4.63 亿 | |
| 每股市值 | 450.34（美元） | 估值时亚马逊股票的交易价格为每股 287.06 美元 |

*息税前利润（1 – t）=（收入 × 营业利润率）（1 – 税率）

在不同的故事中，亚马逊的公司估值存在明显差异，这正是对亚马逊的估值成为许多投资者热衷于讨论的主题的一个原因。一部分人主张购买该公司股票的人太过天真，是骗局的受害者；其他人则认为那些没有投资该公司的人是不了解新经济特点的老顽固。

## 案例研究9.4：阿里巴巴——对中国故事进行估值

案例引入：

案例研究6.6：阿里巴巴——中国故事（2014年9月）

案例研究7.4：阿里巴巴——全球化公司

案例研究8.4：阿里巴巴——从故事到数字

在我讲述的关于阿里巴巴的故事中，我将它描述为这样一家公司：它不只在它的中国故事中给出了承诺，而且切实履行了承诺。阿里巴巴极好地满足了中国零售商和消费者的需求，同时也解决了他们的担忧，在实现高额利润的同时，该公司还控制了中国的线上零售流量。在我的故事中，阿里巴巴将通过拓展中国市场实现25%的持续增长率，而营业利润率方面会略微下滑至40%。其中，我将其视为一个以中国市场为中心的公司，即认为该公司不能很好地扩展到其他地区的市场。在IPO之后，我对阿里巴巴的估值有所增长（见表9–10）。

加上阿里巴巴在IPO后的收益价值，该公司的估值预计可达到200亿美元，股权价值将高达1 610亿美元，折算成每股股权价值为65.98美元。第7章，我讲述了另外一个阿里巴巴的故事，其中它作为一个全球化的公司，通过扩张到其他国家的市场，可以在未来5年实现40%的增长率，高于其25%的中国线上零售增长率。在这个看似合理的故事版本中，实现这一增长的同时，其营业利润率将下降至 30%，而且投资力度也会有所增加，这主要体现在营收资本比下降至1.50上。在估值结果中，其每股股权价值为92.52美元，详情参见表9–11。在此次估值完成后的几天内，银行家将阿里巴巴的发行价格定为68美元，而股票上市后，其价格升至每股95美元。2016年1月，在我编写本书的过程当中，该公司的股票价格又回跌至每股65美元。

**表9–10　阿里巴巴——中国故事**

| 故事 | | | | |
|---|---|---|---|---|
| 阿里巴巴将继续以中国为中心，维持较高的市场份额，并随中国线上零售市场的发展而不断发展。因为竞争会更加激烈，其利润率可能会有所下滑，但仍会保持在较高水平 | | | | |
| 假设 | | | | |
| | 基准年 | 1~5 年　6~10 年 | 10 年后 | 关联的故事情节 |
| 收入 | 92.68亿美元 | 25.00%→2.41% | 2.41% | 随中国市场的发展而发展 |
| 营业利润率 | 50.73% | 50.73%→40.00% | 40.00% | 竞争更加激烈 |
| 税率 | 11.92% | 11.92%→25% | 25% | 升高至法定税率 |
| 再投资 | — | 营收资本比为2.00 | 再投资率 = 30.13% | 行业平均营收资本比 |
| 资本成本率 | — | 8.56%→8.00% | 8.00% | 广告 + 零售行业中的风险 |

（续表）

| 现金流（单位：百万美元） | | | | | |
|---|---|---|---|---|---|
| | 总收入 | 营业利润率 | 息税前利润（1 — t）* | 再投资 | 公司自由现金流 |
| 1 | 11 585 | 49.66% | 5 067 | 1 158 | 3 908 |
| 2 | 14 481 | 48.58% | 6 197 | 1 448 | 4 749 |
| 3 | 18 101 | 47.51% | 7 575 | 1 810 | 5 765 |
| 4 | 22 626 | 46.44% | 9 255 | 2 263 | 6 992 |
| 5 | 28 283 | 45.36% | 11 301 | 2 828 | 8 473 |
| 6 | 34 075 | 44.29% | 12 899 | 2 896 | 10 002 |
| 7 | 39 515 | 43.22% | 14 149 | 2 720 | 11 429 |
| 8 | 44 038 | 42.15% | 14 891 | 2 261 | 12 630 |
| 9 | 47 089 | 41.07% | 15 012 | 1 525 | 13 486 |
| 10 | 48 224 | 40.00% | 14 467 | 567 | 13 900 |
| 终止年 | 49 388 | 40.00% | 14 816 | 4 463 | 10 353 |

| 价值（单位：百万美元） | |
|---|---|
| 终值 | 185 205 |
| 现值（最终价值） | 82 731 |
| 现值（未来 10 年的现金流） | 54 660 |
| 营业资产价值 = | 137 390 |
| – 负债 | 10 068 |
| + 现金 | 9 330 |
| + IPO 收益 | 20 000 |
| + 非经营性资产 | 5 087 |

（续表）

| 价值（单位：百万美元） | | |
|---|---|---|
| 股权价值 | 161 739 | |
| – 期权价值 | 696 | |
| 普通股股权价值 | 161 043 | |
| 股票数量 | 24.4亿 | |
| 每股市值 | 65.98(美元) | 阿里巴巴在IPO后的首次定价为每股 68 美元，之后重新定价为每股 80美元 |
| *息税前利润（1 – t）=（收入 × 营业利润率）(1 – 税率) | | |

### 表9–11　阿里巴巴——全球故事

| 故事 |
|---|
| 如果阿里巴巴可以扩展到海外市场，其收入在未来 5 年每年可增长 40%。但其利润率增长将面临较大压力，同时由于需要竞争海外市场，其需要再投入更多的资金来实现增长 |

| 假设 | | | | |
|---|---|---|---|---|
| | 基准年 | 1~5 年　6~10 年 | 10 年后 | 关联的故事情节 |
| 收入 | 92.68亿美元 | 40.00% → 2.41% | 2.41% | 全球扩张+随中国市场的发展而发展 |
| 营业利润率 | 50.73% | 50.73% → 30.00% | 30.00% | 竞争更加激烈 |
| 税率 | 11.92% | 11.92% → 25% | 25% | 升至法定税率 |
| 再投资 | — | 营收资本比为 1.50 | 再投资率 = 30.13% | 全球再投资额增加 |
| 资本成本率 | — | 8.56% → 8.00% | 8.00% | 广告 + 零售行业的风险 |

（续表）

| 现金流（单位：百万美元） | | | | | |
|---|---|---|---|---|---|
| | 总收入 | 营业利润率 | 息税前利润（1 — t）* | 再投资 | 公司自由现金流 |
| 1 | 12 975 | 48.66% | 5 561 | 1 158 | 3 089 |
| 2 | 18 165 | 46.58% | 7 453 | 1 448 | 3 993 |
| 3 | 25 431 | 44.51% | 9 970 | 1 810 | 5 126 |
| 4 | 35 604 | 42.44% | 13 308 | 2 263 | 6 527 |
| 5 | 49 846 | 40.36% | 17 721 | 2 828 | 8 227 |
| 6 | 66 036 | 38.29% | 21 611 | 2 896 | 10 817 |
| 7 | 82 522 | 36.22% | 24 762 | 2 720 | 13 772 |
| 8 | 96 918 | 34.15% | 26 522 | 2 261 | 16 954 |
| 9 | 106 540 | 32.07% | 26 522 | 1 525 | 20 107 |
| 10 | 109 108 | 30.00% | 24 549 | 567 | 22 838 |
| 终止年 | 111 738 | 30.00% | 25 141 | 7 574 | 17 567 |

| 价值（单位：百万美元） | |
|---|---|
| 终值 | 314 262 |
| 现值（最终价值） | 139 116 |
| 现值（未来 10 年的现金流） | 63 071 |
| 营业资产价值 = | 202 186 |
| –负债 | 10 068 |
| + 现金 | 9 330 |
| + IPO 收益 | 20 000 |
| + 非经营性资产 | 5 087 |

（续表）

| 价值（单位：百万美元） | | |
|---|---|---|
| 股权价值 | 226 535 | |
| – 期权价值 | 696 | |
| 普通股股权价值 | 225 839 | |
| 股票数量 | 24.4亿 | |
| 每股市值 | 92.52（美元） | 阿里巴巴股票的公开发行价格为每股 92 美元 |
| * 息税前利润（1 – t）=（收入 × 营业利润率）（1 – 税率） | | |

## 解构价值

在前几章里，我们探讨了公司故事是如何转化为公司价值的。其中，先决条件是你能够控制这一过程进行的顺序，并且正在进行估值。但是这一过程是否可逆？换言之，你能从 DCF 估值结果中的数字推断出一个故事吗？答案是肯定的，而且你有很多理由需要这么做。首先，一旦你从这些数字中提取出了一个故事，你就可以评估它是不是一个令你感到舒服的故事。毕竟当考察一个公司的时候，驱使你进行投资的不只是这些数字，还有数字背后的故事。其次，你可以使用推断出来的故事去询问该估值操作者所用的基本假设。根据他给你的回答，你可以判断这个分析是仅仅将数字机械地套到估值模型中还是通过一个严谨的故事推断出来的。

如果你已经非常熟悉将故事转变为数字的整个流程，那么解构一个估值结果将十分简单。当你在估值表或估值模型中看到一个公司的预测收入时，你可以针对以下几方面提出问题：负责估值的分析师是如何定位该公司的总体市场的？他估算出的公司所占市场份额是多少？该公司占据的市场份额表示其具有怎样的网络优势和竞争优势？这些问题将引发对该公司经营的一项或多项业务的讨论。虽然可能不够全面，但图9–2列举了一些为了解估值背后的故事你需要提出的相关问题。

## 小结

一旦了解了某个公司的故事，并将该故事转换成估值输入数据，那么将这些数据转化为估值结果就是一个相对枯燥的过程了，当然你还是应该关注其中的一些细节。如果你能通过讲述自己的故事来决定想要在哪些方面投入更多的时间和资源，而非迷失在众多细节之中，你就会得到更好的结果。举例来说，在我对亚马逊做出的估值中，其未来的营业利润率正好是最受争议的一项输入数据，因此相对于估算资本成本，我花了很多的时间去分析亚马逊的历史营业利润率数据，并去了解零售、传媒行业内各个公司的差别。而对于优步的估值，最关键的问题是它所最追求的市场规模，我在我的故事中最关注的就是这一问题：优步究竟仅仅是一个汽车服务公司，还是会将业务拓展至其他行业？对这一问题的解答我会在后续两章中涉及。

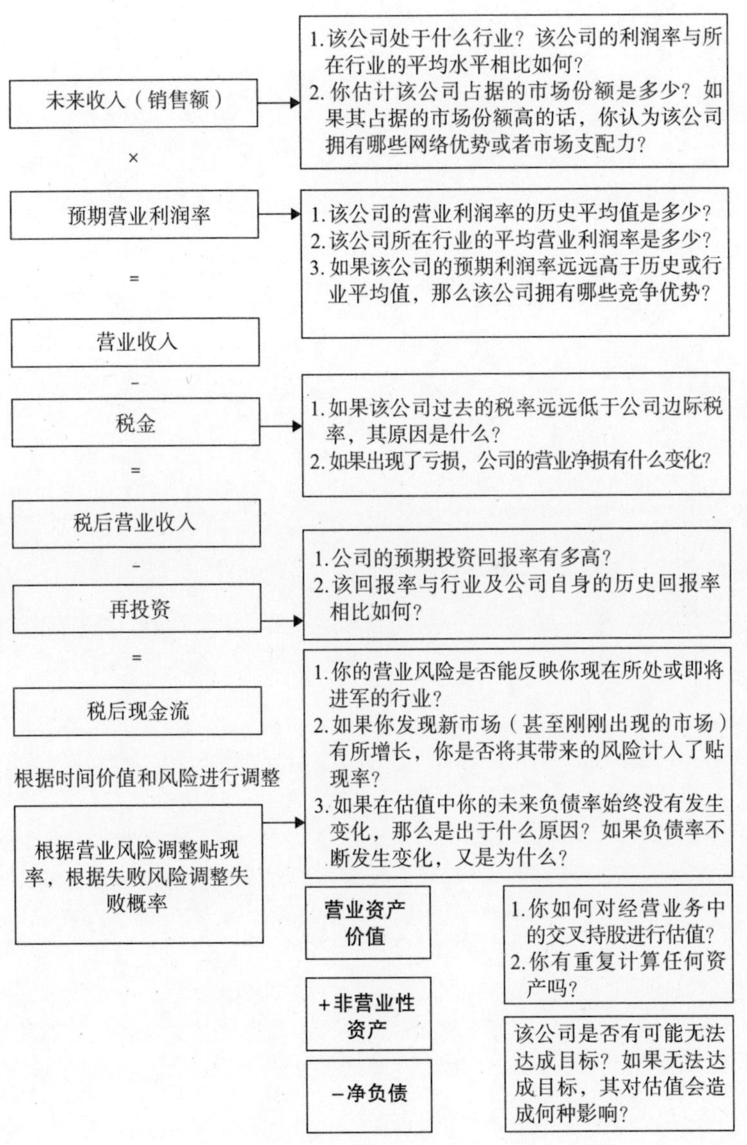
未来收入（销售额）
1. 该公司处于什么行业？该公司的利润率与所在行业的平均水平相比如何？
2. 你估计该公司占据的市场份额是多少？如果其占据的市场份额高的话，你认为该公司拥有哪些网络优势或者市场支配力？
×
预期营业利润率
1. 该公司的营业利润率的历史平均值是多少？
2. 该公司所在行业的平均营业利润率是多少？
3. 如果该公司的预期利润率远远高于历史或行业平均值，那么该公司拥有哪些竞争优势？
=
营业收入
-
税金
1. 如果该公司过去的税率远远低于公司边际税率，其原因是什么？
2. 如果出现了亏损，公司的营业净损有什么变化？
=
税后营业收入
-
再投资
1. 公司的预期投资回报率有多高？
2. 该回报率与行业及公司自身的历史回报率相比如何？
=
税后现金流
根据时间价值和风险进行调整
根据营业风险调整贴现率，根据失败风险调整失败概率
1. 你的营业风险是否能反映你现在所处或即将进军的行业？
2. 如果你发现新市场（甚至刚刚出现的市场）有所增长，你是否将其带来的风险计入了贴现率？
3. 如果在估值中你的未来负债率始终没有发生变化，那么是出于什么原因？如果负债率不断发生变化，又是为什么？
营业资产价值
1. 你如何对经营业务中的交叉持股进行估值？
2. 你有重复计算任何资产吗？
+非营业性资产
-净负债
该公司是否有可能无法达成目标？如果无法达成目标，其对估值会造成何种影响？

图 9–2　解构估值

# 第 10 章　完善和修改故事——反馈回路

如果你遵循前4章的模板，那么你应该已经将你自己的故事转化为估值了。在宣布大功告成之前，你应当谨记你的故事并不是唯一合乎情理的，对于同一家公司，可能还存在其他合理的故事。不要急于否定其他故事以捍卫自己的故事。集思广益，考虑其他故事是否有可借鉴之处，你就可以博采众长，借此修改和完善自己的故事。你需要做出修改可能是因为他人比你更了解待估值公司及其经营的业务，而此方面的信息反映在了他们的故事中；也可能是因为你发现自己的原创故事存在瑕疵。但不顾事实，因为是自己的故事就拒绝修改，这就是刚愎自用。

## 切莫刚愎自用

将这个话题作为本章的切入点恰如其分，因为诸多投资烦恼的根源正是刚愎自用。身为创始人或投资者，他们对于自己为公司打造的故事会自然而然地感到骄傲和认同，因此面对批评，他们不仅会情不自禁地为故事辩解，还会感到与故事休戚与共。遗憾的是，投资地狱中到处都是这种投资者，他们始终固守自己经过“深思熟虑”所讲述的故事，直至破产。我在放弃自己钟爱的故事时也会挣扎，不过我有两个方法，虽不是锦囊妙计，却可以让我坦然接受更改。第一，向最不可能喜欢我的故事的听众讲述故事，让大家提出异议。第二，坦率接受故事有存疑之处，并充分了解其对各项估计值和公司价值带来的影响。

**避开赞同声**

面对志同道合的人，你会更容易讲述和固守自己的故事。例如，如果你的公司故事是关于一家雄心勃勃的初创科技公司的，那么向创业家和风险投资者讲述这个故事，你更可能会得到赞同以及对你讲述故事的高超能力的一致认可。但如果你向守旧派的价值投资者讲述这个故事，你会很快发现自己陷入了唇枪舌剑，对于故事的几乎每个情节，你都要进行辩解。

与自己的想法相悖的人讲话是一种令人不快的体验，但若愿意采用以下方法，你就会从中获益。首先，坦然接受你奉为真理的投资和估值信条只不过是你个人的信仰。例如，对风险投资者而言，增长往往是“好事”，而对此，价值投资者则持怀疑态度。要解释为何增长是好事，你必须考虑增长是如何提升价值的，以及为何有时增长会破坏价值。这样你便可向怀疑者解释，为何他们对增长的顾虑并不正确，至少在你的故事中站不住脚。其次，在努力向价值投资者解释增长是好事的过程中，你也许会发现自己准备得不充分，或者自己的假设是错误的或根本没有经过深思熟虑。在急于掩盖错误并继续讲述之前，你应该重新审视故事，做出相应的修改。

## 敢于面对不确定性

如果你看过了第9章中各个列表展示的公司估值，你会发现估值看起来非常精确。例如，我对亚马逊每股股价的估值是175.25美元，该估值精确到小数点后两位。然而实际情况是，最终估算价值是根据故事和输入数据一步步推算得出的估算结果，它确实有数据支持，但终究是估算结果，存在一定的误差。但在深入研究数字的过程中，你会在某一时刻开始产生这样的错觉：估算即事实，价值评估即真理。

要打破这种精确性幻觉，你需要认识到你的估值都是“点估计”，包括你的预期增长、利润和资本成本等基本价值要素的值，而所有这些数据皆来自概率分布。因此，如果我估算出未来5年亚马逊的年收入增长率为15%，则这个数字实际上指的是预期增长率在10%至20%这个范围内的概率分布的期望值。明确掌握你面对的不确定性是个好主意，这里有4种方法可供使用：

1. 假设分析：假设分析具体而言是指选取并改变估值中的个别变量，同时保持其余输入值不变，再次进行估值计算。例如，在亚马逊的估值中，我估算亚马逊的预期增长率为10%至20%，那么我可以选取该范围内的任意值作为增长率代入估值计算之中。为什么要这么做？首先是为了了解改变一个变量对估值结果的影响有多大，以此决定在做出投资决策前，是否应收集更多关于该变量的信息。其次，也是较为自私的一个原因是，你可以避免因估值出错而引发的批评。提出一系列数值而非单个的最佳估算结果，你便可争辩说，一切皆如你所料。

2.情景分析：在情景分析中，你可以根据情景的变换变更全部或部分变量，然后在每个情景中对你的公司进行估值。最没有意义的分类是将情景分为最好、基本和最差，其结果自然在预料之中：在最好的情况下公司价值较高，在最差的情况下公司没有价值或价值很低，而在基本情景下价值为中等水平。而比较有意义的分类是将情景按照不同的决定成功的重要因素来设定。通过这样的情景分析，你不仅可以得到更准确的公司估值，也能够得知公司在每个情景中应如何运作。在为阿里巴巴估值时，此方法十分有用。至少依据我的故事，在不同的中国经济增长情况下，阿里巴巴将以不同的方式从中国经济增长中获得价值提升。

3.决策树：决策树是一种概率工具，可用于评估公司的非连续性风险和连续性风险，因此非常适合用于为需要通过监管审批才能运营的公司估值，以及针对制药公司和生物科技公司的估值。考察公司取得运营资格需要办理的一连串手续，会促使你深入思考故事中的薄弱环节。第2章中，Theranos 公司曾声称研制出了一种会颠覆血检行业的价格低廉的微创血检技术，但我认为它是一个“金玉其外”的故事。如果该公司的投资者使用决策树方法，追踪审批程序的通过概率，他们可能会更快发现公司在审批流程中出现的问题。

4.模拟：模拟是评估不确定性所造成的影响的最全面、最灵活的方法。与一次仅可改变一个变量的假设分析不同的是，在模拟中你可以随意更改任意数量的输入变量。与需要将未来情形细分为多个特定情景的情景分析不同的是，在模拟中你可以将概率的连续性纳入考量。事实上，有的模拟方法甚至可以让你将决策树和约束条件也纳入其中。你能在模拟中看到，违反资金监管条例的银行或负债累累、无力兑现合同承诺的公司必然会走向倒闭。

---

## 案例研究10.1：阿里巴巴估值——中国经济增长环境

**案例引入：**

**案例研究6.6：阿里巴巴——中国故事（2014年9月）**

**案例研究7.4：阿里巴巴——全球化公司**

**案例研究8.4：阿里巴巴——从故事到数字**

**案例研究9.4：阿里巴巴——对中国故事进行估值**

在案例研究9.4中，我假设阿里巴巴未来5年的年收入增长率为25%，并可达到40%的利润率，据此我估算出阿里巴巴在2014年9月IPO前的市值为1 610亿美元，每股账面价值为65.98美元。这一假设结果成立的前提是中国在线零售市场的预期年增长率为25%，且阿里巴巴能够保持其占有的市场份额不变。因此，该估值所依据的假设是，中国经济的增长会带动中国线上零售业一起继续增长。

但是，我的假设也可能是错误的。具体来说，中国未来数年的经济增长率可能出现下滑，我也可能低估了中国的经济增长潜力。在表10–1中，我围绕中国经济增长率设定了三个情景，并在每个情景中对阿里巴巴进行了估值。

**表10–1 阿里巴巴——中国经济增长不同情况下的估值**

| | 收入增长率 | 目标营业利润率 | 资本成本 | 每股账面价值 |
|---|---|---|---|---|
| 中国经济增长率低于预期 | 15.00% | 35.00% | 9.00% | 40.06 美元 |
| 中国经济增长率符合预期 | 25.00% | 40.00% | 8.56% | 65.98 美元 |
| 中国经济增长率高于预期 | 30.00% | 50.00% | 8.25% | 98.89 美元 |

就结果的变化趋势而言，这一结果并不意外，但从具体数值来看，阿里巴巴在中国低经济增长率情景中的价值损失将超过1/3，而在高经济增长率情景中其价值提升了近 50%，如此巨大的变化幅度表明，阿里巴巴故事会受到中国宏观经济风险的极大影响。

## 案例研究10.2：阿里巴巴——蒙特卡罗模拟

阿里巴巴的估值依据的是一系列估算出的存在误差的输入数据。虽然我认为输入数据的期望值能反映公司的真实情况，至少在2014年9月，我看到的情况就是如此，但在估算每项输入数据的过程中也的确存在不确定性。为了明确这种不确定性的影响，我用输入数据的概率分布而不是单一的期望值进行了模拟。对于各项输入数据，在我的基本情景中，由概率分布得出的期望值与我的估值假设是一致的，而估值的概率分布带来了各项输入数据的不确定性。例如，我之前估算出的阿里巴巴的目标营业利润率在40%左右（依据基本情景估值假设），但我现在假设这一输入数据是30%~50%之间的任意值，每个结果的发生概率相同（均匀分布）。我对收入增长率（基本情景下估值为25%）、资本成本率（基本情景下估值为8.56%）、营收资本比（基本情景下估值为2.00）也进行了相同的处理，并就每个基本情景价值的分布做出不同的假设。在模拟中，我借助这些概率分布评估了阿里巴巴的价值，具体如图10–1 的价值分布所示。

从图10–1可以发现，对估值进行10万次模拟后得到的平均值和中值与基本情景中的估值结果——每股65.98美元十分接近。出现这样的结果并不意外，因为两种分析中输入数据的期望值相同。额外的信息存在于估值结果的概率分布中，我们现在知道阿里巴巴可能的最低价值为每股38.11美元，可能的最高价值为每股153.10美元。我不仅得到了更丰富的信息作为决策的依据，也知道了我自己的估算结果存在多大的误差。如此一来，我就不会轻易地认为与我意见相左的看法都是错误的，而是会敞开心胸接纳这些意见，并以此来完善我的故事和估值。

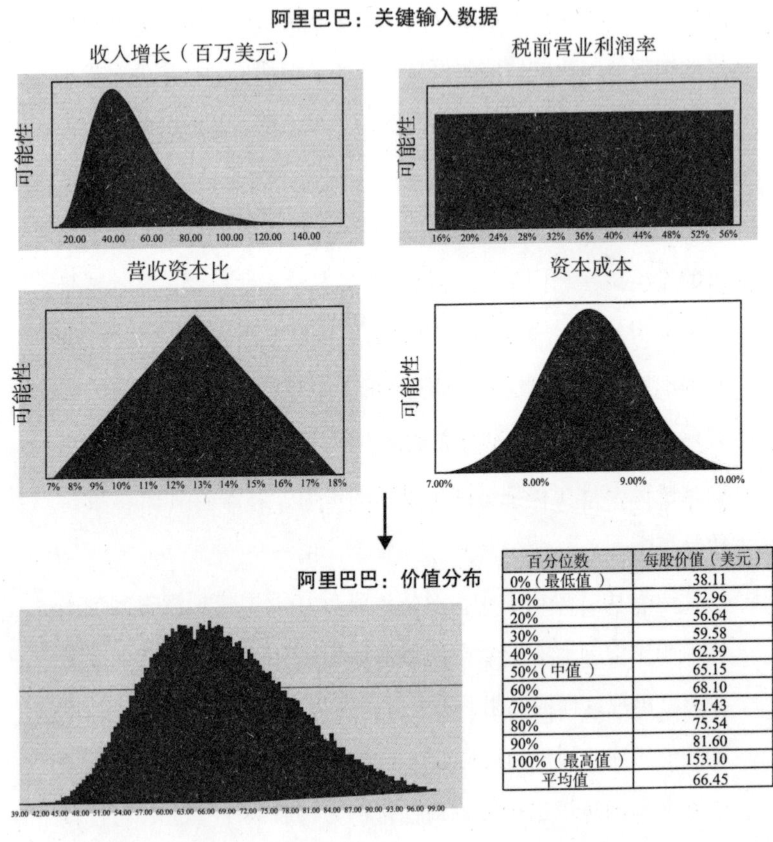


| 百分位数 | 每股价值（美元） |
|---|---|
| 0%（最低值） | 38.11 |
| 10% | 52.96 |
| 20% | 56.64 |
| 30% | 59.58 |
| 40% | 62.39 |
| 50%（中值） | 65.15 |
| 60% | 68.10 |
| 70% | 71.43 |
| 80% | 75.54 |
| 90% | 81.60 |
| 100%（最高值） | 153.10 |
| 平均值 | 66.45 |

**图10–1　阿里巴巴估值模拟（2014年9月）**

## 定价反馈

当你完成了一个故事，将故事转化为数字，又将数字转化为估值之后，你就对一家公司的价值有了一个基本的了解。而你的估值得到的最直接的反馈是其他人当前给这家公司的定价。如果你估值的对象是上市公司，由于其市场价格会随投资者的交易而不断更新，因而你得到的反馈也将是实时的。即便是对私营公司进行估值，你也会得到其他投资者对公司价值的测定等反馈，虽然这种反馈的更新频率较低。

最令人焦虑不安的事莫过于当你完成了对一家公司的估值之后，你发现你得到的估算结果与当前该公司的股价相差甚远。很多估值公司这时会去找市场错误，而当差异实在太大时，实际上只有以下四种可能的解释：第一，你对了，市场错了。第二，你错了，市场对了。第三，你和市场都错了，毕竟公司的内在价值是不可知的数字。最后一种可能是，定价过程和估值过程（正如第8章所讨论和对比的）出现了偏差，你在为公司估值的同时，市场也在给公司定价。第一种解释表明，你要么是过于自信，要么是刚愎自用。第二种解释则是完全屈从于市场。第三种解释是本章开头提到的，这种情况要求你接受自己的故事以及估值可能存在错误这一事实。然后，不论你对自己的故事多么满意，你也应该参考市场对该公司的预期，然后将其与自己得到的估值结果相对比，这一步骤的目的不在于刻意修正你的估算结果以迎合市场，而在于提示自己在出现差别的方面多做些研究，以便做出更明智的决策。

如果我在明白了这些可能解释之后还是认为自己的故事更正确，那我会认为是定价过程和估值过程出现了偏差，导致了两个数值相差甚远。我是否愿意为差异付出真金白银，取决于我是否深信自己的故事和据此得到的估值，以及差异是否会在我指定的时间期限内缩小。

## 案例研究10.3：亚马逊——市场收支平衡点（2014年10月）

案例引入：

案例研究6.5：亚马逊——“梦幻成真”模式（2014年10月）

案例研究7.3：亚马逊——其他故事（2014年10月）

案例研究8.3：亚马逊——从故事到数字

案例研究9.3：亚马逊——对“梦幻成真”模式进行估值

第9章中，我对亚马逊的估值（每股175.25美元）和其当时的市场价格（每股287美元）相差甚远。我的估值源自公司故事以及我估算出的收入增长率（根据未来5年的增长率为15%，得出2024年其年收入为2 400亿美元）和营业利润率（7.38 %）。而投资者或者至少是那些哄抬亚马逊股价的人则显然比我更乐观。为了算出我的估值与市场定价的差异有多大，我根据不同的收入增长情况和目标营业利润率（未来10年）估算了亚马逊的每股价值（美元），见表10–2。

表10–2中的阴影区域表示超过当时每股价格（287美元）的估值结果。投资者若是按该区域所代表的关于公司年收入和营业利润率的假设给亚马逊的股票定价，那么他们对亚马逊的收入和利润率的预期显然要高于我的估值。而在我进行估值时，我认为这个数值过高，所以还是坚持了自己的估值结果。

事实上，亚马逊股价不断攀升的事实让我意识到，投资者并非在对亚马逊进行估值，而是在给亚马逊定价，因此至少在短时间内，投资者可能对基本面分析不感兴趣。也正因如此，尽管我认为亚马逊的定价估计过高，但我也并没有立即去卖空股票。是我太胆小了吗？也许，但如果我没有限定投资年期，而是直接根据估值去持仓甚至直接卖空的话，那我就太轻率了。

表 10–2　亚马逊——估值和价格的收支平衡点

| 2024 年年收入（亿美元） | 目标税前营业利润率 | | | | | |
|---|---|---|---|---|---|---|
| | 2.50% | 5.00% | 7.50% | 10.00% | 12.50% | 15.00% |
| 1 000 | 34.36 | 69.25 | 104.14 | 139.03 | 173.92 | 208.81 |
| 1 500 | 3.75 | 79.34 | 127.93 | 176.52 | 225.11 | 273.70 |
| 2 000 | 27.20 | 90.19 | 153.19 | 216.18 | 279.17 | 342.17 |
| 2 500 | 23.76 | 101.35 | 178.94 | 256.52 | 334.11 | 411.69 |
| 3 000 | 20.29 | 113.22 | 206.16 | 299.10 | 393.03 | 484.97 |
| 3 500 | 17.02 | 124.85 | 232.67 | 340.50 | 448.32 | 556.14 |
| 4 000 | 13.90 | 136.28 | 258.66 | 381.03 | 503.41 | 625.78 |

## 案例研究 10.4：定价反馈——优步、法拉利、亚马逊和阿里巴巴

在第 9 章我对优步、法拉利、亚马逊和阿里巴巴进行了估值，如果我说这四家公司的当前定价没有影响我的估值，那我就是在说谎。

- 优步是一家非上市实体，其市场反馈是以风险投资的隐

含估值的形式呈现的。我之所以对优步感兴趣，是因为新闻报道称在最新一轮的风险投资中，优步的市值被估计为170亿美元。这一新闻改变了我对优步的看法，虽然我对优步的估值只有60亿美元，但我愿意根据优步现在的市值重新对其进行估值。

• 我对法拉利的估值是在其IPO前进行的，而在IPO后，其估值达到90亿欧元，远远高出我预估的63亿欧元（根据我的排他性俱乐部故事）。在这之后，我重新检查了我的估值（和故事），考察是否有任何部分存在提升空间，但是我找不到改变的理由。

• 在为亚马逊估值时，我的估值（每股175.25美元）与当时公司的实际价格（每股287.06美元）相差甚远，因此，我开始深刻反思，我的估值是否遗漏了什么。在案例研究10.3中，我之所以计算收支平衡点，其中一个原因就是想知道市场推算股价的假设。

• 我对阿里巴巴的估值是在阿里巴巴发行股票之前进行的，根据我的估值，其每股价格约为66美元。在我算出估值后不久，银行家们将阿里巴巴的发行价定为68美元，非常接近我的估值，这令我不快。为何不快？考虑到银行家们为IPO公司的定价（而非估值）往往包含着提高发行日股价抬高概率的意图，我认为我的估值与发行价如此接近只是单纯的巧合。发行日当天，阿里巴巴的股票开盘价约为每股95美元，表明投资者比我更看好阿里巴巴的未来发展。

每个案例中，市场价格都确实对我的估值产生了影响，至少产生了间接的影响，这是常有的事。如果你是第一次为上市公司估值，你的故事往往最终会沦为市场价格的附属物，因为只有在估值结果与股价接近时，你才会有安全感（尽管这只是一种感觉）。随着你对自己的故事和估值技巧越来越满意，你会更愿意为公司给出与实时股价相差甚远的估值，甚至还会按自己的估值做决策。

## 其他故事

虽然公司的市价为你的估值提供了反馈，但它的影响体现在总体层面（股票价格 vs. 你的估值），而不是体现在故事的具体情节这个层面。要想得到更多具体的反馈，你必须找到对立的观点。这里，我提供几个对我的估值奏效的获得反馈的方法。

1. 使故事和估值透明化：如果不将估值细节或者数字背后的故事展示出来，你就很难得到有效的批评和建议，也就无法完善你的估值。我发现我将故事和得到的估值结果阐述得越清晰，我获得的批评意见的针对性也就越强。比如，看到了我的优步估值故事的分析人士，能够明确指出不同意该故事中的哪个部分及其原因，而我则可以针对该部分审视他们的批评建议。

2. 建立开放论坛，供人们评论你的估值：如果你公开表明欢迎批评指正，你就更容易获得大家的反馈意见。对我而言，这是在个人网站上展示估值的一大优势，因此我在近几年都使用了博客这个平台。看到我的估值的人可以留言评论，由于可以匿名发言，因此大家可以随意表达他们的异议。我还使用了谷歌的共享电子表格，供读者更改我的估值中的输入数据，方便他们进行自己的价值估算。

3. 找出真正有建设性的批评意见：我收到的批评中确实有一部分只是空话，因为一些不喜欢我的结论的人会发表一些发泄性的言论。我从中得到的经验是，不去理会这些无用的言论，而是找出那些有价值的意见，用它们来完善我的估值。同时，我也发现有很多投资者对与其相左的意见反应较为激烈。我每次展示自己对特斯拉和亚马逊的估值时，就会反复碰到此种反馈。

4. 借助故事整理批评意见：清晰呈现故事的情节脉络，可以帮助我梳理收集到的异议。然后，我可以将这些异议与相关的故事情节关联起来：关于我对整体市场的评估、关于我对市场份额和营业利润率的判断，以及关于我对行业风险的评估。

5. 找出最薄弱的环节：如果我发现故事中的某些特定部分收到的负面评论和异议相对较多，这就表示我没有将这些部分阐述清楚或者考虑透彻。

6. 考虑过程，而不是结果：刚开始从事估值工作时，我倾向于关注结果，即最终价值，而现在，我虽然仍旧在意最终价值，但是对我而言，最有趣的部分是我得出最终价值的那个过程。

一般而言，一家公司包含的不确定性因素越多，我就越应该坦率接受其他故事线存在的可能。而且，我要补充最后一个警示：听取他人的意见，并不代表妥协迁就。曾经，有人指出我故事中的某个部分是错的，并且有理有据，但是我选择不予更改，因为最后做出判断的还是我自己。

---

## 案例研究10.5：优步——格利的反故事

**案例引入：**

**案例研究6.2：拼车业（2014年6月）**

**案例研究6.3：优步的故事（2014年6月）**

**案例研究8.1：优步——从故事到数字**

**案例研究9.1：优步——对城市汽车服务公司进行估值**

2014年6月，在我对优步进行了估值之后，比尔·格利给我发来一封诚挚的电子邮件。比尔·格利是优步的早期投资者，他在邮件中说他打算就我的优步估值发文反驳，而且不会手下留情。过了不久，读过他发表的博文的人纷纷给我发信息，希望我做出回应，有些人似乎把这件事当成某场估值大战中的初次较量。[1]格利的帖子就我的城市汽车服务故事提出了饶有趣味且颇具挑衅意味的反故事。出于几点原因，我认为这个反故事很有意思。

1.我和所有人一样，更倾向于认为自己是对的，但是我更在意深入理解优步的估值。而格利不仅投资过这家公司，而且对它的了解比我更透彻，这使他的观点更具优势。文章

> 倒是没有指责我不了解新经济，也没有抨击我使用过时的DCF模型进行估值，只是集中介绍了优步的战略部署，以及其应具有更高价值的原因。
>
> 2. 估值确实是架在数字和故事之间的桥梁，数字处理者和故事讲述者都没有其他到达目的地的捷径了。格利的故事表述详尽，阐述精心，清晰明了。

格利的故事促使人们更加理智地讨论优步公司，对此我表示感激。身为一名教师，我一直留意着“受教时刻”，即使这意味着我需要付出代价。

在我的优步故事中，我将优步视为会冲击现有出租车市场（我对该市场总体规模的估值为1 000亿美元）的汽车服务公司，其通过吸引新用户实现快速增长，占领巨大的市场份额（10%）。而格利的优步故事则更激进。他认为优步的潜在市场巨大，又拥有强大的网络优势，这会给其带来更大的市场份额。从多方面来说，这正是我首次发布优步估值故事时所期待的讨论，因为这能让我进一步了解故事是怎样转变为数字的。表10–3 中，我对比了我们两人的故事和据此得到的估值。

我用格利的故事给优步做出的估值结果为287亿美元，远远高于我自己预估的59亿美元。

鉴于不同的故事所得出的估值相去甚远，作为投资者，你可以将注意力聚集于哪个估值更加接近现实。从至少三点来说，格利的故事比我的更具优势：其一，格利作为优步的董事会成员和内部人士，比我更了解优步的运作。他能得到更精确的起始数据（包括收入、营业收入和其他详细数据），而且知道优步在测试市场的表现。其二，他是优步的投资者，要承担资金风险，与优步利害攸关，因此他需要为优步的表现背书。相比之下，我并没有相同的顾虑。其三，他不仅拥有投资新公司的经验，而且积累了很多投资成功的案例。

表 10–3　优步故事——格利与达摩达兰

| | 格利 | 我 |
|---|---|---|
| 故事 | 优步是一家物流公司（提供搬家、递送、汽车服务），能凭借自身的网络优势获得绝大部分市场份额，并有能力削减收入分成（至 10%） | 优步将适当扩大其在城市汽车服务市场的所占份额，并利用竞争优势获得巨大的市场份额（但不是绝大部分市场份额），其收入分成将维持在 20% |
| 市场总值 | 3 000 亿美元，年增长率为 3% | 1 000 亿美元，年增长率为 6% |
| 市场份额 | 40.00% | 10.00% |
| 优步收入分成 | 10.00% | 20.00% |
| 优步估值 | 287 亿美元 + 进入汽车所有权市场的期权价值（60 亿美元以上） | 59 亿美元 + 进入汽车所有权市场的期权价值（20 亿~30 亿美元） |

那么，这是否意味着我要放弃我的故事和据此得出的估值？不，或者至少我在当时没有立即放弃，原因有三：第一，自己投资的公司最好、产品最优秀，自己听取的管理者的汇报最准确——一般内部人士很难不这么想。第二，相对于放弃或更改故事也不会造成什么损失的人，一家公司的投资者，尤其

是难以退出的投资者，更倾向于相信自己的故事。第三，丹尼尔·卡尼曼在关于投资心理学的著述中指出，经验并非投资和掌握市场规律的良师。[2] 人类经常从过往的成功中吸收错误的经验，却并未好好学习失败的教训，有时还会欺骗自己记住从未发生的事情。我倒不是说比尔·格利也犯了这些错误，而且我希望他的故事能在未来转变为现实，但我本性就是个小心翼翼的人。

格利的优步故事是个好案例，它展示了优步将汽车服务市场扩展至轻度使用者和非使用者群体（包括郊区用户、租车用户、年迈的双亲和小孩子）的便利和优势所在，同时，它也提到了优步实现成功的三大必要条件：

1. 转变原因：优步向用户提供了放弃现在使用的汽车服务改用优步的充分理由。对于出租车服务，格利的故事很好地阐述了使用优步的好处。优步更为方便快捷（点击应用程序图标即可使用），更加可靠安全（得益于其支付系统），并且有时比出租车服务还便宜。然而，回顾过往的出租车服务，你会发现优步的优势并不明显。同时，公共交通的价格仍会继续低于优步，所以用户转向优步应该是看重其舒适性、便捷性。对于汽车租赁服务，优步不仅价格更加低廉，而且从某些方面来看更为便捷，比如用户无须担心取车停车问题，也不用担心车子出现故障，但从其他方面来看，优步就没有那么便捷了，特别是对需要进行多次短途自驾旅行的人。而优步城郊汽车服务面临的问题是，汽车通常不只是作为交通工具来使用。开车送孩子上学的父母不仅要当司机，还要身兼私人助理、私家侦探、心理医生等。

2. 战胜惯性：纵然使用新方法做事会收益颇多，人们也不愿改变固有的行为方式，毕竟日积月累，习与性成。因此，优步最初轻松获得了年轻人的大力追捧不足为奇，而对于老年用户，优步的影响只能慢慢渗透。而跳出汽车服务市场，相应潜在用户的行为惯性会更难以战胜。格利的故事指出年轻人有车的不多，这表明未来的私家车购买趋势会发生很大变化，但我并不能确定这是否是买车行为即将发生巨变的迹象。毕竟，也有大量报道提到现在有许多年轻人搬回家乡和父母一起居住，两种现象的出现可能反映了年轻人所处经济环境较为严峻，因为很多学生一出校门就背负着巨额的学生贷款，工作也不好找。

3. 摆脱现状：传统出租汽车公司虽然发展得举步维艰且服务效率低下，但还是会奋起反击，毕竟这是利害攸关的大事。优步和来福车均发现，出租汽车公司能够利用监管和其他限制措施阻止新入行的公司抢占业务。而在汽车租赁和汽车购买行业，这一竞争会更加激烈。

要对比我的故事和格利的故事，你可以按照第7章讨论的有可能/很有可能/极有可能的三级可能性测试来考虑问题。图10–2表明两种故事在可能性测试中的表现不尽相同。

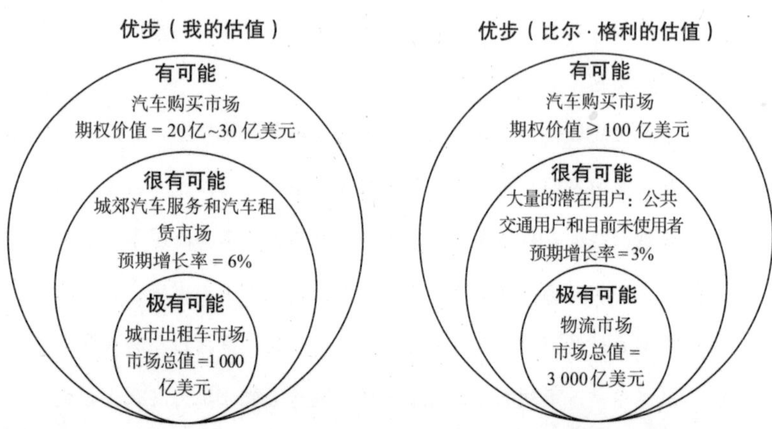


**图10–2　有可能、很有可能和极有可能——我的故事和格利的故事**

格利的优步故事的第二部分是关于公司的网络优势的，他认为优步可以据此获得绝大部分市场份额。他指出，网络优势表明某项产品或服务的用户，可以随时从使用相同产品或服务的用户那里获利。当网络优势足够强时，具有网络优势的公司便可占据绝大部分市场份额，市场便呈现“赢者通吃”的局面。格利在文章中提到的网络优势——搭车时间、覆盖密度、使用率，在我看来说的都是区域性的网络优势，而非全球性的网络优势。换言之，我明白纽约最大的汽车服务供应商可以利用这一优势占据纽约绝大部分市场份额，但在迈阿密，这些优势派不上什么用场，除非它同时也是迈阿密的行业巨头。优步也有全球性的网络优势，比如新城市的用户可以访问的共享数据，还有与信用卡、航空公司、汽车公司等的合作伙伴关系，但这些只是微弱的优势。事实上，若区域性网络优势占主导地位，那么整体市场会很快变成多家公司逐个城市地争夺战场的局面，不同的区域市场会产生不同的胜者。因此，优步可能会成为旧金山汽车服务行业的巨头，来福车则可能称霸芝加哥市场，而在伦敦却无人知晓。相对而言，在格利的优步故事中，其全球性网络优势需要被置于最重要的位置。

---

### 案例研究 10.6：法拉利——从免税商品目录得到的反馈

最后一个案例研究较为简短，旨在说明意想不到之处也能提供反馈。在我为法拉利IPO进行估值，并得出63亿欧元的估值结果（远低于上市后的90亿欧元）的几个星期后，我乘坐飞机前往欧洲，无聊之时，我看了飞机上的免税杂志，翻了几页，我便被杂志上的至少两款商品吸引了眼球，一款是法拉利手表，另一款是法拉利钢笔。

我倒并没有兴趣购买它们，但它们提醒了我，法拉利的品牌影响甚广，大有名气的不只是它的汽车，它所生产的其他奢侈品也鼎鼎有名。然后，我便开始考虑将法拉利的排他性汽车俱乐部故事，替换成“碰巧也制造汽车的奢侈品牌公司”故事。注意，在第二个故事中，我对法拉利的估价更高，因为它可以扩展至汽车以外的市场，如电子产品、服装，甚至鞋履。

---

## 小结

我喜欢讲述公司的故事，而且有时也会沉迷于自己的故事，而本章讨论的恰恰是如何尝试着摆脱这种执着，直面将故事用于估值时展现出来的弱点。具体而言，我发现，对自己的估值假设和故事抱着开放的心态，并开设论坛与大家分享我的估值故事，让我获得了一些宝贵的反馈，尤其是一些与我意见相左的人的有效反馈。现在，我依然有权决定如何回应反馈，但是我学会了随时准备修改故事，这不是软弱，而是内心强大的表现。

# 第 11 章　修改故事——现实世界的影响

在商界，意料之中是偶然，意料之外才是必然，而意外有时候是惊喜，有时候则是惊吓。在第6章，我探讨了要根据现实世界构建故事，若现实世界发生改变，为了实事求是，你需要对故事做出相应的改变。在本章中，我首先探索了故事改变的原因——从质变到量变，从宏观经济变化、政治新闻报道到公司收益报表的发布。然后，我对故事修改进行了以下分类：略微修改（细节性修改，不改变结构）、更改（改变故事结构）和终止（故事突然终止）。在本章的最后，我探讨了修改故事对估值的影响。

## 为什么修改故事

在第10章，我强调了根据反馈来完善和修改公司故事的重要性。在本章，我会展开讨论这一观点，但这里我要讲的故事修改，是针对出现的关于公司、公司所处行业、整体经济环境或公司所在国家的新信息而做出的修改。

如果商品唯一的恒定特征是改变，而且其改变的速度正随着科技发展和全球化而逐渐加快，那么没有任何公司故事可以保持长期不变。根据新进展和新信息来回顾故事并评估是否需要修改故事的某个部分实为明智之举。新信息的表现形式多种多样，且来源也各不相同：

1. 质化和量化：新信息可能是量化的，可以是收益报表中的意外数据，也可以是政府发布的关于通货膨胀和经济增长的报告；新信息也可能是质化的，比如公司管理层的变动、有利或不利于公司的法律判决、激进投资者的加入等。

2. 内部和外部：新信息有时源自公司内部，如必要的财务披露或公司公告（收购、资产剥离或回购公告），有时源自外部渠道，如金融新闻、关注公司的股票研究分析师、监管机构。某些情况下，你甚至能从竞争对手那里获得有关公司的新信息，并据此改变你看待市场和竞争动态的方式。

3. 微观和宏观：你获得的许多信息都属于微观层面，即关于公司、竞争对手和行业方面的信息，而有些信息则涉及宏观因素，比如利率、汇率、通货膨胀的变化。如果你的公司会受到宏观因素的影响，那么这些因素就可能导致故事发生重大转变。

一言以蔽之，故事一定会受到新信息的影响，因此也可以说公司的内在价值会随着时间发生改变，甚至发生很大改变。某些资深的价值投资者提出的“内在价值永恒不变”的观点不仅是错误的，而且不利于投资组合的运作。

## 故事修改的三种类型

划分故事修改的一个显而易见的方法，是根据其对估值结果（公司价值）的可能影响将新信息分为好消息（导致价值增加）和坏消息（导致价值减少）。但除非你获得的新信息确实明显好于或坏于预期，否则你很难按照此方法分类。对大多数公司而言，好坏消息的推拉作用意味着：你无法衡量该信息对价值的影响，除非你根据新信息讲完整个故事，重新为公司估值。考虑到这一点，我建议从新信息会在多大程度上改变整个故事这一角度来分类。根据此分类方法，可将故事修改分为故事中断、故事更改和故事的略微修改。故事中断，指故事彻底瓦解；故事的略微修改，则指你只需要进行细节上的修改。

## 故事中断

许多事件都能使故事走向终点，而这些事件有着消极的内涵：

1. 自然或人为的灾害：充满希望、盈利丰厚的公司故事，可能因为自然灾害或者恐怖袭击而突然终结。2015 年 11 月，摩加迪沙的豪华酒店——萨哈菲酒店，不幸成为恐怖分子的袭击目标而遭到了轰炸。保险公司的赔偿不足以使这一处在新兴市场中的酒店恢复原貌，尽管现在下结论为时尚早，但萨哈菲酒店的确很可能不会再营业了。身为萨哈菲酒店的所有人或投资者，你遭受的价值损失可能是永久性的。

2. 法律或监管行为：可能你的公司正在等待某项法律判决或监管决定，如果结果对公司不利，它就会成为足以终结公司故事的巨大灾难。专营单种药物（应用前景广阔）的小型制药公司或生物科技公司，若在申请药物审批时未通过FDA审批，则会立即面临倒闭的危机。举例而言，波士顿的生物科技公司爱唯欧制药，耗时7年开发出了一种治疗肾癌的药物，该产品的开发使其2013年的市值达到10亿美元。但之后因临床试验停滞不前和大众对爱唯欧制药试验设计的质疑，FDA驳回了药物审批申请，导致爱唯欧制药的市值缩水了70%，其62%的员工因此下岗。

3.未能支付约定款项：需要支付约定款项的公司，若无法履行支付义务，则其经营模式将面临危机；若是未偿还巨额银行贷款或兑付公司债券，则公司面临的危机将尤为明显。2015年年末至2016年年初，随着商品价格猛跌，人们对经济危机的担忧日益攀升，举债经营的大宗商品公司股价暴跌。

4.政府征用：尽管政府征用不如几十年前那样普遍，但是全球某些地方的政府仍可强制性地接管当地公司，而不给予公司所有人合理的补偿。2011年，阿根廷政府将阿根廷石油公司YPF归为国有时，YPF投资者所持股票一夜之间就贬值了。

5.资本萎缩：许多发展中的公司需要资本，不仅是为了扩张，也是为了日常运营。而会导致融资渠道断裂的市场危机，可能会直接导致发展中的公司面临倒闭。说到此现象时，希腊、阿根廷和乌克兰的例子可能会立即跃入脑海，但资本问题的发生并不限于新兴市场，2008年发达市场也出现过这一现象。

6.收购：只有少数事例中，故事的突然中断源自出乎意料的好消息，即一个公司被收购，然后成为规模更大的公司的一部分。所以，苹果公司收购魔声，意味着魔声的故事归入到了苹果公司的宏大故事中，而魔声自身的故事结束了。

通过上述示例，我们可以发现不同公司面临故事中断的风险也不尽相同，故事中断是多种因素共同作用的结果。首先，与面临持续性的风险相比，暴露在离散风险和巨大灾难的风险下，更有可能导致故事中断。因此，固定汇率下的货币大幅贬值，比浮动汇率下的货币日常波动更有可能给公司带来崩盘式的冲击。其次，面临可投保或可对冲风险的公司，比面临无法规避的风险的公司更有保障。再次，与资本缓冲能力更强的大型公司相比，资本缓冲能力有限的小公司，面对上述事件更有可能面临停业。最后，如果公司拥有更多的融资渠道，则在面对重大危机事件时，公司停业的概率就会相对较低。这可能说明了为什么私人公司（融资渠道更少）发生故事中断的情况比上市公司更为普遍，以及为什么新兴市场中的公司在面对意外冲击时的停业频率高于发达市场中的公司。

---

### 案例研究 11.1：故事中断

2014年年初，一家名为Aereo的科技公司宣称，其发现了一种在手持设备上免费播放有线电视的合法方式。尽管大多数人不相信，但这并不能阻止2014年年初投资者对该公司的估值高达8亿美元。2014年夏，美国最高法院对Aereo串流媒体合法性案件做出了判决，判决结果不利于Aereo。一夜之间，Aereo变得一文不值，几个月后便关门大吉。

Ashley Madison是另外一个更不合常理的例子。Ashley Madison是一家提供在线服务，帮助用户利用其网站发展婚外情的公司。尽管Ashley Madison 的经营模式违背了道德规范，但它并不缺乏投资者。它计划通过IPO从市场中筹集2亿美元资金，但这一计划最终未能实现。一名电脑黑客侵入了Ashley Madison的网站，公布了其部分客户名单，这对于专门提供婚外情服务的公司来说可谓祸从天降。Ashley Madison公司虽然还未停业，但已受到重创，在黑客入侵的新闻报道后，其估值跌至谷底。

---

## 故事更改

故事更改，指随着现实世界的发展，公司故事的某个部分或多个部分需要进行大幅度的修改。更改的原因不尽相同，产生的影响既有积极的也有消极的。我们可以用第8章中提出的故事框架，将可能需要做出的更改系统化（见图11–1）。

在做出更改时，你需要知道，你必须说明你改动了故事中的哪些部分以及改动的原因，并且要做好面对两类人的批评的准备：

1.价值评判者：这类评判者拥有这样一种信念，即认为内在价值是一个稳定的数字，甚至是一个常数，而内在价值发生巨大变化是公司衰弱的表现。此类价值纯化论者会抨击你做出的改动，还会争辩称，更改故事表明你最初的评估就存在错误，而非根据新信息进行的合理调整。对于询问我为何会在短时间内大幅更改估值故事的批评者，我引用了约翰·梅纳德·凯恩斯的话作为回答："当事实改变时，我也会随之改变想法。你又会怎么做呢，先生？"

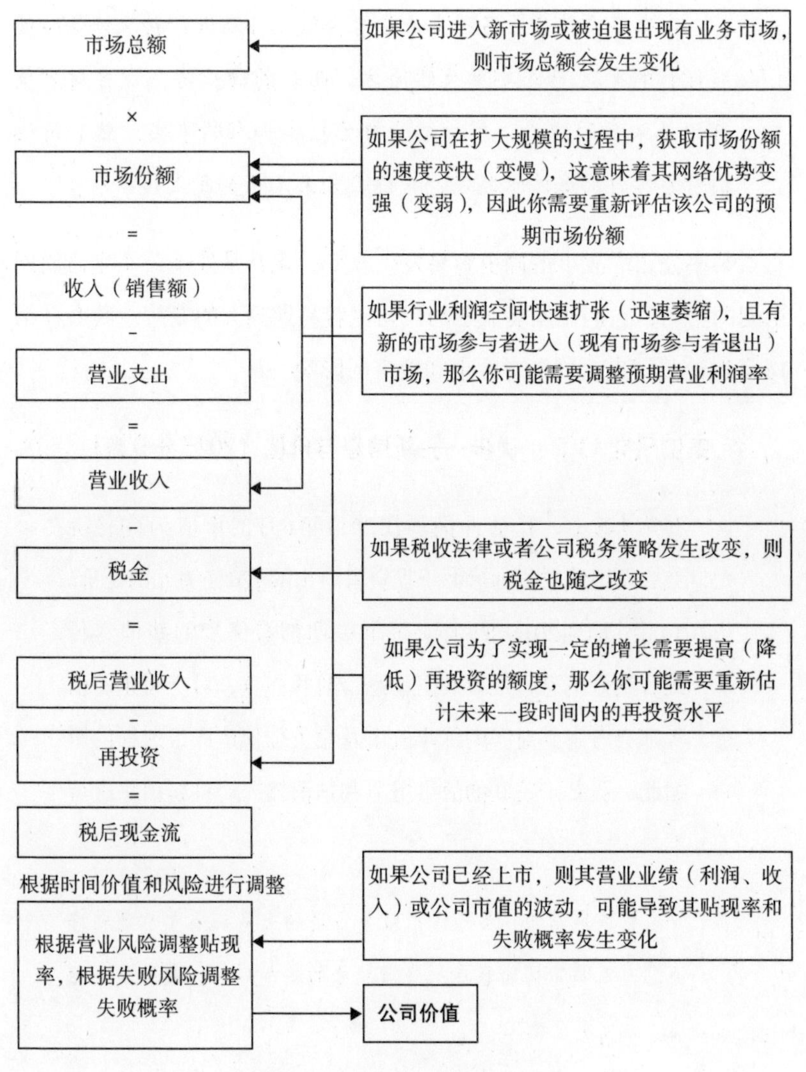


图 11–1　新故事及故事的更改

2. 事后诸葛亮：另一类批评者会说，你在进行初次评估时就应该预料到之后需要更改的地方。而我的回应是，称赞对方拥有预见未来的能力，虚心接受自己技不如人的事实，然后请他们看看各自的魔法水晶球，告诉我未来几年会发生的事情。

某些公司的故事的确更容易发生改变，尤其是处于公司生命周期初期的公司，它们比发展成熟的公司更容易遇到大的变故。我会在第14章讨论公司生命周期对故事和数字的影响。

---

### 案例研究11.2：优步——新信息与价值（2015年9月）

在第9章中，我估计优步在2014年6月的市值为60亿美元，然后发现该数值远远低于投资者给出的170亿美元的定价。从2014年6月到2015年9月，每个星期都有优步的新消息传来，既有利好消息，也有利空消息。对我而言，对于每则新信息，我都会考察其对我的优步故事及相关估值造成了怎样的影响。据此，我基于关联的故事情节和估值输入，将新信息进行了分类。

1. 市场总额：关于汽车服务市场的大多数消息都是利好消息，表明市场比我在一年前想象的更加广阔、发展更加迅速，也更加全球化。

（1）不局限于城市，拥有更大的市场：尽管优步的汽车服务仍旧在城市地区最为流行，但它已经很好地拓展了城市远郊和郊外地区的市场。在面向潜在投资者的一次公司介绍中，优步称其2015年的毛收入高达108.4亿美元。虽然是非官方数据，可能存在虚高，但即便该数值可能比实际利润高了20%或25%，在减掉虚高的部分后，优步的营业利润仍然比2014年暴涨了400%。

（2）吸引新客户：汽车服务市场扩大的其中一个原因是，优步等拼车公司吸引了许多从未叫过出租车或租过汽车的新客户。例如在优步的发源地——旧金山，拼车公司已经将出租车和汽车服务市场扩大了两倍。

（3）更多样的产品：拼车市场规模扩大的另一个原因是，拼车市场出现了多样化的服务形式，从而扩大了消费者的选择范围，降低了成本（泊车服务），提高了灵活性。

（4）走向全球：在亚洲，尤其是印度和中国，拼车市场得到了迅速扩展，所以与拼车行业相关的重磅新闻多来自亚洲。这其实是意料之中的事，因为亚洲国家为拼车行业提供了三大机遇：城市人口众多，汽车持有量有限，公共交通系统不发达。

汽车服务市场传来的坏消息大多是出租车司机罢工、监管禁令和营业限制。但即便是这些坏消息，其中也包含了好消息的苗头，因为如果拼车行业不与出租车争抢生意，出租车公司也不会突破现状，有所发展。出租车运营商、监管部门和政客已无力阻止拼车服务的发展，而市场似乎也反映了这一点。纽约市出租车公司的收入不仅在2013~2015年暴跌，且出租车牌照的价格也下跌了近40%（相当于总共损失了约50亿美元）。

2014年6月，我在估值中提到，优步可能转向其他业务。2014年6月至2015年9月传来的好消息表明，优步的发展证实了我的猜测，其开始在香港和纽约提供物流服务、在洛杉矶提供食品外卖服务。坏消息则是优步在这些业务上的发展速度较慢，部分是因为这些业务的市场规模比拼车要小，部分是因为物流运输业中的竞争要比汽车服务行业更加激烈。但是，拓展新业务从“有可能”变为了“很有可能”，这也为其潜在市场规模的扩大做出了贡献。

结论：优步所拥有的潜在市场要大于2014年6月我预测的其作为城市汽车服务公司所拥有的市场。此外，优步还会吸引更多的新客户，拓展新市场（以亚洲为焦点），甚至可能再次发展新业务。

2. 网络优势和竞争优势：该方面的消息有好有坏。好消息是拼车公司提高了进入市场的成本，采取的策略包括为签约雇用司机而提供高额分成。在美国，优步和来福车成为最大的市场参与者，而一些竞争对手从2014年开始逐渐退出市场，或仍在市场但已无法跟上二者的发展步伐。在美国以外的国家或地区，对优步而言的好消息是，优步几乎在世界各地大受欢迎，而来福车决定至少在现阶段仍旧专注于美国市场。坏消息则是国际市场竞争激烈，尤其是在亚洲，优步的竞争对手是当地的拼车巨头：印度的Ola、中国的滴滴快车、东南亚的 GrabTaxi。在这些国家和地区，本土公司控制市场，部分是因为身为行业先驱，其更理解本土市场，部分则反映了市场（出于当地投资者的考察以及监管部门和政策方面的原因）向本土公司倾斜。甚至有言论称，本土竞争者会联合起来，建立一个“抵制优步”的网络，而滴滴快车和来福车宣布正式合作的消息也证实了此言非虚。拼车公司均能以天价估值获得融资，这削弱了优步在此前积累的巨大现金流优势。随着竞争越发激烈，其中一个备受关注的关键数据是毛收入的分配比例，按照惯例，分配比例为司机80%，拼车公司20%。来福车在美国的许多城市内为司机提供了获得更高收入的机会：只要司机在一个星期内开车时间超过40小时，便可获得收入的100%。尽管为了避免发生共同毁灭的悲剧，优步和来福车都没有直接挑战 80/20的分配规则，但规则发生变化只是一个时间问题。

3.成本结构：坏消息大多来自此部分。部分成本压力来自拼车行业内部：为了从竞争对手公司挖走司机，拼车公司提供的预付工资越来越高，这抬高了此部分的成本。然而，更多的成本压力来自外部。

（1）司机为兼职员工：2015 年初夏，加利福尼亚劳工委员会判定，优步旗下的司机为公司员工，而非独立合同工。判定结果被一项法院判决进一步确认，即优步旗下的司机有权以集体诉讼的形式控告公司。可以预见，其他司法辖区内马上就会出现类似的诉讼，而最终的结果必然是拼车公司的司机，即使不能作为正式员工，也至少可以作为半正式员工，享有正式员工的部分福利（这同样将导致拼车公司承担更高的成本）。

（2）保险盲区：拼车公司在创立之初就一直在利用汽车保险合同中的漏洞，其通常只需在司机已购买的保险中增加一个补充协议。由于监管者、立法者和保险公司都在尝试弥补这一漏洞，因而在不久之后，拼车公司的司机可能需要购买更加昂贵的保险，而拼车公司则需要承担部分费用。

（3）逆势而行要付出高昂代价：当前，出租车公司和行业监管者正在全球许多城市进行反击。而为了抵抗反击所支付的游说费用和诉讼费用的增加也进一步提高了成本。

从拼车公司泄露出的文件中看到的相关数据表明，该行业的公司运营成本再次远远超过收益。有证据表明优步在过去两年一直处于亏损状态，按城市划分的边际效益（仅支付可变成本后的利润）数据表明，不同城市间虽存在较大差异，但边际效益总体上处于较低水平（从斯德哥尔摩和约翰内斯堡的最高值11.1%到西雅图的3.5%）。

结论：拼车公司的经营成本很高，尽管规模扩大后部分成本将有所降低，但其营业利润率可能低于我一年前的预期利润率。

4.资本密集度和风险：最初我在为优步估值时做出的假设性商业模型简化了其资本需求。由于优步在提供汽车服务时并未购买汽车，且在公司办公室和基础设施方面的投资也很少，因此我认为其营收资本比会比较高，1美元的资本可以产生5美元的收益。直至2015年9月，此基本商业模式才发生改变，因为拼车公司逐渐意识到，低资本密集度模式的一个缺点是其加剧了其他方面的竞争。优步和来福车公司在签约雇用司机上的高额支出，即可被视为其采用低资本密集度商业模式的后果，因为在该模式中，司机是没有合同约束的自由人。2015年9月，没有迹象表明任何拼车公司有意增加针对基础设施或汽车的投资，转变低资本密集度模式。然而，有一则新闻报道称，优步挖走了卡内基–梅隆大学机器人学系的学者，这意味着其商业模式很可能要发生变化。

结论：目前，拼车公司会继续保持低资本密集度模式，但对竞争优势的不断追求可能促使其采用资本更加集约的模式，即投入更多资金以实现可持续增长。

5. 管理文化：尽管公司的管理文化不是估值的直接输入数据，但投资一个新兴公司，你必须了解所投公司的管理文化。对优步管理团队的相关新闻做出的反应，反映了你对该公司的事先偏好。如果你本来就喜欢优步，你可能会认为优步的管理团队很有信心打入新市场，并且正在勇猛地保卫其已经占领的市场，且能创造性地发起反击。如果你本来就不喜欢优步，相同的行为可能被看作傲慢和冒进，挑战现状可能被看作不愿意遵守规则，而发起反击会被视为过度打压。

结论：似乎没有理由相信优步会在未来减少进取性。但在规模扩大的过程中，优步强烈的进取性是否会反伤自身，仍是一个悬而未决的问题。

总而言之，在2014年6月到2015年9月这段时期，我的优步故事发生了许多的变化，部分是源于拼车市场发生的实质变化，部分是源于我必须弥补此前对市场认识的不足之处。表11–1 中，我对比了2014年6月的估值输入和2015年9月的估值输入。

**表11–1 新闻故事引起输入的变化——优步**

| 输入 | 2014年6月 | 2015年9月 | 理由阐述 |
|---|---|---|---|
| 总体市场 | 1 000亿美元；城市汽车服务 | 2 300亿美元；物流 | 市场更广、更大、更加全球化，超过了我的预期。<br>优步进军配送运输行业这个故事现在看来很有可能，甚至极有可能 |
| 市场增长 | 市场规模增长34.00%；年复合增长率为6.00% | 市场规模是原来的两倍；年复合增长率为10.39% | 提供更加多样化的产品，吸引新客户使用拼车服务 |
| 市场份额 | 10.00%（当地网络优势） | 25.00%（较弱的全球网络优势） | 进入市场的成本提高，竞争对手减少，但是剩下的竞争对手同样拥有融资渠道，并且亚洲市场中的拼车公司具有本土优势 |
| 毛收入分配比例 | 20.00%（维持现状） | 15.00% | 竞争日益激烈推动汽车服务公司进一步降低分成比例 |

（续表）

| 输入 | 2014年6月 | 2015年9月 | 理由阐述 |
|---|---|---|---|
| 营业利润率 | 40.00%（低成本模式） | 25.00%（兼职员工模式） | 司机将成为兼职员工，这增加了保险和监管成本 |
| 资本成本 | 12.00%（超过90%的美国公司） | 10.00%（超过75%的美国公司） | 拥有稳定的营业模式和可观的收益 |
| 失败概率 | 10.00% | 0.00% | 库存现金足以抵抗生存威胁 |

表11–2呈现了2015年9月我对优步的估值，我的估值结果为234亿美元。注意，投资期第一个5年的资本现金流呈负值（“烧钱”阶段）压低了公司价值，但是后几年现金流由负转正并高速增长，使优步的估值终值足以弥补之前的亏损。

2014年6月，我错误地估计了优步的价值（60亿美元），我的估值结果远低于风险投资者给出的170亿美元的定价。之后我放宽眼界，关注2014年6月以来发生的变化，在2015年9月提出234亿美元的新估值（见表11–2）。尽管2014年6月至2015年9月，我对优步的估值已经有了大幅的上升，但是投资者仍然“更胜一筹”，其对优步的定价从2014年6月的170亿美元，涨到了2015年9月的510亿美元。优步真是一棵摇钱树！

**表 11–2 优步，全球物流公司**

| 故事 | | | | |
|---|---|---|---|---|
| 优步是一个物流公司，通过吸引新用户将市场规模扩大了一倍。优步拥有较弱的全球网络优势，但也存在利益分配比例下降（85/15）、成本上升（司机成为兼职雇员）、低资本集约度模式的副作用等问题 | | | | |
| **假设** | | | | |
| | 基准年 | 1~5 年　6~10 年 | 10 年后 | 关联的故事情节 |
| 市场总额 | 2 300 亿美元 | 10.39% | 2.25% | 物流 + 新用户 |
| 总市场份额 | 4.71% | 4.71% →25.00% | 25.00% | 较弱的全球网络优势 |
| 收益分成 | 20.00% | 20.00% →15.00% | 15.00% | 收益分成比例下降 |
| 税前营业利润率 | –23.06% | –23.06%→25.00% | 25.00% | 半强势竞争地位 |
| 再投资 | — | 营收资本比为 5.00 | 再投资率 = 9.00% | 低资本集约度模式 |
| 资本成本率 | — | 10.00% →8.00% | 8.00% | 超过 75% 的美国公司 |
| 失败风险 | 不会失败（失败指股权价值为 0） | | | 库存现金 + 融资渠道 |

**现金流**（单位：百万美元）

| | 总体市场 | 市场份额 | 总收入 | 息税前利润（1–t）* | 再投资 | 公司自由现金流 |
|---|---|---|---|---|---|---|
| 1 | 253 897 | 6.74% | 3 338 | （420） | 234 | （654） |
| 2 | 280 277 | 8.77% | 4 670 | （427） | 267 | （694） |
| 3 | 309 398 | 10.80% | 6 181 | （358） | 302 | （660） |

（续表）

| 现金流（单位：百万美元） | | | | | | |
|---|---|---|---|---|---|---|
| | 总体市场 | 市场份额 | 总收入 | 息税前利润（1–t）* | 再投资 | 公司自由现金流 |
| 4 | 341 544 | 12.83% | 7 886 | （200） | 341 | （541） |
| 5 | 377 031 | 14.86% | 9 802 | 62 | 383 | （322） |
| 6 | 416 204 | 16.89% | 11 947 | 442 | 429 | 13 |
| 7 | 459 448 | 18.91% | 14 338 | 956 | 478 | 478 |
| 8 | 507 184 | 20.94% | 16 995 | 1 621 | 531 | 1 090 |
| 9 | 559 881 | 22.97% | 19 935 | 2 455 | 588 | 1 868 |
| 10 | 618 052 | 25.00% | 23 177 | 3 477 | 648 | 2 828 |
| 终止年 | 631 959 | 25.00% | 23 698 | 3 555 | 320 | 3 234 |

| 价值（单位：百万美元） | | |
|---|---|---|
| 终值 | 56 258 | |
| 现值（最终价值） | 22 914 | |
| 现值（未来 10 年的现金流） | 515 | |
| 营业资产价值 = | 23 429 | |
| 失败概率 | 0% | |
| 失败后的公司价值 | — | |
| 营业资产价值的校正值 | 23 429 | 估值时，风险投资者对优步的定价约为 510 亿美元。 |

*息税前利润（1 – t）＝（收入 × 营业利润率）（1 – 税率）

### 故事的略微修改

如果所有或大多数新信息都能造成故事中断或更改，那么估值就会处在一个极不稳定的状态中，投资也会变成一项风险过高的活动。市场危机发生期间便是如此，这也是2008年最后一个季度投资者惨遭滑铁卢的原因所在。幸运的是，这种会造成中断或更改的新信息只是偶尔出现，对于更加稳定的市场内更为成熟的公司而言，大多数新信息对故事和估值的影响微不足道。对此，你同样可以使用前面的故事框架，阐明这些新信息对故事的影响及故事需要进行的小修改。具体而言，你可以考察新信息对公司所处的市场的总量造成了什么影响，尽管面对这一消息，所有市场内的公司可能都不会改变现有的经营模式。另外，根据关于公司的最新消息，你也可以对你的公司故事中的市场份额、利润空间或风险特征稍加修改。

如果你主要关注那些发展成熟、拥有固定经营模式的公司，那么你的投资状态也将是稳定的，因为公司的内在价值将沿着平顺的道路发展下去，这也是估值者最普遍的假设。此种稳定状态对投资者是好是坏呢？初看之下，稳定似乎是好事，因为你可以拥有稳定的公司故事和估值；但是站在投资者的立场来看则是坏事，因为股票的市值同样会反映故事情节的稳定，这意味着股票市值偏离内在价值的可能性较小。提到价值和价格，成熟公司的价值和价格的差别相对较小。但投资者的目的就是利用两者的差额获利，这意味着与随时面临故事中断和更改的更为不稳定的新公司相比，稳定的公司故事出现定价偏差的可能性更小，因而投资者的获利机会也会更少。因此，我倾向于将时间和精力花费在为我称之为具有“黑暗面”的公司估值上，这些公司的未来故事会怎样发展和变化是极其不确定的。我知道此观点与传统的价值投资建议相矛盾，传统的建议是要进行自己熟悉和让自己舒适的投资，但它并不能为投资者提供更多的收益。

---

### 案例研究11.3：苹果公司——单调的记录（2015年2月）

过去40年，我对苹果公司进行过多次估值，我最近对其进行的一系列估值是从2011年开始，当时苹果已经是全球市值最高的公司之一了。在完成第一次估值后，我每三个月都会根据我对苹果公司的进一步了解对其重新进行估值，并比较我的估值和苹果公司的实时股票价格。图11–2记录了从2011年到2015年2月，我对苹果公司的估值及苹果公司股票价格两者的变化。

可以看到，在此期间，苹果公司的股票价格从每股45美元上涨到每股120多美元，但我的估值结果的变化范围则相对较小，表明此时期我的苹果公司估值故事的情节没有发生很大的改变。从2011年开始，我所讲述的苹果公司故事一直都是：苹果是一家成熟的公司，增长潜力有限（利润增长率低于5%），拥有可持续的盈利能力，但其利润正承受着下行压力，因为其核心业务（尤其是智能手机业务）的市场竞争将更加激烈。我认为苹果自10年前推出三大成功产品（音乐播放器iPod、智能手机iPhone和平板电脑iPad）以来，不太可能再推出一个颠覆性的产品，部分原因是这三大产品已具有庞大的市场价值，部分原因是我认为苹果近几年已耗尽了其所有的具有颠覆性的创造力。

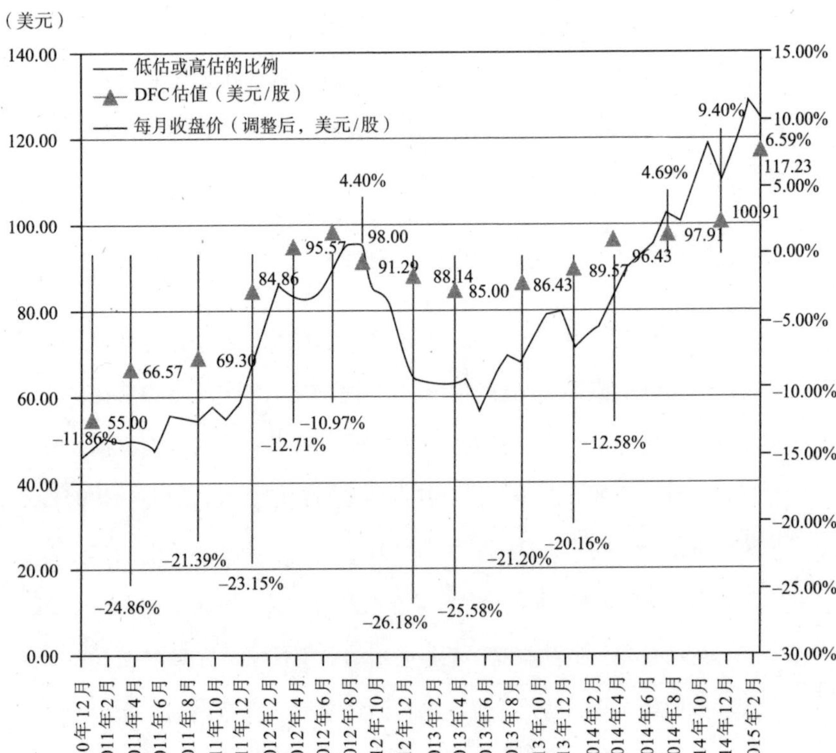


**图11–2　苹果公司的股票价格和我的估值（2011~2015年）**

浏览表11–3中2011~2015年间苹果的业绩报表和相关新闻报道中的数据，你就能了解为什么我对此时期的苹果公司故事的基本描述没有太大改变。此时期内的多数时候，苹果公司都达到或超过了我对其利润和收入的估值，虽然超出的不多；但市场对此并不满意，考察在报表发布一天后的股票价格变化，9次里有6次出现股票价格下跌，而对于报表发布一周后的股票价格变化，9次中有7次发生股票价格下跌。

**表 11–3　收益、营业收入和价格反应**

| | 收益（百万美元） | | | 营业收入/利润率 | | 价格反应 | |
|---|---|---|---|---|---|---|---|
| 报表发布日期 | 实际 | 估值 | 差值百分比 | 收入（百万美元） | 利润率 | 1 天后 | 1 周后 |
| 2012 年 7 月 24 日 | 35 020 | 37 250 | –5.99% | 11 573 | 33.05% | –4.32% | –11.12% |
| 2012 年 10 月 23 日 | 35 966 | 35 816 | 0.42% | 10 944 | 30.43% | –0.91% | –3.10% |
| 2013 年 1 月 30 日 | 54 512 | 54 868 | –0.65% | 17 210 | 31.57% | –12.35% | –3.89% |
| 2013 年 5 月 1 日 | 43 603 | 42 298 | 3.09% | 12 558 | 28.80% | –0.16% | 0.50% |
| 2013 年 7 月 24 日 | 35 323 | 35 093 | 0.66% | 9 201 | 26.05% | 5.14% | –2.65% |
| 2013 年 10 月 30 日 | 37 472 | 36 839 | 1.72% | 10 030 | 26.77% | –2.49% | –1.85% |
| 2014 年 1 月 29 日 | 57 594 | 57 476 | 0.21% | 17 463 | 30.32% | –7.99% | –0.83% |
| 2014 年 4 月 23 日 | 45 646 | 43 531 | 4.86% | 13 593 | 29.78% | 8.20% | 4.17% |
| 2014 年 7 月 23 日 | 37 432 | 37 929 | –1.31% | 10 282 | 27.47% | 2.61% | –1.41% |

需要注意的是，在控制季度性变化之后，苹果公司的收入呈平稳或略微增长趋势，而其营业利润率则呈略微下降趋势。关于苹果公司的业绩报表，另一个焦点在 iPhone 和 iPad 的销售额上，表 11–4 显示了苹果公司季度报告中 iPhone 和 iPad 的单位销售额，包括与上一年同季度销售额的同比增长率。最后两栏

则显示了每个季度苹果公司在全球智能手机和平板电脑市场中所占的市场份额。

**表11–4 苹果公司iPhone和iPad的销售额**

| | iPhone | | iPad | | 全球市场份额 | |
|---|---|---|---|---|---|---|
| 报表发布日期 | 销量（百万台） | 同比增长率 | 销量（百万台） | 同比增长率 | 智能手机 | 平板电脑 |
| 2012年7月24日 | 26.00 | 28.1% | 17.00 | 83.8% | 16.6% | 60.3% |
| 2012年10月23日 | 26.90 | 57.3% | 14.00 | 26.1% | 14.4% | 40.2% |
| 2013年1月30日 | 47.80 | 29.2% | 22.90 | 48.7% | 20.9% | 38.2% |
| 2013年5月1日 | 37.40 | 6.6% | 19.50 | 65.3% | 17.1% | 40.2% |
| 2013年7月24日 | 31.20 | 20.0% | 14.60 | –14.1% | 13.2% | 33.1% |
| 2013年10月30日 | 33.80 | 25.7% | 14.10 | 0.7% | 12.9% | 29.8% |
| 2014年1月29日 | 51.00 | 6.7% | 26.00 | 13.5% | 17.6% | 33.2% |
| 2014年4月23日 | 43.70 | 16.8% | 16.40 | –15.9% | 15.2% | 32.5% |
| 2014年7月23日 | 35.20 | 12.8% | 13.30 | –8.9% | — | — |

尽管市场将关注焦点放在iPhone和iPad上会让某些人感到不安，但这也有其合理之处。首先，这反映了苹果公司的大多数收益来自iPhone和iPad，因此这两种产品的单位销售额和所占市场份额的变化就成了衡量其未来收入增长情况的关键指标。其次，苹果公司的收入是依靠iPhone和iPad的巨大利润空间来维持的，在这两个市场上的表现关系着其未来的利润（和收入）能否维持下去。每个季度都有传言称，苹果公司会推出另一个颠覆性的新产品，但每次这些传言都被证明是谣言，而投资者对于苹果能再次推出惊艳众人的新产品的希望也都破灭了。

2014年年中至2015年2月的几个季度中，苹果的股票价格走势反映了其此时期内稳定的发展状态，尽管对苹果而言这可能是暂时的，但投资者已经降低了期望值，将其定位成一家拥有全球最具价值的产品——iPhone的具有超高盈利能力的公司。苹果似乎已在智能手机市场占据了稳固的地位，同时其平板市场正在缩水，而其个人电脑业务则被视为辅助业务。投资者和分析师将苹果看作一家发展成熟、以 iPhone 为摇钱树的公司，其利润将呈小幅下降趋势。因为这是我在我的估值中一直在讲述的故事，所以各路消息对于我对苹果公司内在价值的评估少有影响。考虑到股票分割问题，综合新的业绩报表中的信息，在2015年2月，我将苹果公司的每股股票价值估算为96.55美元，与2014年4月的96.43美元相比，几乎没有变化。

## 小结

想要坚持自己的故事，即便发现矛盾之处仍不想改变，乃人之常情，但我们不应让傲慢束缚自己执着于原来的故事。相反，我们应该去思考一下故事会如何随或大或小的事件发生变化。在本章中，我首先将故事的修改分为中断、更改和略微修改，并讨论了这些修改对估值产生的影响。故事中断代表着故事结束。故事可能在某一时期有过希望，但是最终希望破灭了。故事更改是指对某个公司的故事进行重大的调整，这可能会导致公司估值发生巨大变化。故事的略微修改是指故事需要修改的地方较少，不过其同样会表现为估值的提高或下降。承认故事（和据此得出的估值结果）发生错误绝非易事，但只要你尝试承认错误，你就会发现这件事慢慢变得容易起来。没有人能够预知未来，说不定有一天，你会真正喜欢上承认错误！尽管我目前还没达到这种平心静气的境界，但我会一直努力下去。

# 第 12 章　新闻与故事

在上一章节中，我探讨了现实世界如何带给我们会改变公司故事及估值结果的意外事件。在本章中，我将从关于公司的新闻报道中广受关注的收益报告入手，再讨论发布频率相对较低但更为重要的与新增投资、融资（借款或发行新股）活动以及现金返还计划（发放红利或股票回购）相关的公告，以此来继续探讨有关公司的新闻会如何影响故事和估值。

## 信息效应

即便你不相信高效市场这一观点，你也能观察到市场会随新信息的发布而波动。新的市场信息会拉低或抬高股价，唯一存在争议的问题是：你所看到的股价变动在方向（利好或利空）和幅度方面是否与新闻一致。新闻报道也会影响公司故事。正如我在上一章中提及的，在某些情况下它们会彻底改变故事的发展轨迹，在另一些情况下，它们只会导致轻微的改变，而在极端情况下，它们则会导致故事的终结。

在本章中，我将从收益报表入手探讨公司新闻是如何对公司故事产生影响的。在全球的一些国家和地区（包括美国），公司的收益报表每季度发布一次，而在其他的国家和地区则是每半年或每年发布一次。然后，我会探讨一些并非经常发布的公告对公司故事的影响。这些公告包括公司发布的关于投资决策（尤其是收购）、融资行为（增加或偿还债务）以及股息（首次发放或者停止发放，增加或者减少，广义上还包括回购）的公告。在最后一部分，我会重点探讨公司治理方面的新闻，尤其是公司丑闻会如何影响人们对公司的看法（和公司故事），以及投资者群体的变化（尤其是激进投资者的加入和退出）为何会改变一个公司的故事。当你在阅读这一章时，需要注意的一点是，拥有公司内部消息来源既有优点也有缺点，优点在于你可以获取到其他大部分投资者所无法获取的信息；缺点是公司内部消息源必然存在偏见，尤其是当公司陷入危机的时候。

## 收益报告与故事

很多公司（尤其是美国公司）每个季度都会经历一个财报季，也就是需要报告季度收益的时候。这些收益报表是关于公司的被分析得最多，也是最受期待的新闻报道。卖方股票分析人员要花费大量时间从收益报表中估算出可获收益，公司的高层管理人员也要花费同样多的时间尽量防止人们对公司抱有过高的预期。当收益报告发布之后，大家会根据预期值来衡量公司公布的每股收益，其如果超出预期，则被视为正收益，如果低于预期，则被视为负收益。

收益报告发布前后发生的诸多事件都与定价过程有关。收益报告对公司股票价格的影响与收益报告中的意外成分相一致，正面的意外将引发积极的价格反应，负面的意外将引发消极的价格反应。因此，公司越来越倾向于在收益和支出账目上发挥自主权，以便“管理”收益，使其收益报告中呈现的结果超出人们的预期。有证据显示，由于公司学会了美化收益报表，市场对于收益报告的反应也变得愈加复杂。例如，如果一家公司设法使每季度的收益报表中呈现出的每股收益都超出预期值5美分，那么一段时间之后，市场就会将衡量超常收益的门槛在分析师期望值的基础上提高5美分。

如果你是一名投资者，且对定价游戏不感兴趣，而是更看重公司的内在价值，那么你会以迥异于证券交易员的眼光去分析收益报告。你不会关注报告中的每股收益是否达到或超过期望值，而是会在报告中寻找可能改变你为该公司创建的故事，并进而改变你对该公司的估值的信息。图12–1概括了如何利用故事框架来改变你的故事，从而反映收益报告中的信息更新。

正如你所看到的，这种估值方法可能会使你对某份收益报告做出与证券交易员完全不同的反应，后者更关注的是超常收益。即使收益报告中的每股收益高于期望值（从股票价格方面来看是好消息），你的故事也可能出现消极的变化，导致你在公司股票价格上升的情况下降低对公司的估值。同样，当收益报告中的收益低于期望值时，你的故事也可能出现积极的变化，这又会再次导致股票价格与你的估值出现偏差。

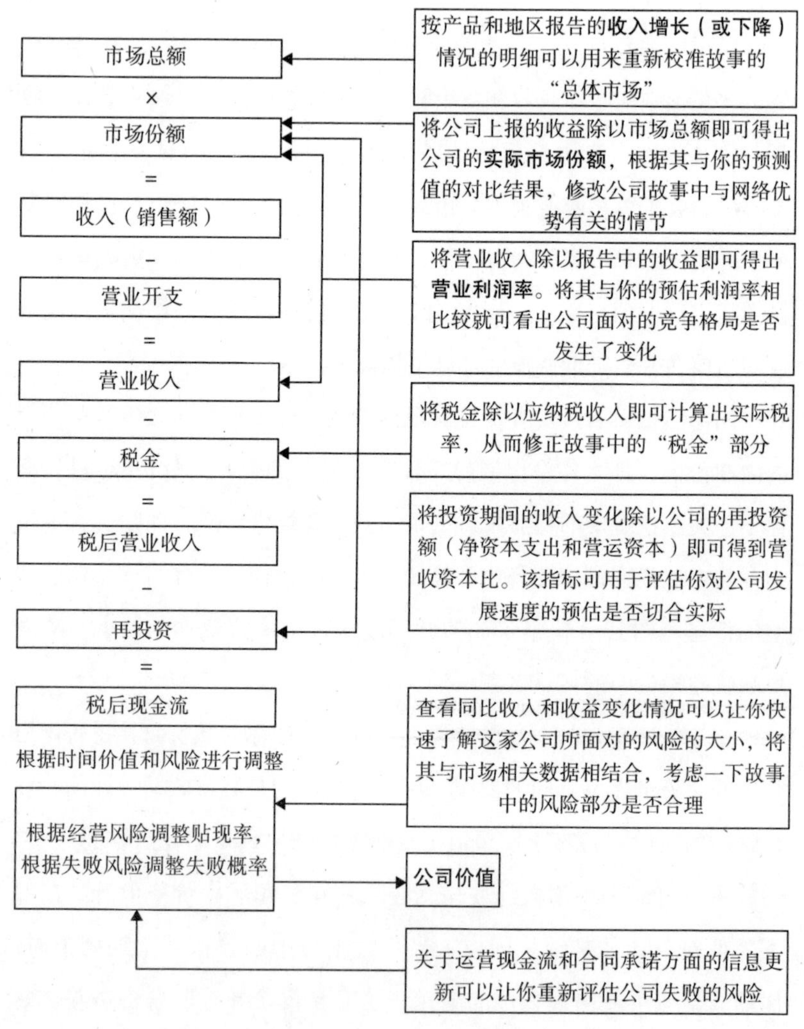


图 12–1　收益报告和故事

## 案例研究 12.1：收益报告和故事变化——以脸书为例（2014 年 8 月）

在2012年2月脸书IPO之前，我对脸书的估价为约每股27美元，并认为在此次募股中，其每股38美元的股票价格存在定价过高的问题。发行价格的反响不温不火，看上去我的判断似乎是正确的，但实际上我的理由是错误的。脸书IPO效果不理想的原因不在于定价过高或市场不看重这只股票，而在于脸书投资者的自负。他们不仅认为股票无须推销即可售出，还主动拒绝为公司创造故事。尽管我最初的估值在事后看来很保守，但我做出这一估值是因为我坚信脸书会在保持其超高利润的同时，像谷歌一样在在线广告业务方面取得成功。表12–1显示了脸书IPO前我讲述的脸书故事及据此得出的估值。

表 12–1　脸书——明日之谷歌

| 故事 | | | | |
|---|---|---|---|---|
| 脸书是一家社交媒体公司，其将利用庞大的用户群体成就一个新的在线广告界的传奇，其规模将发展到与谷歌相差无几，其发展方式和盈利能力也与早期的谷歌相当 | | | | |
| 假设 | | | | |
| | 基准年 | 1~5 年　6~10 年 | 10 年后 | 关联的故事情节 |
| 收入 | 371.1 亿美元 | 40.00% → 2.00% | 2.00% | 谷歌式发展 |
| 税前营业利润率 | 45.68% | 45.68% → 35.00% | 35.00% | 竞争压力 |
| 税率 | 40.00% | 40.00% | 40.00% | 保持不变 |

（续表）

| 假设 | | | | |
|---|---|---|---|---|
| | 基准年 | 1~5 年　6~10 年 | 10 年后 | 关联的故事情节 |
| 再投资 | — | 营收资本比 1.5 | 再投资比例 = 10.00% | 营收资本比与行业平均水平持平 |
| 资本成本 | — | 11.07% → 8.00% | 8.00% | 在线广告行业的风险 |

**现金流**（单位：百万美元）

| | 总收入 | 营业利润率 | 息税前利润（1–t）* | 再投资 | 公司自由现金流 |
|---|---|---|---|---|---|
| 1 | 5 195 | 44.61% | 1 391 | 990 | 401 |
| 2 | 7 274 | 43.54% | 1 900 | 1 385 | 515 |
| 3 | 10 183 | 42.47% | 2 595 | 1 940 | 655 |
| 4 | 14 256 | 41.41% | 3 542 | 2 715 | 826 |
| 5 | 19 959 | 40.34% | 4 830 | 3 802 | 1 029 |
| 6 | 26 425 | 39.27% | 6 226 | 4 311 | 1 915 |
| 7 | 32 979 | 28.20% | 7 559 | 4 369 | 3 190 |
| 8 | 38 651 | 37.14% | 8 612 | 3 782 | 4 830 |
| 9 | 42 362 | 36.07% | 9 167 | 2 474 | 6 694 |
| 10 | 43 209 | 35.00% | 9 074 | 565 | 9 509 |
| 终止年 | 44 073 | 35.00% | 9 255 | 926 | 8 330 |

**价值**（单位：百万美元）

| | |
|---|---|
| 终值 | 138 830 |
| 现值（最终价值） | 52 832 |
| 现值（未来 10 年的现金流） | 13 135 |
| 营业资产价值 = | 65 967 |
| –负债 | 1 215 |

（续表）

| 价值（单位：百万美元） | | |
|---|---|---|
| + 现金 | 1 512 | |
| 股权价值 | 66 284 | |
| – 期权价值 | 3 088 | |
| 普通股的股权价值 | 63 175 | |
| 股份数目 | 233.1亿 | |
| 每股股价 | 27.07（美元） | 发行价为每股 38 美元 |
| * 息税前利润（1 – t）=（收入 × 营业利润率）（1 – 税率） | | |

仔细研究脸书从2012年IPO到2014年年末的9份收益报告，你会发现市场反应在这段时间发生了巨大的变化，如表12–2所示。

由于脸书IPO的效果不甚理想，影响了市场对其第一份收益报告做出的价格反应，其股票价格下跌了25个百分点。实际上，在这份报告公布后，脸书的股票价格猛跌至低于20美元，因此我重新对脸书进行了一次估值。我认为我最初的故事不需要改变，并且在我看来，这家公司的价值被低估了。能够在脸书处于低谷时期看清这一点，我感到非常幸运。因为下一个季度，脸书就在市场上时来运转了，而且其股票价格在随后一年增长了一倍。在2013年8月的收益报告出炉后，我再次考虑了对脸书的估值，在对我的故事进行调整之后，我估算出其每股价格为 38 美元，这让我得出一个结论：该股票价格的最高值为45美元，因此在价格上涨到45美元时卖出将是明智之举。

从各季度的收益数据中可以看出，毋庸置疑，脸书对于美化收益报表已是得心应手。根据收益报表，2012年至2014年，有7个季度脸书的收入和每股收益超出了预期值。

**表12–2　脸书2012年至2014年的收益报告**

| | 收入 | | | 营业收入/利润率 | | 每股收益 | 价格反应 |
|---|---|---|---|---|---|---|---|
| 报告日期 | 实际值（百万美元） | 预估值（百万美元） | 超常百分比 | 收入（百万美元） | 利润率 | 超常百分比 | 一周后 |
| 2012年7月26日 | 1 184 | 1 157 | 2.33% | （743.00） | –62.75% | 54.02% | –25.35% |
| 2012年10月23日 | 1 262 | 1 226 | 2.94% | 377.00 | 29.87% | –137.74% | 8.77% |
| 2013年1月30日 | 1 585 | 1 523 | 4.07% | 523.00 | 33.00% | 25.00% | –7.01% |
| 2013年5月1日 | 1 458 | 1 440 | 1.25% | 373.00 | 25.58% | 16.88% | –1.13% |
| 2013年7月24日 | 1 813 | 1 618 | 12.05% | 562.00 | 31.00% | 47.73% | 38.82% |
| 2013年10月30日 | 2 016 | 1 910 | 5.55% | 736.00 | 36.51% | 36.00% | 0.22% |
| 2014年1月29日 | 2 585 | 2 354 | 9.81% | 1 133.00 | 43.83% | 1.01% | 16.18% |
| 2014年4月23日 | 2 502 | 2 356 | 6.20% | 1 075.00 | 42.97% | 47.06% | –2.57% |
| 2014年7月23日 | 2 910 | 2 809 | 3.60% | 1 390.00 | 47.77% | 22.45% | 4.75% |

对于脸书，市场还会关注其用户群的规模及其发展，以及在移动领域的收入增长方面所取得的成功。在表12–3中，我列出了脸书从IPO到2014年8月的相关数据和每个季度的投资资本（通过将债务和股权的账面价值相加再除去现金来计算），并估算了其资本效率（以营收资本比的形式呈现）。

表12–3　脸书用户数与估值

| 报告日期 | 活跃用户数（百万人） | 移动端活跃用户数（百万人） | 移动端收入百分比 | 净收益（百万美元） | 资本（百万美元） | 最近12个月的营收资本比 |
|---|---|---|---|---|---|---|
| 2012年7月26日 | 955 | 543 | — | （157） | 3 515 | 1.23 |
| 2012年10月23日 | 1 010 | 604 | — | （59） | 4 252 | 1.09 |
| 2013年1月30日 | 1 060 | 680 | 23.00% | 64 | 4 120 | 1.24 |
| 2013年5月1日 | 1 100 | 751 | 30.00% | 219 | 4 272 | 1.28 |
| 2013年7月24日 | 1 150 | 819 | 41.00% | （152） | 3 948 | 1.55 |
| 2013年10月30日 | 1 190 | 874 | 49.00% | 425 | 4 007 | 1.71 |
| 2014年1月29日 | 1 230 | 945 | 53.00% | 523 | 4 258 | 1.85 |
| 2014年4月23日 | 1 280 | 1 010 | 59.00% | 642 | 4 299 | 2.07 |
| 2014年7月23日 | 1 320 | 1 070 | 62.00% | 791 | 4 543 | 2.20 |

该表格说明了这一时期脸书获得成功的关键：在用户群已然十分庞大的基础上，脸书继续致力于增加用户数量，促进了在线用户数量的大幅增长和广告业务的蓬勃发展，并提高了资本效率（从不断增长的营收资本比中可以看出）。2014年8月的收益报告也提供了大致相同的信息：用户数量持续增长、移动端广告收入继续增加和利润率继续提高。看着这份报告，我不得不得出这一结论：我所讲述的脸书故事是错误的，原因如下。

1.对于脸书在移动领域取得的成功，我最初的反应是，作为一家成功的在线广告公司，脸书需要实现这样的增长，才能续写其成功故事。但是脸书在移动市场上的增长速度确实出乎了我的意料。事实上，就脸书在2014年8月的业绩来看，我认为脸书很可能将取代谷歌成为在线广告之王，并继续保持其利润率。因此，我需要略微修改我的脸书故事。在修改后的故事中，脸书将拥有更大的在线广告市场份额、更高的收入增长率以及更稳定的营业利润率。

2.现有用户群规模之大固然令人惊讶，但更令人惊讶的是在此基础上其用户群还能实现势不可当的增长。用户群是脸书最有价值的资产和发展平台，脸书可以凭借其打入新市场并在其中销售产品和服务。从2012年到2014年，脸书一直致力于花费大量资金以不断扩大用户群体，并从中获利。这一策略的缺点在于，实现用户增长的成本很高，而其优点在于，脸书确定了自己的定位，即利用用户群来实现盈利。尽管收入细目还没有反映出其在业务上的扩张，但是我认为脸书在2014年8月对故事进行修改比在之前一年或两年的时候进行修改效果会更好。

2014年8月，我更新了对脸书的估值，其中就反映了上述这些调整。将提升后的目标营收额（从600亿美元变为1 000亿美元）和更稳定的利润率（从35%变为40%）考虑在内，我对脸书的营业资产估价为1 320亿美元，这一估价是我在IPO时估计的650亿美元的两倍多，并且我估算其每股股价将接近70美元。我是否曾后悔以45美元的价格售出该公司的股票？有一瞬间，我确实感到后悔，但是我又想到，这也是在提醒我对故事保持开放态度，倾听那些对我的估值持不同意见的人的看法。

## 其他的公司新闻

除了收益报告之外，公司也会出于其他原因发布一些或好或坏的公告。虽然这些公告出现的频率没有收益报告高，但是它们包含的新信息经常会对公司价值产生更大的影响。从广义上讲，几乎所有重要的公司公告都可以被归为三类新闻：投资类（增加新资产、剥离旧资产或更新现有资产）、融资类（筹集新资金或偿付旧筹资）和股息类（以股息或股票回购的形式减少或增加返还给投资者的现金）。

### 投资类新闻

理解投资公告的最佳方式是参照资产负债表进行解读，并将这些公告视为对资产负债表中资产部分的重组（见图12–2）。

从这个角度看，公司可以在资产负债表上增加新的资产（通过推进新项目或进行收购），或者撤除现有的投资项目（通过清算或剥离现有业务）。公司也可以提供关于当前正在进行的项目的可能导致重新估值的投资信息。总之，公司可以强化或者改变其现有的故事。

收益能力和现有资产的价值

新增业务（推进新项目和收购行为）

对现有业务进行剥离和清算

| 资产 | 债务及股权 |
|---|---|
| 在用资产（已做出的投资） | 债务（借来的资金） |
| 增长性资产（未来投资） | 股权（你自己的资金） |

进入新市场（新的地理区域或开展新业务）

**图12–2　投资新闻与公司故事及价值**

在出现新投资行为或在资产剥离的情况下，你必须跟踪了解这些行为对公司故事及其估值的影响。因此，当特斯拉宣布将斥资近50亿美元新建一家电池厂时，这一消息就改变了我关于该公司的故事。过去我认为该公司是一家豪华汽车公司，现在我认为它是一家整合了能源业务的汽车公司。同样的道理，当通用电气在2015年宣布其将出售其旗下的金融子公司通用金融时，你也会大幅更改你关于该公司的故事，因为这一公告意味着通用电气剥离了其最大的业务部门之一。

收购是公司能做出的最重大的投资决定之一，原因有二。其一是规模，收购的资金规模往往比内部投资要大得多（就所耗资金而言）。其二是公司做出收购决定背后的原因有很多，而收购可以极大地改变故事的发展趋势（朝着好的或坏的方向）。例如，2009年，印度的大众汽车制造商塔塔汽车收购了豪华汽车制造商捷豹路虎，这一事实改变了人们关于后者的故事。图12–3呈现了在故事框架中收购对相关的故事情节造成的影响。

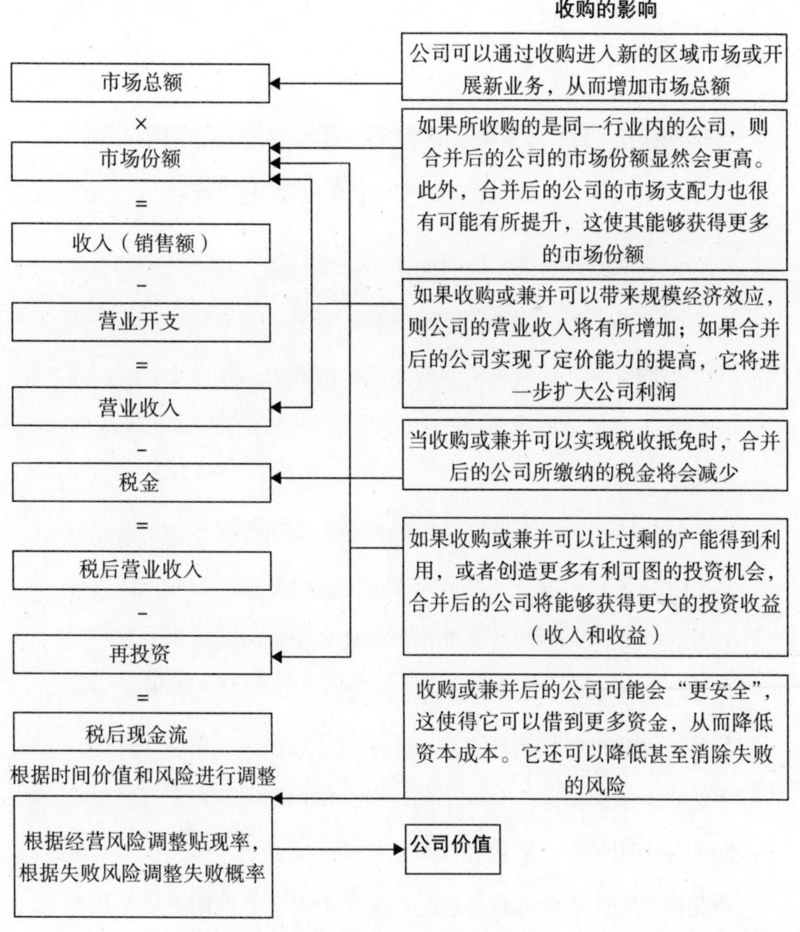


图12–3　收购对故事与数字的影响

请注意，图12–3中列出的所有故事情节变化几乎都是正向的，这可能会导致你得出一个结论：收购一定会导致公司价值的增加。但在得出这个结论之前，你应该考虑到，收购对买方股东的影响体现在净收购价格上。因此，尽管收购很有可能给公司的故事（及其价值）带来正向的改变，但如果收购价格过高，买方股东的收益情况将不如以前。

---

## 案例研究12.2：百威英博啤酒集团和南非米勒酿酒公司——一个关于合并的故事

2015年9月15日，全球最大的啤酒制造公司百威英博宣布有意收购全球第二大啤酒酿造商南非米勒。最开始，市场呈现出积极的反应，百威英博和南非米勒的股价都在上涨。图12–4描绘了这一交易的关键细节信息，包括背后的原理和可能的结果。

假设你是百威英博的一名投资者，你可以思考一下这笔交易会让你关于这家公司的故事发生怎样的改变。百威英博以飞速成长、无可匹敌的效率和削减成熟业务的运营成本的能力而闻名，其收购墨西哥啤酒制造商莫德洛公司并成功使其转亏为盈的示例便很好地体现了这一点。该公司还由一家总部位于巴西的私募基金集团（3G）协同运营，该集团以其在资本配置方面的能力而闻名。尽管收购南非米勒的交易规模远大于百威英博此前所有的收购项目，但它确实符合百威英博削减成本和力求高效的运作模式。

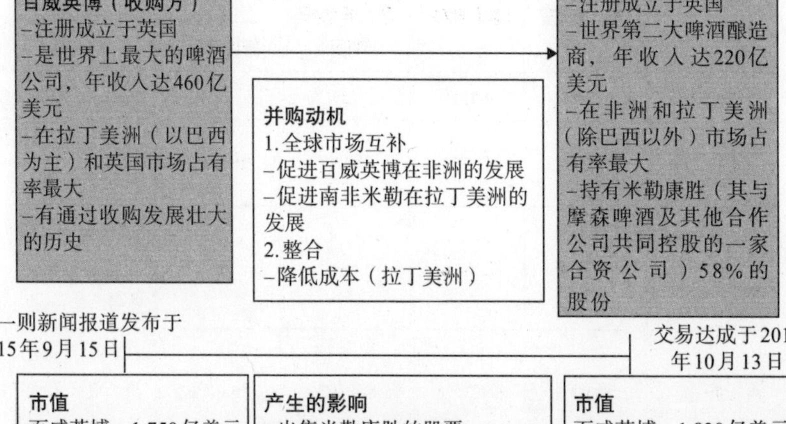


**图 12–4　百威英博收购南非米勒一案**

在表 12–4 中，我总结了将百威英博的效率模式引入南非米勒会如何改变合并后的公司的价值，以及并购带来的协同效应。

**表 12–4　百威英博收购南非米勒一案中的协同效应**

| | 百威英博 | 南非米勒 | 合并后的公司（无协同效应） | 合并后的公司（有协同效应） | 行动 |
|---|---|---|---|---|---|
| 股本成本 | 8.93% | 9.37% | 9.12% | 9.12% | — |
| 税后负债成本 | 2.10% | 2.24% | 2.10% | 2.10% | — |

（续表）

| | 百威英博 | 南非米勒 | 合并后的公司（无协同效应） | 合并后的公司（有协同效应） | 行动 |
|---|---|---|---|---|---|
| 资本成本率 | 7.33% | 8.03% | 7.51% | 7.51% | 预期无变化 |
| 营业利润率 | 32.28% | 19.97% | 28.27% | （30.00%） | 削减成本，获得规模效益 |
| 税后资本回报率 | 12.10% | 12.64% | 11.68% | （12.00%） | 削减成本，同时提高资本回报率 |
| 再投资率 | 50.99% | 33.29% | 43.58% | （50.00%） | 在共有市场上进行更积极的再投资 |
| 预期增长率 | 6.17% | 4.21% | 5.09% | （6.00%） | 再投资带动增长率的提升 |
| **公司价值**（百万美元） | | | | | |
| 公司自由现金流的现值呈高速增长 | 28 733 | 9 806 | 38 539 | 39 151 | — |
| 最终价值 | 260 982 | 58 736 | 319 717 | 340 175 | — |
| 营业资产的价值 | 211 953 | 50 065 | 262 018 | 276 610 | 协同效应的价值 =14 591.76 |

假设百威英博能够将其削减成本的经营模式引入南非米勒酿酒公司，则合并后的公司的预期营业利润率将从28.27%提高到30%（每年削减成本达13亿美元左右），从而使合并后的公司从新投资项目中获得的税后回报率从11.68%提升到12%。更

高的再投资率（从43.58%提高到50%）有利于合并后的公司在合并后的市场中找到更多的投资机会，这又将预期增长率从5.09%提高到6%。虽然这些变化按百分比来算很小，但现在的情景是，世界上最大的啤酒厂收购了世界第二大啤酒厂，其市场份额变化或收入增长的百分比很难出现巨大的变化。我预估这笔交易的协同效应价值为 146 亿美元，前提是它能立即生效。

但需要注意的是，百威英博为收购南非米勒支付了近300亿美元的溢价，这清楚地说明了我早前提出的关于收购价格对价值的创造与毁灭起到决定性作用的观点。如果我对并购交易协同作用的估值比较准确的话，这笔交易将为百威英博的股东创造约146亿美元的价值，但为收购南非米勒而支付的300亿美元的溢价将导致这些股东共亏损约154亿美元。如果这笔交易真的导致了价值摧毁，那么它还将彻底颠覆关于百威英博的另一个故事：3G以高超的资本配置能力而闻名。

---

**融资类新闻**

当一家公司宣布要借入更多资金或要偿还债务时，其采取的行动会直接或间接地改变你关于这家公司的故事。

首先考虑借入更多资金的公告，如果你是一名投资者，这一公告对你关于该公司的故事产生的影响既有好的一面，也有坏的一面（见图12–5）。从好的方面来看，公司可以利用债务增加带来的税费优惠，节省债务方面的税费开支，增加公司的价值。从坏的方面来看，借入资金不仅增加了违约（失败）的可能性，而且还可能为公司的运营带来不利的影响，如果客户认为这家公司陷入了财务困境，他们就会停止购买其产品。因此，当一家公司增加债务时，这一行动会影响你讲述的故事，改变公司的收入增长潜力、税费优惠以及投资风险等方面的故事情节，其净效应可能为正面的，也可能为负面的。

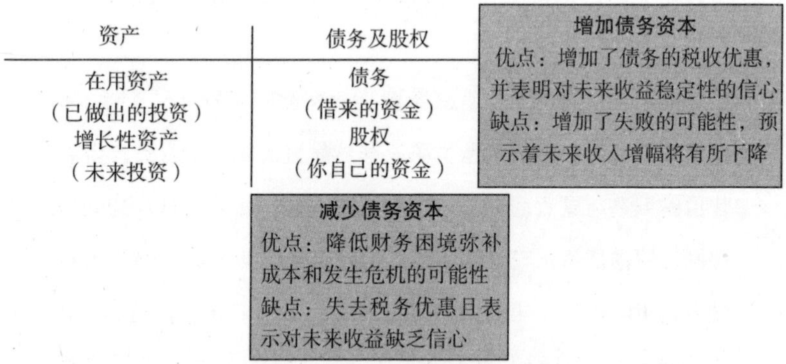

| 资产 | 债务及股权 |
|---|---|
| 在用资产<br>（已做出的投资）<br>增长性资产<br>（未来投资） | 债务<br>（借来的资金）<br>股权<br>（你自己的资金） |

**增加债务资本**
优点：增加了债务的税收优惠，并表明对未来收益稳定性的信心
缺点：增加了失败的可能性，预示着未来收入增幅将有所下降

**减少债务资本**
优点：降低财务困境弥补成本和发生危机的可能性
缺点：失去税务优惠且表示对未来收益缺乏信心

**图12–5　融资决策与公司价值**

偿还债务的公告也会影响你的故事。这一行为降低了公司利息支出的节税潜能，同时还可能被一些投资者（合理地或不合理地）视为公司管理层对未来收益和现金流缺乏信心的征兆。这一行动可能预示着公司会在接下来采取一系列行动将公司故事转变为一个低风险性的故事。

---

### 案例研究12.3：苹果公司的债务决策

2013年4月，苹果公司宣布首次发行债券，并成功借此从市场中筹资170亿美元。鉴于当时该公司的市值超过5 000亿美元，其发行债券的规模相对较小，很难对公司的价值产生很大影响。然而，利用债券市场融资的决定确实有可能以某些方式改变公司的故事，从而对公司价值产生更大的影响。

有些投资者认为从苹果公司的历史和公司文化来看，公司管理层永远不会借入资金。对于这些投资者来说，苹果公司发行债券这一决定是个好消息，因为这一行为可以让公司享受到其之前未利用到的税费优惠。与此同时，对于那些相信苹果可能会回到之前十年的高速增长轨道，并推出源源不断的新产品的投资者而言，这可能是个坏消息。因为这一决定表明，苹果公司的管理层并非像他们一样持乐观态度。可以想见，苹果公司发行债券后并未在金融市场上引起太大反响，苹果的股价在公告发布后几乎没有变化。

---

**股息、股票回购和现金余额新闻**

投资者投资公司以获得回报，当公司以股息和股票回购形式返还现金给股东时，即表示这些投资取得了回报。因此，当公司宣布它们向股东返还的现金数额和返还现金的方式将发生变化时，你就需要调整你的公司故事和估值了（见图 12–6）。

如果一家公司决定返还更多的现金量，这对你的公司故事可能是好消息，也可能是坏消息，具体取决于你最初为公司构建的故事架构。因此，如果你对这家公司的最初看法是，它是一个投资机会巨大的高速增长型公司，那么，当公司宣布首次发放股息或增加股息时，这可能会导致你的故事中关于公司收入增长潜力的情节出现负面的变化。如果你对这家公司的最初看法是，它是一家发展成熟但投资机会较少的公司，公司现有的管理模式不仅阻碍了现金的利用，而且可能造成了现金浪费（例如进行了不良投资），那么该公司决定增加返回给股东的现金量可能表明公司的管理模式发生了利好转变，这将导致你的故事中的相关情节出现乐观积极的改变（并提高公司的价值）。

| 资产 | 债务及股权 |
|---|---|
| 在用资产<br>（已做出的投资）<br>增长性资产<br>（未来投资） | 债务<br>（借入资金）<br>股权<br>（你自己的资金） |

**提高股息**
优点：表明对未来收益稳定性和保持现有股息水平能力的信心
缺点：运营过程中留有过多现金，预示着未来收入增长将放缓

**减少股息**
优点：改善现金头寸状况，减少危机和风险
缺点：对未来收益回涨缺乏信心

**提高股票回购率**
优点：现有资产现金流状况良好
缺点：没有利用过剩现金做出增长性投资

**图 12–6　股息决策与公司价值**

将现金返还给投资者的方式有两种，第一种是通过股息，第二种是通过股票回购。当公司改变其原先的现金返还模式时，他们的行动可能会透露出一些信息，而这些信息会影响你对该公司的故事和估值。当一家以前只支付股息的公司开始进行股票回购时，你需要想到该公司对未来收入增长的信心可能不如以前。毕竟，相对于股息而言，股票回购最大的优势之一，就是你可以更灵活地选择你返给投资

者的现金量以及返还的时间。相反，当一家过去只以股票回购形式返还现金的公司决定采用股息返还现金时，其弦外之音可能是该公司认为其收益流的稳定性相较以前有所提高。

---

### 案例研究 12.4：慢动作的故事变化——IBM 的 10 年回购

在20世纪的大部分时间里，IBM一直都是世界上发展最迅速的公司之一，作为当时世界领先的大型机计算公司，其长期保持了两位数的增长速度。在20世纪80年代，个人电脑的发展抑制了 IBM 的增长，导致该公司在这10年间的后半段陷入了巨额亏损的泥沼。关于IBM起死回生的故事，大家都耳熟能详。20世纪90年代，路易斯·格斯特纳主导了IBM的重塑，将其打造为一家商业服务公司，并抓住科技发展这股浪潮再次实现了增长。在21世纪早期，随着科技泡沫的破裂，IBM又要重新开始抢夺市场份额。

尽管关于我所讲述的IBM的故事没有包含上面这一阶段，但在过去10年的大部分时间里，该公司一直保持着同样的行事方式，即选择以股息和股票回购的形式返还大部分收益。在表12–5中，我列出了IBM的收益和现金回报数据，以及该公司未偿付的净发股票。

在这段时间内，IBM的现金返还总额占其总收益的128.43%，现金返还方式主要为股票回购。尽管 IBM 在此期间的确报告了净收益的增长，但伴随而来的是收入的下降和净发股票数量的大幅下跌。

表12–5　IBM的历史收入数据及股份数据

| 年份 | 收入（百万美元） | 净收入（百万美元） | 股息（百万美元） | 股票回购（百万美元） | 现金返还（百万美元） | 现金返还/净收入 | 股份（百万） |
|---|---|---|---|---|---|---|---|
| 2005 | 91 134 | 7 934 | 1 250 | 8 972 | 10 222 | 128.84% | 1 600.6 |
| 2006 | 91 423 | 9 492 | 1 683 | 9 769 | 11 452 | 120.65% | 1 530.8 |
| 2007 | 98 785 | 10 418 | 2 147 | 22 951 | 25 098 | 240.91% | 1 433.9 |
| 2008 | 103 630 | 12 334 | 2 585 | 14 352 | 16 937 | 137.32% | 1 369.4 |
| 2009 | 95 758 | 13 425 | 2 860 | 10 481 | 13 341 | 99.37% | 1 327.2 |
| 2010 | 99 870 | 14 833 | 3 177 | 19 149 | 22 326 | 150.52% | 1 268.8 |
| 2011 | 106 916 | 15 855 | 3 473 | 17 499 | 20 972 | 132.27% | 1 197.0 |
| 2012 | 102 874 | 16 604 | 3 773 | 13 535 | 17 308 | 104.24% | 1 142.5 |
| 2013 | 98 368 | 16 483 | 4 058 | 14 933 | 18 991 | 115.22% | 1 094.5 |
| 2014 | 92 793 | 12 022 | 4 265 | 14 388 | 18 653 | 155.16% | 1 004.3 |
| 2015（LTM） | 83 795 | 14 210 | 4 725 | 4 409 | 9 134 | 64.28% | 984.0 |
| 合计 | 1 065 346 | 143 610 | 33 996 | 150 438 | 184 434 | 128.43%（平均值） | — |

尽管有许多人批评IBM返还了太多的现金，但也有另一种说法认为这符合该公司的一贯做法。面对不断衰退的行业和更少的投资机会，该公司采取了每年进行部分清算的策略，旨在让自己的业务规模逐步精简。如果你是IBM的投资者，且你是根据它会变成一家成长型公司的期望进行的投资，那么你不仅是在与既定事实做斗争，而且是在与一家采取与你在故事中描

述的行为不一致的行为的公司做斗争。与其责怪公司不采纳你的故事（通过再投资实现高速增长），不如根据公司的行为修改你的故事。对于IBM来说，这意味着，随着公司变成一家规模更小、更精简、更有希望盈利的公司，你的故事需要将该公司定位成一个增长缓慢甚至会出现负增长的公司。

## 公司治理新闻

公司的高层管理在设定、维护和改变其公司故事方面起着关键的作用，因此，关于管理层的新闻消息，不论好坏，都会影响公司的故事和价值。在本节中，我将从有关公司的丑闻和不当行为入手，探讨这些事件是如何对公司的故事价值产生重大影响的。然后，我将接着探讨在某些情况下关键投资者或投资者群体的加入或退出会怎样改变公司故事（及价值）。

### 公司丑闻和不当行为

公司有时会因为犯错而登上新闻报道，比如公司或管理层有不当行为，未按规定披露材料信息，或者管理能力不足。这些新闻产生的后果体现在很多层面。首先，它们会分散公司管理层的注意力，因为如果一家公司被指控有不当行为，其管理层需要花很大一部分时间控制损失，这会导致其推迟做出投资和运营方面的决策。其次，如果不当行为升级为违法行为，则这些行为可能导致罚款和费用的产生。再次，当权利受到侵害的客户、股东和供应商对公司提起诉讼，要求其赔偿损失时，他们会把公司置于法律上的危险境地。

所有不当行为都可能让公司付出重大的代价并损害公司的价值，但如果这些不当行为严重到会造成公司故事的改变，则其会造成更持久的损害。原因有三：第一，毋庸置疑，丑闻将有损公司的声誉，而公司故事是建立在公司声誉的基础上的。因此，2015年，当新闻爆出一向以高效和可靠性闻名的大众汽车公司在美国的柴油汽车尾气排放控制测试中作弊时，这一丑闻就很可能改变了其公司故事，进而对估值产生重大影响。第二，公司经营模型中的关键组成部分或多个组成部分可能是建立在有争议的商业行为的基础上的，而一旦这些商业行为被暴露出来，公司就很难再继续按照此模式发展下去了。第三，影响较大的丑闻通常会导致管理层的人员变动，而新的管理者可能会改变公司的根本性策略。

---

### 案例研究12.5：威朗制药的商业模式岌岌可危？

**案例引入：**

**案例研究5.1：制药公司——研发和收益（2015年11月）**

在第5章对制药公司的估值中，我认为，这些公司围绕研发而建立的传统商业模式已经发生了恶化。尽管在过去的10年中，制药公司一直保持了较高的利润率，但研发投资的回报率一直在下降，且这部分投资几乎没有带来收入增长。投资者对此做出了相应的反应，降低了给这些公司的定价，这一点可以从收入和收益的较低增长倍数中看出来。

你必须在这一背景下考虑威朗制药的崛起。威朗制药是一家加拿大制药公司，其在2009年时还是一个“无名小卒”，而到了2015年，其已成为排行榜中名次居高不下的“业内大亨”。在图12–7中，我把该公司2009~2015年期间快速增长的收益和营业收入以图表形式呈现了出来。

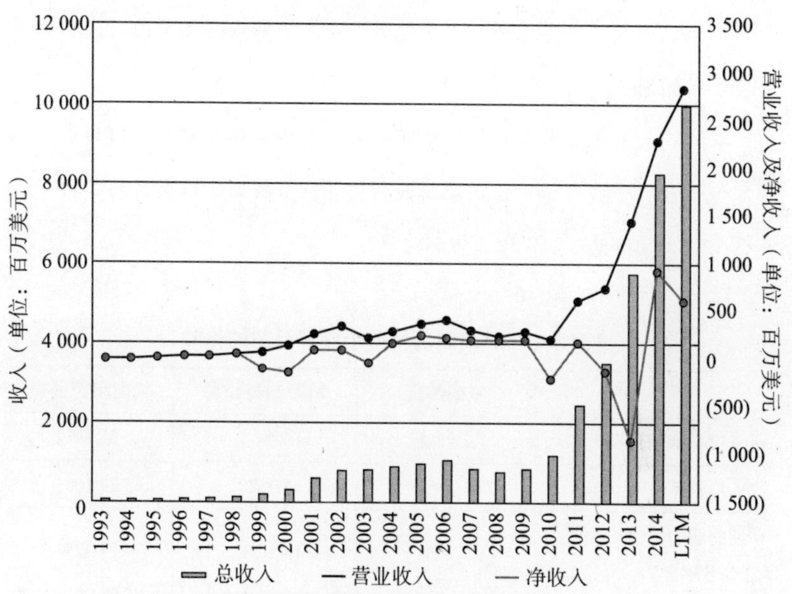


图 12–7 威朗制药的运营史

那么，威朗制药是如何在这个其他制药公司都举步维艰的行业中实现高速增长的呢？如表12–6所示，它采用了与其他制药公司截然不同的发展路径：其研发投资显著低于一般制药公司，而在并购方面投入了大量资金，并借此获取了较高的收入增长率、高额利润率及较高的每股收益增长率。这一策略使威朗制药成为价值型投资者的宠儿，后者将其市值抬高至超过

1 000亿美元。但2015年9月，威朗制药的商业模式受到了冲击，原因有二。

1.该公司在收购其他制药公司后上调了其药品的价格，这引起了政界人士、卫生保健专业人士和保险公司的关注和愤怒。

2.该公司与在线药店菲利多的关系遭到了相关部门的审查。一些人认为，威朗制药利用菲利多将药品以高昂的价格出售给病人、保险公司和政府。

**表12–6 威朗制药与整个制药行业的比较**

| | 威朗制药 | 所有制药公司 | 大型制药公司 |
|---|---|---|---|
| 研发投资额/销售额 | 2.98% | 16.09% | 15.19% |
| 收入增长率（近5年） | 61.50% | 16.75% | 23.10% |
| 预期每股收益增长率（未来5年） | 22.80% | 18.36% | 14.42% |
| 营业利润率 | 28.32% | 26.09% | 29.08% |
| （根据研发投资校正后的）税前息利润/销售额 | 30.32% | 30.48% | 33.00% |
| 股本回报率 | 11.13% | 15.55% | 18.97% |
| 股息支付率 | 0.00% | 23.36% | 19.86% |
| （股息+回购）/净收入 | 8.26% | 49.13% | 41.75% |
| 实际税率 | 9.84% | 38.89% | 29.75% |

最初，威朗制药尝试为自己的行为辩解，失败后，威朗制药不得不切断了与菲利多之间的贸易往来，但丑闻对公司造成

的损害已无法挽回了。

此次危机使威朗制药过去的成功故事中的两个重要情节遭到了质疑：其一，凭借收购而非研发推动公司发展；其二，其高额利润来自对旧药物进行重新定价。那些先前相信了其财务报表所呈现的面值的分析师，进一步质疑了该公司在财务报表中呈现的收购结果，这使公司很难再在这条经营道路上继续前行。股价逆势上涨并非威朗制药这一家制药公司的特例，但在此次危机中威朗制药被贴上了丑闻的标签，这使得其难以继续维持股价上涨的发展态势，至少在短期内如此。在丑闻发生后的几周内，该公司的市值下跌了70%，这反映了市场的观点，即如果威朗制药被迫遵循更传统的发展模式，加大研发投资力度并在药品定价上涨方面采取谨慎的做法，那么它在经营业绩和定价上就与其他制药公司没什么区别了。

---

## 投资者构成

你可能会认为，作为上市公司的所有者，公司股东们在公司故事中有发言权，但在世界上大多数上市公司中，事实并非如此。部分原因是，在拥有数千名股东的大型上市公司中，股权的分散意味着大多数投资者只持有公司的少量股份，这使得他们对公司的影响力微乎其微。即使是那些持有公司较多股份的股东（通常是机构投资者），也只是被动的投资者，很少或根本没有兴趣去质疑公司现有的商业模式，即便他们内心可能持反对意见。然而，有两类投资者的确有可能改变一家公司的商业模式（以及公司故事），这两类投资者中的任意一类投资者进入一家公司，都有可能会导致公司故事的改变。

- 激进投资者。他们持有资本，并愿意进行长期斗争。他们瞄准的是那些他们认为投资情况糟糕或在不良业务上投资过剩的成熟公司。他们通常会逼迫这些公司的管理层减少投资，增加借贷，并将更多的现金返还给股东，如此一来，他们讲述的公司故事就与那些更倾向于维持现状的管理者所讲述的公司故事相对立。如果知名激进投资者卡尔·伊坎或纳尔逊·佩尔茨加入了一家上市公司的投资者行列，那你就应该重新评估这家公司的故事，以及该公司的价值。
- 战略投资者。他们投资一家公司的目的在于利用这笔投资来实现其他收益。在许多情况下，战略投资者都是其他公司，其选择投资你的公司是因为相信其可以从投资中获得附加利益。如果战略投资者拥有雄厚的资金和与投资对象不同的预期，则此类投资者的加入就很可能会改变你的公司故事。例如，据新闻报道，通用汽车向来福车投资了5亿美元，这不仅会改变你的来福车故事中关于风险的情节（来福车失败的可能性降低），而且会改变故事中关于公司主营业务的情节（增加了来福车从一个纯粹的拼车服务公司转变为一家运营无人驾驶或电动汽车业务的公司的可能性）。

## 小结

公司故事并非恒久不变的经典，它是不断变化的，会受到有关该公司的新闻的影响。有关公司的新闻既包括盈利报告和财务报表，也包括公司投资公告、融资公告和股息政策更新公告。判断这些公告是否会对公司故事和价值产生影响的标准因公告而异，并且这些公告造成的影响可能是积极的，也可能是消极的。市场对这些公告的反应更像是一种定价游戏，一则新闻报道可能导致公司股价发生大幅变化，同时并没有显著影响公司的内在价值，也可能导致公司显著的内在价值变化，而价格效应却微乎其微。如果公司的高层管理者在设定故事的过程中起了一定的作用，那么关于他们的新闻也会影响该公司的价值和价格。

# 第 13 章 从“大视角”进行研究——宏观故事

在之前的几章中，我以几个公司为例，讨论了有关这些公司本身的故事情节变化会如何影响其估值。不过，在某些情况下，影响公司估值的是与宏观经济、利率或大宗商品有关的故事。在本章中，我将重点关注这些宏观的故事，并将它们分成几类，包括会影响所有公司的故事，如利率和通胀，会影响大部分公司的故事，如政治环境和大宗商品价格波动，还有会影响部分公司的故事，如时尚趋势等。

## 宏观故事与微观故事

在一个微观的故事中，你往往会从公司本身入手，考虑该公司所处的市场和竞争格局，你关注的重点始终是这家公司。尽管这类故事对于许多公司而言都比较适用，但对于其他一些公司，你对其的投资可能主要由宏观变量驱动，此时这类关于公司本身的故事就不再适用。毫无疑问，成熟的大宗商品公司便属于后者，商品价格走势决定了其未来的收益，而公司本身能够发挥的影响微乎其微。对于周期性公司而言，情况也是如此，这些公司未来的盈利能力和现金流会受到外部宏观经济形势的决定性影响。最后，在一些风险较大的新兴市场中，公司的故事发展也较少受到公司董事会和管理层决策的影响，更多的是由公司所在国家或地区的政治和经济发展状况决定的。

我必须承认的一点是，比起微观故事，我更不喜欢讲述宏观故事，原因有二。第一，有很多事情我无法掌控，因为宏观变量是由复杂的、全球化的力量驱动的；世界上某个地方发生的很小的变化能够让这些宏观因素发生意想不到的变化。第二，我知道我的宏观预测技巧还有许多有待提升之处。因此，我在故事中构建的任何宏观预测都可能存在问题。

并非所有的分析师都和我一样不喜欢宏观故事。有些分析师对宏观故事趋之若鹜，因为根据正确的宏观预测进行的投资会产生巨额的回报。比如，如果你能够准确地预测油价或利率的变化方向，你就会在盈利之路上走得又快又轻松。近年来，一种新的宏观投资模式已经变得愈加普遍，在这种投资模式下，投资者会预测生活方式的变化趋势，并试图根据这些预测对与生活潮流息息相关的公司进行投资。要弄明白投资者是如何从这种投资模式中获利的，你不妨想象一下，如果你已经预测到了过去几年社交媒体的蓬勃发展，并在早期就对这个领域进行了投资，你现在可能已经积累了巨额财富。事实上，部分对优步和爱彼迎这样的公司进行的投资就来自此类投资者，驱使这些投资者进行投资的主要因素是他们预见了“共享”市场的爆炸式增长，而非关于某一家具体公司的故事。

## 宏观故事构建的步骤

构建宏观故事的过程与我们在前面几章中描述的构建公司故事的过程有一些共同的特点，但也有不同的部分。首先你需要确定并理解所讨论的宏观变量（商品、周期或国家），然后针对你要估值的公司，评估这些宏观变量的变化会如何对该公司产生影响。最后你要做出的判断就是，你的估值在多大程度上依赖你对宏观变量的预测，以及如何将这种关联整合到你的数据之中。

### 宏观评价

如果某公司的财富主要是由一种或多种宏观变量驱动的，那么你应该从确定这种变量或这些变量是什么入手。显然，对于一家石油公司而言，其宏观变量为石油，但对于一家矿业公司而言，其宏观变量可能就没有那么显而易见了。例如：对于巴西矿业公司淡水河谷（我将在本章后面对其进行估值）来说，其主要的大宗商品是铁矿，由此产生的收益占淡水河谷总收益的近3/4，而在最近10年的大部分时间里，铁矿的价格变化基本上是由中国的需求来推动的。对于周期性公司而言，尽管整体经济形势是其很明显的宏观变量，但是你仍然需要判断影响某公司的整体经济变量是指国内经济、更大的经济体（如拉丁美洲）还是全球经济。一旦你确定了宏观变量是什么，接下来你要做的就是收集该变量的历史数据，观察它随时间变化的特征，并考察推动其发生变化的因素。研究宏观变量的历史非常有帮助，因为它不仅可以用来衡量该变量的正常值的形成因素，还能帮助你了解公司可能面对的风险。

**微观评估**

构建宏观故事的第二步就是把你的注意力转移到你想要估值的公司上。在评估公司的风险敞口时，你需要判断宏观变量的波动会如何影响公司的运营。乍一看，这一步似乎很简单，比如，如果油价上涨，则石油公司的预期收益就会升高，但这一步至关重要，因为一家石油公司的组织结构和运营方式可能会对其对油价的风险敞口产生影响。因此，高成本储量的石油公司可能会比低成本储量的石油公司更易受到油价变化的影响，这意味着当油价下跌时，高成本储量的公司会遭受更多损失，而当油价上涨时，则其能从中获益更多。一般而言，对于固定成本较高的石油公司，其收益对油价变化的反应会比成本结构更为灵活的石油公司更加激烈。此外，对于利用期货市场和远期外汇市场来锁定期货交割的石油价格以对冲石油产量风险的石油公司，其收益受石油价格变化的影响与没有进行风险对冲操作的公司相比会更小，至少在短期内如此。

**复合型故事**

第三步，你需要构建一个复合型故事。在该故事中，你要将你对宏观变量的评估以及对目标公司受宏观变量影响的特性的评估融合在一起。不过，在这一步中，你需要确定你的估值究竟是要保持宏观中立还是要反映出你对宏观变量未来走势的看法。因此，对于一家石油公司，你可以根据当前的石油价格（反映在现货价格和期货价格中）

或者你对未来油价的预测来对这家公司进行估值。

如果你决定走宏观中立路线，你必须先根据宏观变量在会计期间至估值时这一时间段内发生的变化对公司财务报表中的数据进行校正。因此，如果你是在2015年3月对一家石油公司进行的估值，而你拿到的最近的财务报表的会计期间是从2014年开始的，那么你应该意识到该财务报表中的公司收入和利润率是在平均油价为每桶70美元的基础上得出的，而在2015年3月油价已降至低于每桶50美元。在根据油价变化进行了校正后的财务报表的基础上进行估值，你才能确保你对未来的预测不会掺杂进你对未来油价变化的看法（可能会偏离市场观点）或者市场专家的观点。

如果你想在估值中反映你对油价的预测，我建议你先进行宏观中立估值，然后使用宏观变量的预测值重新对该公司进行估值。你可能会问为什么需要做两次估值呢？因为这样做可以帮助你和估值报告的受众理解估值结论的基础。通过进行两次估值，你可以清楚地看到，你对公司的估值判断在多大程度上取决于你对公司的看法，以及在多大程度上取决于你的宏观预测。如果在宏观中立的情况下你对必和必拓的估值是每股14美元，而在加入你对大宗商品价格的预测后，你的估值为每股18美元，同时该公司股票的当前交易价为每股15美元，那么你选择买进并推荐他人购买该股票，就都是基于宏观观点做出的选择。如果你推荐的股票一直表现不错，这说明你有相当不错的宏观预测技巧，此时你应该考虑更容易赚钱的途径（如基于对宏观变量的预测买入或卖出期货）。如果你只是做到了收支平衡或者你的股票表现不佳，这就表明你和使用你的估值报告的投资者不应该在宏观预测上浪费时间（和金钱）。

---

### 案例研究13.1：对埃克森美孚的估值（2009年3月）

我在2009年3月对全球最大的石油公司埃克森美孚进行了估值。我对埃克森美孚的基本看法是，它是一家成熟的石油公司，并且尽管2009年3月的油价与前几年相比已经出现了大幅下跌，但对于油价的未来走势我仍然毫无头绪。埃克森美孚公司2008年的税前营业收入超过600亿美元，但这一高收入反映的是当时的高油价，当年的平均油价为每桶86.55美元。截至2009年3月，石油的价格已降至每桶45美元，很显然，这家公司未来的营业收入将会因此下降。

为了预估埃克森美孚石油公司在油价为每桶45美元时的营业收入，我在案例研究5.2中进行了回归分析。我采用1985年至2008年的数据，对埃克森美孚的历年营业收入和历年平均油价进行了回归分析，得出如下结论：

营业收入 = –63.95 亿美元 + 9.1132 亿美元 × 平均油价

$R^2 = 90.2\%$

我将每桶45美元的油价套入这一回归方程，得出的结果是埃克森美孚的预期营业收入为346.14亿美元，这成为我在图13–1中对埃克森美孚进行估值的基础。

我的埃克森美孚的估值故事是，它是一家成熟的石油公司，其收益与油价息息相关。凭借巨大的竞争优势，在维持保守的融资策略（不过度借贷）的前提下，它将获得高于平均水平的资本回报率。

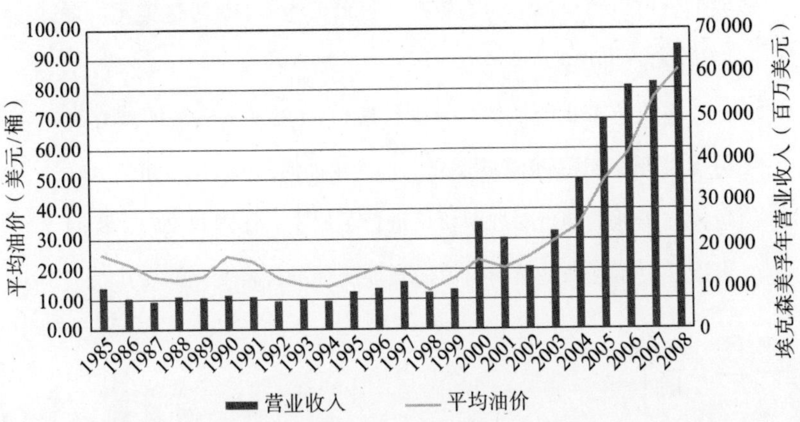


**图 13–1　对埃克森美孚的油价中性估值（2009 年 3 月）**

基于我的故事，我预期该公司的收入增长率将一直保持在 2%。然后，我用经过油价校正的346亿美元的营业收入来计算基准年收入和资本回报率（结果接近21%）。在8.18% 的资本成本率（反映了其作为一家成熟石油公司的特点）下，我对埃克森美孚的经营性资产估值为3 425亿美元。

经营性资产估值：

$$\text{经营性资产价值}=\frac{346.14\times1.02\times(1-0.38)\times1-\dfrac{2\%}{21\%}}{(0.0818-0.02)}$$

$$=3\ 204.72\ \text{亿美元}$$

在该估值结果的基础上加上估值时埃克森美孚所持有的现金（320.07亿美元），再减去其当时的债务（94亿美元）之后，我们就可以得出该公司的资产净值价值为3 430.79亿美元，每股价值为69.43美元。

相比较于我的估值，其现行股价64.83美元，说明埃克森美孚股票的市场估值略微偏低。但无论如何，这反映了市场也以每桶45美元的油价对股票价格进行了修正。在图13–2中，我们可以看出埃克森美孚的价值随石油的标准价格变化而变化。

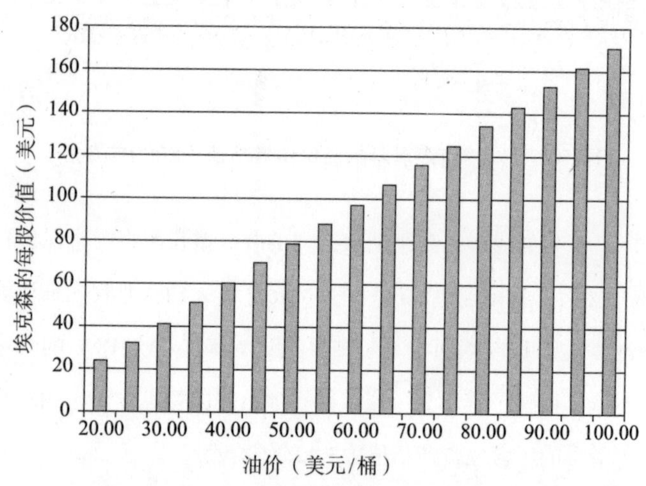


**图13–2　埃克森美孚的每股价值和标准化油价**

随着油价的变化，该公司的营业收入和资本回报率也随之发生变化。在估值时，我将资本投入额视为固定值，并依据预估的营业收入重新估算了资本回报率。如果标准油价为每桶42.52美元，则公司每股价值为64.83美元，与当前股价持平。

换句话说，任何相信油价在2009年3月将稳定在每桶42.52美元以上的投资者都会发现目前市场对埃克森美孚的股票估值是偏低的。

由于埃克森美孚的每股价值在很大程度上是依据油价而定的，所以在估值模型中允许油价发生变动，并依据油价计算公司的估值更为合理。我们可以通过“模拟”这个工具来实现上述目的，它包括以下几个步骤。

**步骤一：确定油价的概率分布。**我使用了经过通胀校正后的油价历史数据来确定油价的概率分布并估算其统计参数。图13–3显示了油价的概率分布情况。

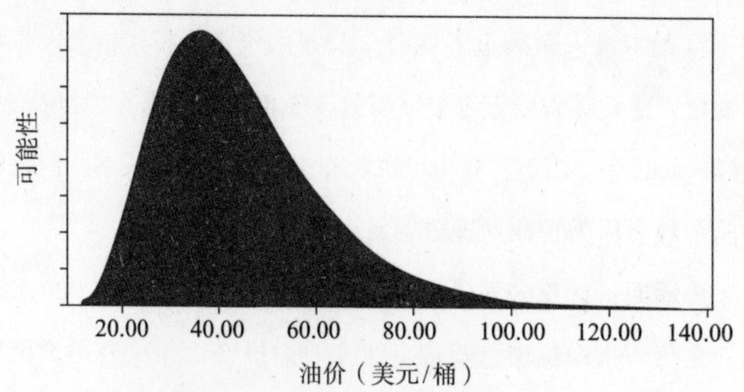


**图 13–3　石油价格的概率分布**

请注意，油价的变动范围为最低每桶8美元，最高超过每桶120美元。我在之前的估值中使用每桶45美元的油价作为概率分布的均值时，但我也可以通过选择一个更高或更低的均值来反映我对油价走势的看法。[1]

**步骤二：将经营业绩与油价联系起来。**为了将营业收入与油价联系起来，我使用了根据埃克森美孚的历史经营数据得到的营业收入对油价的回归方程：

营业收入 = –63.95 亿美元 + 9.1132 亿美元 × 平均油价

在任何给定的油价下，我都能通过将油价代入该回归方程得出埃克森美孚的相应营业收入。

**步骤三：估计随经营业绩变化而变化的公司价值。**当营业收入情况发生改变时，公司价值会在两个层面上受到影响。首先，当营业收入发生变化（其他保持不变）时，公司的基本自由现金流和公司价值也会发生变化。其次，当营业收入发生改变，且资本投入额固定不变时，公司的资本回报率也会发生相应变化。这意味着埃克森美孚需要改变再投资的水平以维持 2% 的稳定增长率。当然，我也可以改变资本成本和增长率，但是将这两个数字作为常数处理更容易说明问题。

**步骤四：计算公司价值的概率分布。**我进行了 10 000次模拟，在每一次模拟中，我都会改变石油价格，并对公司价值和股权价值进行估值。图 13–4 显示了根据模拟结果得到的估值概率分布。

根据模拟出的价值分布，埃克森美孚的平均每股价值为 69.59美元，最低每股价值为2.25美元，最高每股价值为324.42美元。有超过50%的可能性每股价值将低于64.83美元（现行股票价格）。作为一名投资者，这一价值分布模拟为我提供了非常丰富的信息，让我可以通过价值的整体分布情况而非仅依据期望值来决定是否对该公司进行投资。尽管我认为该公司的股票目前似乎估值略低，但我还是选择不购买，部分原因就是模拟出的价值分布结果对我没有足够的吸引力。

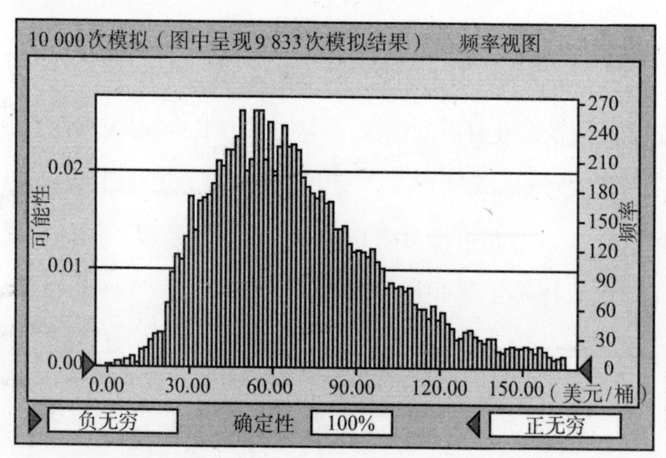


图 13–4　埃克森美孚每股价值按油价的模拟结果

## “大故事”

在构建公司故事时，可以参考的宏观变量有很多，其中最常用的三个变量是商品、周期和国家。

对于第一个常用变量（商品），当你围绕一家商品驱动型公司构建一个故事时，大宗商品价格就是该公司故事的核心变量，因此你需要根据公司对大宗商品价格变动的预期反应来确定估值。对于第二个常用变量（周期），如果你的估值对象是这样一类公司，其经营表现主要受到经济总体健康状况的影响，那么你的故事就应该从经济总体状况入手，然后将公司的发展前景与经济状况的变化趋势联系在一起。对于第三个常用变量（国家），公司价值的驱动因素是公司成立及大部分业务运营所在的国家的情况，与你对公司的看法相比，你对该国的看法对公司价值产生的影响会更大。

### 周期

宏观变量的变化具有周期性，一些周期的持续时间会比其他周期更长。对于大宗商品公司而言，其宏观变量的变化周期可以持续数十年且时长不一，因此很难预测其在下一阶段的情况。例如，图13–5显示了油价从1946年到2016年的变化。

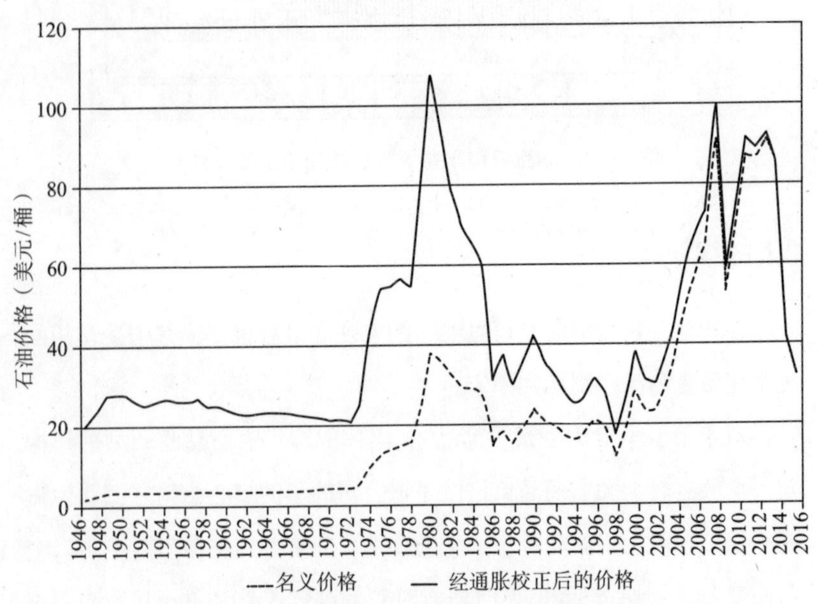


图13–5　1946~2016 年间的石油价格变化周期

大宗商品价格变化周期长的一个原因是勘探决策与储量增长之间存在时间差。因此，如果石油公司决定在2012年或2013年当石油价格还是三位数时购买储量或开始勘探，那么它们会发现等到2014年和2015年开始开采时，油价已然暴跌。因此，大宗商品公司需要时间调整其运营方式以适应新的油价，这就使油价还会再维持一段时间原先的走势。

人们普遍认为经济周期比大宗商品价格变化周期要短，但这种传统观点大多源于20世纪学者对美国经济的研究。这些研究得出的结论是，经济周期比大宗商品价格变化周期更具可预测性。但20世纪下半叶，美国经济在稳定性和可预测性方面的异常现象可能会使这一结论显得不那么可靠。这些现象产生的部分原因是第二次世界大战后美国数十年的繁荣，还有一部分原因是美国在这段时期内在全球经济中处于主导地位。诚然，在20世纪，中央银行在管理经济周期方面更加游刃有余，但在全球化进程中，经济周期极有可能再次发生更加剧烈的变化且变得更难预测。

在国家风险方面，乐观的观点认为，所有国家都会趋同于一个全球标准。然而，这一过程将耗时良久，而且过程中会出现大量偏离标准的国家。即便是那些追求标准态的新兴市场经济体，也有可能遭遇挫折，丢失过去多年的进步成果。例如，在2014年和2015年，4个万众瞩目的新兴市场（巴西、俄罗斯、印度和中国，这4个国家也被称为“金砖四国”）都因不同原因遭遇了危机。投资者对国家风险的衡量指标之一是随时间变化的主权信用违约互换（CDS）。在图13–6

中，我列出了2004年12月至2015年12月金砖四国的主权信用违约互换息差。

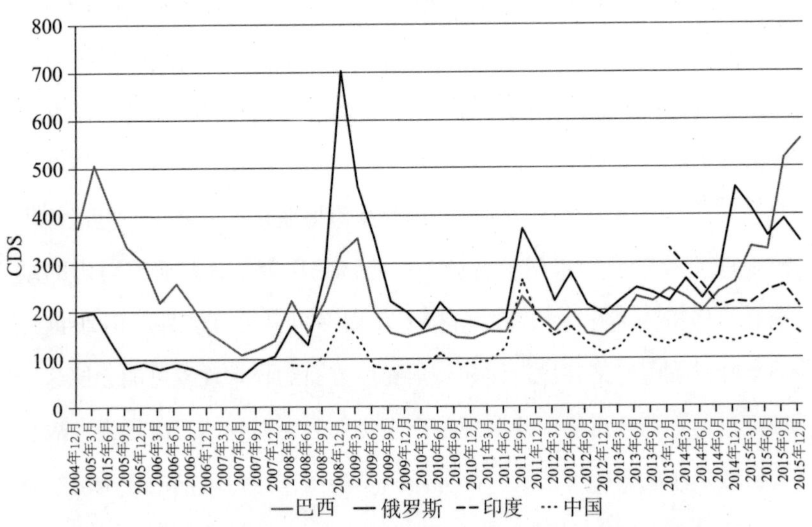


**图13–6 金砖四国的信用违约互换息差（印度CDS自2013年起仅有过一次交易，中国CDS自2008年起也仅有过一次交易）**

### 可预测性

根据我的经验，没有任何一种投资策略的表现会比基于宏观经济预测制定的投资策略更糟糕。对于大宗商品价格，过去50年里，分析师对于价格反转点（某一大宗商品价格扭转跌势开始上行，或正在上涨的商品价格出现下跌）的预期很少出现一致意见。经济周期的历史数据也好不到哪里去。事实上，如果将经济宏观要素细分为利率、通胀和经济增长，你会发现由该领域专家所做出的预测通常并不会比编造的预测或纯粹基于历史数据形成的预测精确多少。而国家风险则会受到从众心理的影响。新兴市场国家在经历了数年的增长和稳定之后，曾被认为完成了向发达市场的过渡，但在经历了危机和修正后又迅速降级为新兴市场。

然而，宏观预测屡屡失败的历史依然未能阻止投资者（个人和机构）继续以宏观预测为基础来进行投资。这其中的原因可能在于，如果恰好预测准确，那么他们就会获得巨大的回报——每年那些正确预测了宏观变量的分析师都会被封为新的市场专家。2015年，那些预测油价将继续下跌的分析师和投资组合经理轻松跑赢了大盘。这么说可能会显得我有些冷嘲热讽，但我认为他们的成功不会长久，总有一天他们会为自负的宏观预测付出代价。

## 策略

在处理宏观故事时，你可以采用以下四种策略：

1. 周期预测：我们不仅要预测未来的发展方向，还要预测未来较长时间内的整体周期变化。采用周期预测的方法，你的预测应该是：油价会在未来 3 年内出现下跌，接着迎来 5 年的上涨，并在之后的 10 年内保持平稳，然后再次出现下跌。或者对于整体经济状况，你的预测应该是：整体经济会在未来2年内保持强劲发展势头，然后在第 3 年经历衰退并在第 4 年出现复苏。

2. 水平预测：我们要尽力对市场的发展方向做出判断。冒着过度简化该流程的风险，我们可以采取以下两种子策略。第一，顺势而为。在这种策略下，你的假设是过去的价格走势会持续到未来。例如，在2016年年初，由于油价已经连续两年出现暴跌，你可能会预测这一趋势将持续下去。第二，逆向投资。在这种策略下，你的假设是价格不会继续当前的变化趋势，而更有可能会发生反转。同理，2016年年初，在油价经历了2年的急剧下跌之后，这一次你可能会预测油价接下来会开始走高。

3. 标准化：采用这种方法，我们需要根据历史定价记录或基本面（大宗商品供需）来预估大宗商品的"标准化"价格。这实际上相当于制定了一个判断标准，根据该标准，如果现行价格低于标准价格，则你会预测价格将出现上扬；如果现行价格高于标准价格，则你会预测价格将出现下跌。

4. 受价者：作为一名受价者，你承认自己无法预测周期或标准化价格。在明知价格会发生变化的情况下，你仍然会按照目前的价格水平对公司进行估值。

那么，你应该选择哪种策略呢？我无法给你一个明确的答案，因为这取决于你的预测能力，但是我可以给你以下三个建议：

1. 明确你的策略选择：如果你决定选择以上四种策略中的其中一种策略，那么你要注意，不要在估值过程中改变策略，并要明确说明在你的公司故事（和估值）中，该策略是如何发挥作用的。

2. 根据选择的策略进行信息的收集和分析：你需要在何处花费时间和资源取决于你所选择的策略。举例而言，如果你选择的是标准化策略，那么在做决定时你不仅要参考历史数据，而且还要考虑可能导致此标准随时间发生改变的影响因素。

3.对估值结果切勿自欺欺人：你对大宗商品价格、周期或国家的看法会影响你对公司的估值。随着你预测的未来变成现实，你不仅会看到你对公司价值的判断是否正确，同时也会看到你的宏观策略是否站得住脚。如果你基于对大宗商品价格走势的预测对大宗商品公司进行了估值，并且最终发现你估值的准确性并不比随机水平要高，那么你应该考虑改变策略。

---

**案例研究13.2：以淡水河谷——一家3C公司为例（2014年11月）**

淡水河谷是世界上最大的矿业公司之一，其主要资产是铁矿，其注册地及总部均在巴西。淡水河谷公司成立于1942年，成立之后一直完全归巴西政府所有，直到1997年才改制为私有化公司。在2004年到2014年之间，巴西的国家风险有所降低，因此淡水河谷将其开采和运营的范围扩大到了巴西以外，这种扩张也在其市值和营业数据（收益、营业收入）上得到了反映。到2014年年初，淡水河谷已成为世界上最大的铁矿生产商，并且无论是在营业收入方面还是在市值方面均成功跻身全球五大矿业公司行列。尽管这种增长趋势长期存在，但由于2014年铁矿石价格下跌，同时国内政治危机诱发了总统大选（第一轮投票于2014年10月结束），又导致了巴西的国家风险有所增加，2014年于淡水河谷而言是异常艰难的一年。图13–7

呈现了这两种宏观因素对公司造成的影响。

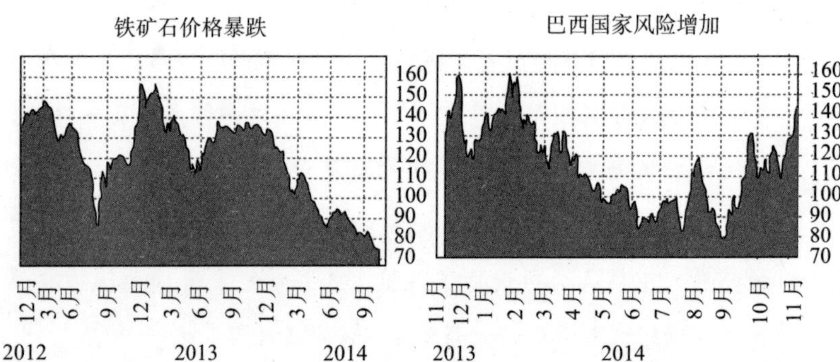


**图13–7　大宗商品价格变动（铁矿石价格暴跌）与国家风险增加对淡水河谷价值的影响**

图13–8显示的是淡水河谷2014年6月至11月的股价，以及与另一家矿业巨头必和必拓的比较结果。尽管大宗商品价格下跌令两家公司都受到了不利影响，但从图13–8可以看出，淡水河谷的股价在这段时间里下跌的幅度超过必和必拓股价下跌幅度的两倍。

淡水河谷股价的下跌有其根本原因，同时，投资者对淡水河谷在大宗商品价格变动和国家风险方面的敞口，以及对公司治理和汇率风险等因素的重大担忧，显然也在其中发挥了作用。

正如图13–9所示，铁矿价格在过去10年的上涨是淡水河谷价值增加的一个重要因素。而这一时期铁矿石价格的升高与2011年中国经济的强劲增长密切相关。

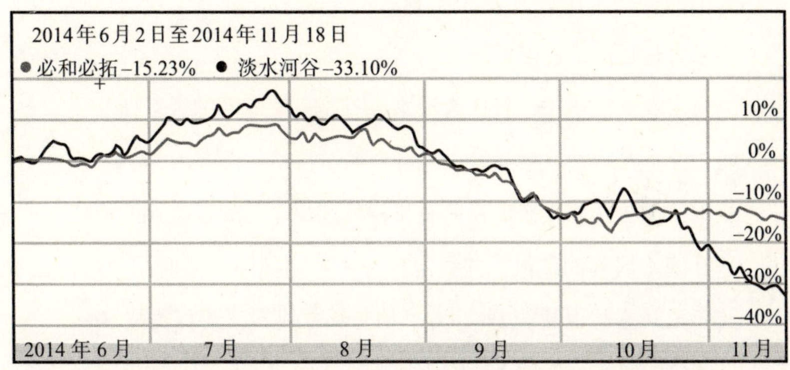


图13-8　2014年6月至11月，淡水河谷与必和必拓股价对比

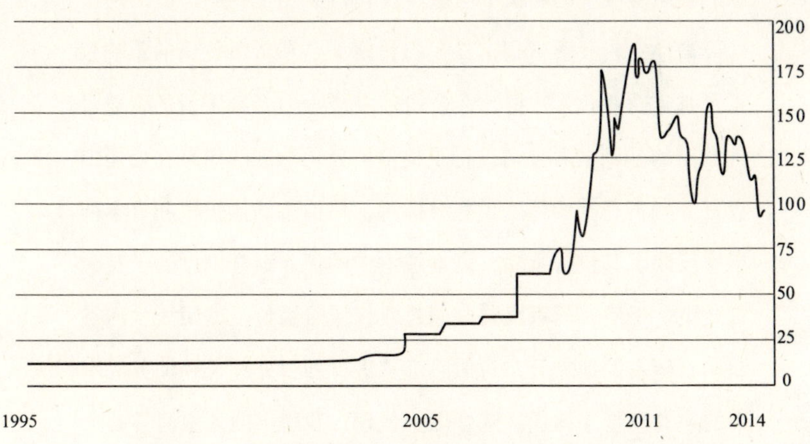


图13-9　1995年至2015年的铁矿石价格（美元/吨）

这段历史说明了你很难对铁矿石的标准价格做出判断的原因。如果你考察的范围仅局限于过去几年，那么2014年11月

的铁矿石价格（约75美元/吨）看起来就会很低，但如果从更长的时间段（比如过去20年到25年）来看，你会发现这一价格已经是很高的价格了。

在我的故事中，我认为淡水河谷是一家成熟的大宗商品公司，并且其收益直接反映了现行铁矿石价格（75美元/吨）。在我承认无法预测未来的铁矿石价格的前提下，我以美元的价格计算淡水河谷的估值，并假定作为一家成熟的大宗商品公司，其年增长率将保持在2%。为了估算资本成本，我将美国10年期国债的收益率作为无风险收益率，并使用了8.25% 的股权风险溢价，即淡水河谷在其拥有矿石储备的国家（60%在巴西）的股权风险溢价的加权平均值。表13–1列出了我的估值结论。

请注意，我尝试根据铁矿石价格下跌和货币贬值的影响校正了基年营业收入数据，在公司过去12个月持续下滑的营业收入数据的基础上对公司进行了估值。公司治理的效果在公司的投资和融资选择中得到了充分体现，估值中的再投资和资本回报率反映了其投资策略，资本成本中的债务组合则反映了其融资政策。最后，国家风险则通过股权风险溢价（使用淡水河谷铁矿石储备的地理分布对风险溢价进行加权处理）和债务成本中的违约息差来体现。综合以上处理，我得出的淡水河谷的每股价值为19.40美元，这远远高于估值时（2014年11月18日）8.53美元的实际股价。基于我的故事和由此得出的估值，我做出了购买淡水河谷股票的决策，但事后我为此感到十分后悔，并且越往后越后悔！

**表 13–1　淡水河谷——黑暗面的诱惑**

**故事**

淡水河谷是一家成熟的铁矿和矿业公司，其当前收益受宏观因素（铁矿石价格降低，巴西国家风险上升）影响而状况不佳。但随着铁矿石价格和国家风险趋于稳定，其当前收益在未来12 个月内将逐渐稳定

**历史数据**（单位：百万美元）

| 年份 | 营业收入 | 实际税率 | 债务账面价值 | 股权账面价值 | 现金 | 投资额 | 投资回报率 |
|---|---|---|---|---|---|---|---|
| 2010 | 23 033 | 18.67% | 23 613 | 59 766 | 11 040 | 72 339 | 25.90% |
| 2011 | 30 206 | 18.54% | 27 668 | 70 076 | 9 913 | 87 831 | 28.01% |
| 2012 | 13 346 | 18.96% | 23 116 | 78 721 | 3 538 | 98 299 | 11.00% |
| 2013 | 17 596 | 15.00% | 30 196 | 75 974 | 5 818 | 100 352 | 14.90% |
| 2014 | 12 475 | 20.00% | 29 198 | 64 393 | 5 277 | 88 314 | 11.30% |
| 平均值 | 19 331 | 18.23% | — | — | — | — | 18.22% |

**资本成本**

| 业务领域 | 未经杠杆调整的风险系数 | 价值贡献比例 | 债务 / 股权 | 经杠杆调整的风险系数 | 地区 | 占总数的百分比 | 股权风险溢价 |
|---|---|---|---|---|---|---|---|
| 金属与矿业 | 0.86 | 16.65% | 66.59% | 1.238 0 | 巴西 | 68% | 8.50% |
| 铁矿石 | 0.83 | 76.20% | 66.59% | 1.194 8 | 其他地区 | 32% | 6.45% |
| 肥料 | 0.99 | 5.39% | 66.59% | 1.425 1 | 淡水河谷 | | 7.84% |
| 物料 | 0.75 | 1.76% | 66.59% | 1.079 6 | | | |
| 淡水河谷 | 0.84 | 100% | 66.59% | 1.209 2 | | | |

（续表）

| 资本成本 | | | |
|---|---|---|---|
| | | 股本成本 = | 11.98% |
| 税前债务成本 | 6.50% | 税后债务成本 = | 4.29% |
| 税率 = | 34.00% | 负债与资本比率 = | 39.97% |
| | | 资本成本 | 8.91% |

**估值**（使用最近12个月的营业收入和资本回报率计算）

考虑到淡水河谷是一家成熟的公司，可假设其预期增长率维持在2%，根据最近12个月淡水河谷的资本回报率11.30%，我计算出的再投资率和估值如下：

再投资率 = 2%/11.30% = 17.7%

$$\text{经营性资产价值} = \frac{124.75\text{亿美元} \times (1-0.20) \times (1-0.177)}{(0.0891-0.02)}$$

$$= 1\,213.13\text{亿美元}$$

| 经营性资产价值 = | 1 213.13 亿美元 | |
|---|---|---|
| +现金 | 78.73 亿美元 | |
| –债务 | 292.53 亿美元 | |
| 股权价值 | 999.33 亿美元 | |
| 股数 | 515亿 | |
| 每股价值 | 19.40 美元 | 2013年11月20日，淡水河谷的股票交易价格为每股8.53美元 |

## 宏观投资注意事项

当对公司的估值主要受到宏观因素而非微观因素的影响时，投资者需要铭记以下三点：第一，有记录的宏观周期（尤其是大宗商品价格宏观周期）往往持续时间很长，并很可能伴随可持续数十年的上下波动。第二，与微观变量相比，我们更难借助基本面数据对宏观变量进行准确的预测，因为多种宏观变量之间相互关联且受诸多因素的影响。因此，通过参考开采成本和石油需求来预测石油价格，其结果往往并不理想。第三，结构性转变的发生可能会导致未来无法与过去接轨，从而使历史数据变得毫无意义。例如，过去10年中页岩油的爆炸式开采对石油市场造成了供给冲击，这可能间接导致了2014年油价的暴跌。同理，在过去的10年里，中国作为一个经济大国开始崛起，其有意识地在基础设施领域做出的史无前例的大规模投资刺激了铁矿石价格的上涨，两者都是投资者无从根据历史数据预测的。

现在，假设你十分擅长预测大宗商品价格、经济或国家的变化周期，或者至少擅长估计标准价格。我列出了从宏观角度进行对单个公司的估值的具体方法和操作步骤，但你可能觉得没有必要进行这么烦琐的操作，因为有一种更简单、更直接的方式可以让你通过宏观预测技巧来赚钱——你可以利用远期合约、期货和期权市场（特别是大宗商品方面）来大赚一笔。但我之所以将公司故事分为宏观和微观两个部分是有原因的，原因有二：

1. 这么做会让你，作为故事的讲述者，清楚地了解故事中分别有多少成分来自宏观部分和微观部分，这样你可以做到对每一部分的表现有迹可循。例如：如果你购买了康诺克和石油公司的股票而遭遇了股价下跌，你至少可以用此方法判断出股价下跌是源于故事中油价部分的信息错误，还是源于公司故事存在问题。

2.把故事分解成宏观和微观两个部分对于那些希望根据你的故事来采取行动的人来说也很重要。首先，这样做可以帮助他们理解你的故事和据此得出的估值，其次，它还可以帮助你的听众判断他们应该对你的故事抱有多大信心。毕竟，如果你在预测油价方面有着糟糕的历史记录，而关于康诺克石油公司的故事又大部分都建立在你对油价的预测上，那么听众有理由对你的最终估值表示怀疑。

---

**案例研究13.3：淡水河谷危机（2015年9月）**

在案例研究13.2中，我判断淡水河谷的股价估值严重偏低，然后基于此判断，我以每股8.53美元的价格买入了股票。2015年4月，我重新审视了这家公司，发现其股价已跌至6.15美元，于是我重新对该公司进行了估值。我在此次估值中得出的结论是，虽然公司价值确实降低了，但按照当时的股价来看，我仍然认为市场对该公司估值过低。2015年4月至9月，淡水河谷的宏观变量仍然没有出现利好消息：铁矿石价格继续走低（尽管速度有所放缓），部分原因在于中国市场的动荡。同时，巴西的政治风险不减反增，人们对该国的经济增长潜力和债务偿还能力的担忧继续上升。巴西的主权信用违约互换交易价格持续走高，主权信用违约互换息差在2015年9月（从一年前的2.50%）上涨至4.50%。一如既往“姗姗来迟”的信用评级机构终于开始重新评估巴西的主权评级。基于外汇和本国货币，穆迪将该国的评级从Baa2下调至Baa3，标准普尔将该国的主权评级从BBB下调至BB+。尽管就两个评级标准而言，巴西的评级都只降了一个等级，但其重要意义在于，这两家评级机构都下调了巴西的投资级别。最后，根据淡水河谷更新的收益数据，其营业收入已下降到29亿美元，比之前的估计下降了50%以上，跌势似乎没有尽头。

不可否认，铁矿石价格下跌带来的收益效应比我在2014年11月和2015年4月预估的要严重得多。在更新了数据，并使用主权信用违约互换息差作为国家风险的衡量指标（因为评级一直在变化，而且似乎并没有真实地反映出巴西的最新状况，因此我没有使用信用评级作为指标）之后，我在2015年9月的估值中估算出其每股价值为4.29美元，如表13–2所示。

**表 13–2　淡水河谷——我心中的遗憾**

| 故事 |
| --- |
| 淡水河谷是一家成熟的铁矿和矿业公司。由于巴西国家风险的增加和铁矿石价格的下跌，该公司的收益出现下滑，其在未来几年内的标准化收益很可能远低于其近几年的平均收入 |

（续表）

| 历史数据（单位：百万美元） | | | | | | | |
|---|---|---|---|---|---|---|---|
| 年份 | 营业收入 | 实际税率 | 债务账面价值 | 股权账面价值 | 现金 | 投资额 | 投资回报率 |
| 2010 | 24 531 | 18.70% | 27 694 | 70 773 | 9 942 | 88 525 | 22.53% |
| 2011 | 29 109 | 18.90% | 25 151 | 78 320 | 3 960 | 99 511 | 23.72% |
| 2012 | 14 036 | 18.96% | 32 978 | 75 130 | 6 330 | 101 778 | 11.18% |
| 2013 | 16 185 | 15.00% | 32 509 | 64 682 | 5 472 | 91 719 | 15.00% |
| 2014 | 6 538 | 20.00% | 32 459 | 56 526 | 4 264 | 84 731 | 6.17% |
| 过去12个月 | 2 927 | 20.00% | 32 884 | 49 754 | 3 426 | 79 211 | 2.96% |
| 平均值 | 18 080 | 18.59% | — | — | — | — | 15.72% |

| 资本成本 | | | | | | | |
|---|---|---|---|---|---|---|---|
| 业务领域 | 未经杠杆调整的风险系数 | 价值贡献比例 | 债务/股权 | 经杠杆调整的风险系数 | 地区 | 占总数的百分比 | 股权风险溢价 |
| 金属与矿业 | 0.86 | 16.65% | 126.36% | 1.577 2 | 巴西 | 68% | 13.00% |
| 铁矿 | 0.83 | 76.20% | 126.36% | 1.522 2 | 其他地区 | 32% | 7.69% |
| 肥料 | 0.99 | 5.39% | 126.36% | 1.815 6 | 淡水河谷 | | 11.30% |
| 物料 | 0.75 | 1.76% | 126.36% | 1.375 5 | | | |
| 淡水河谷 | 0.84 | 100% | 126.36% | 1.540 5 | | | |

（续表）

| 资本成本 | | | |
|---|---|---|---|
| | | 股本成本= | 19.54% |
| 税前债务成本 | 9.63% | 税后债务成本 = | 6.36% |
| 税率 = | 34.00% | 负债与资本比率 = | 55.82% |
| | | 资本成本 | 12.18% |

| **估值**（假设标准化收益将比近5年平均收益值低60%） | |
|---|---|
| 标准化营业收入 | 72.32亿美元 |
| 预期增长率= | 2.00% |
| 资本回报率= | 12.18% |
| 再投资率= | 16.42% |

$$\text{经营性资产价值} = \frac{72.32\text{亿美元} \times (1.02) \times (1-0.20) \times (1-0.164\,2)}{(0.164\,2-0.02)}$$

$$= 484.51\text{亿美元}$$

| | | |
|---|---|---|
| 经营性资产价值 | 484.51 亿美元 | |
| + 现金 | 34.27 亿美元 | |
| + 股权投资 | 41.99 亿美元 | |
| –债务 | 328.84 亿美元 | |
| –少数股东权益 | 10.68 亿美元 | |
| 股权价值 | 221.25 美元 | |
| 股数 | 515.3 亿 | |
| 每股价值 | 4.29 美元 | 2015年4月15日淡水河谷的股票交易价格为每股5.05美元 |

我对于在不到一年的时间里估值发生了如此巨大的变化感到十分吃惊，并试图研究这些变化背后的驱动因素（见图13–10）。

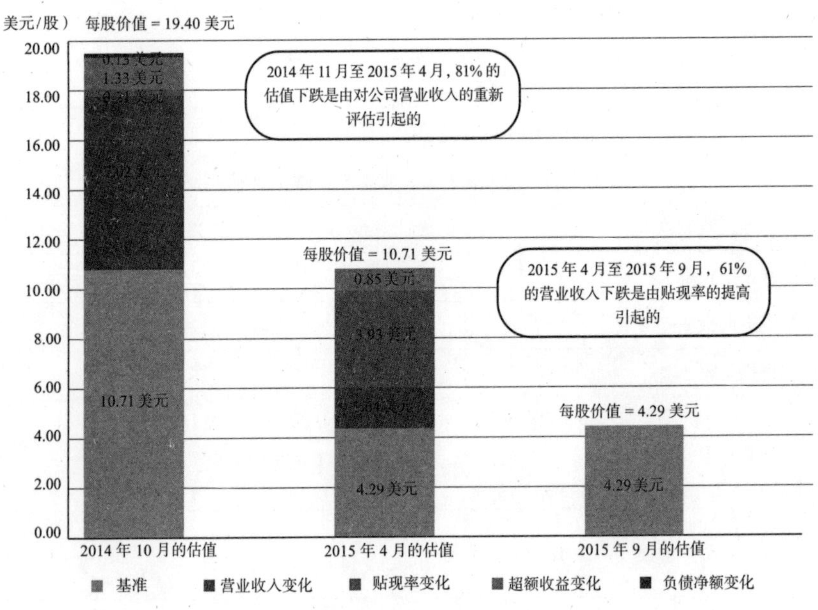


**图13–10　暴跌的价值分解**

注：简而言之，我的估值在两个子时期内发生了很大的变化，但原因各异。2014年11月至2015年4月期间的变化是由针对铁矿石价格变动对营业收入的影响而进行的重新评估引起的。2015年4 月至2015年9月期间的大部分变化是由巴西国家风险的增加引起的。

从2014年11月到2015年4月，公司价值发生变化的最大原因是预估收入方面的变化（占估值下跌的81%），而在考察了2015年4月和2015年9月两次估值之间的差异之后，我发现主要的罪魁祸首是国家风险的上升，其造成的价值损失约占61%。

如果我坚守我的投资理念，只在某个资产的股票价格低于其内在价值（我的估值）时才买入股票，那么投资淡水河谷将会让我血本无归。最终，我卖掉了淡水河谷的股票，但这并不是一个轻率的决定，在做出这个决定的过程中我与我的偏见做了良久的思想斗争。事实上，促使我最终卖出股票的动机有以下两个。

1.“如果”心理：我的本能反应是推卸责任并为自己的损失找借口——如果巴西政府的行为更加理性，如果中国市场没有发生动荡，如果淡水河谷的收益能够经受住铁矿石价格下跌的考验，我的估值就会是正确的。但是这种“如果”心理不仅毫无意义，而且妨碍了我从这次惨败中吸取教训。

2.“假如”心理：当我在估值时，我必须不断地努力克制自己去挑选那些与我最初的观点相一致的数据，并据此选择继续持有该股票。例如，如果我继续像我在前两次估值中所做的那样，使用主权评级来评估巴西的违约息差，那么我对该公司的估值会是每股6.65美元；或者我也可以辩解说，信用违约交换市场的相应信息因反应过度而臭名昭著，因此我可以选择使用标准化值（基于信用评级或历史平均信用违约互换息差计算得出）来获得更为“准确”的估值。

在与我的偏见斗争良久之后，我得出的结论是，如果我继续持有淡水河谷股票，那么我必须做出的假设是对宏观环境的假设：铁矿价格将停止下跌，且市场目前确实对巴西的国家风险问题反应过激并能够进行自动修正。事实上，当淡水河谷的股价跌至每股2美元时，我再次买入了淡水河谷的股票。也许，在我吸取教训之前我应受到更多的惩罚，但是此后其股价出现了回升，并涨到了每股5.03美元。

---

有人说，我们能从失败中学到更多的东西，但是我想说的是，发表此言论者，要么从未经历失败，要么本身并未遵守这一说法去行动。要从我的错误中吸取教训是非常困难的，但是回顾我对淡水河谷的估值，我得到的教训如下：

1. 隐性标准化的危害：尽管我已经尽量避免了进行显性的标准化，即假设收益会恢复到过去5年或10年的平均水平，或者铁矿石价格会反弹，但我的确进行了隐性的标准化，即认为过去12个月的收益数据可以反映出该时间段内铁矿石的价格变化。但至少对淡水河谷来说，铁矿石价格下跌和收益效应之间似乎存在一定的时间差，其来源可能是事先约定的价格或会计师的疏忽懈怠。同样，基于主权评级计算违约息差，也会给我们带来一种稳定的假象，但实际上市场对巴西国内的政治危机做出了比预期负面得多的反应。

2. 政治风险黏性：政治问题需要通过政治上的解决方案来解决，而政治就其本质而言无法轻松地为自身找到理性的或快速的解决方案。事实上，我从淡水河谷案例中吸取的教训是，当政治风险较大时，如果听任政客们自由决策，那么这种风险极有可能旷日持久，而且影响范围极易持续扩大。

3.债务效应：淡水河谷过去10年的强劲增长和巨额分红（淡水河谷不得不向其无投票权的优先股股东支付股息），导致其所有问题都被其债务负担放大了。尽管违约风险并非迫在眉睫，但淡水河谷的债务支付缓冲在一年内大幅下降，其利息覆盖倍数从2013年的10.39降至2015年的4.18。

如果我在2014年11月就早早预知我在2015年9月的所作所为，我显然不会买入淡水河谷的股票，只可惜这一假设并不成立。

## 小结

讲述宏观故事要比讲述微观故事复杂得多，但对于周期性公司、大宗商品公司，或者处于风险很大的新兴市场的公司而言，你可能别无选择。即使你有很好的宏观预测能力，我仍然建议你先对公司进行宏观中立估值，然后再用你对宏观变量的预测结果重新估值。这样，你和使用你的估值的人就能够清楚地了解你的判断有多少来自你对公司的看法，又有多少来自市场。

# 第 14 章　公司生命周期

本书的中心主题是故事与数字之间的联系，然而，在整个公司生命周期中，随着公司由初创阶段进入增长阶段，最后迈进成熟和衰退阶段，二者之间的平衡也会发生改变。在本章中，我首先介绍了公司生命周期的概念，定义了公司发展过程中的各个阶段和转折点。然后，我探究了在公司成长过程中，故事与数字之间的联系所发生的变化：在公司生命周期早期，数字由故事驱动，而到了晚期，两者的角色则发生了颠倒。在本章最后部分，我讨论了公司生命周期对投资者的启示，认为在公司生命周期的各个阶段，投资者要取得投资成功需参考的标准也各不相同，因此应适时调整评估和定价指标。

## 公司的成长过程

创立、发展、成熟、衰亡是公司成长的必经阶段，有些公司会比其他公司更早衰亡。在本节中，我将描述公司生命周期的各个阶段，并阐述在整个公司生命周期中，公司的故事讲述与数字处理的需求是如何变化的。

## 生命周期

公司生命周期始于商业构想，这种商业构想不一定是原创的，甚至不一定是实际的。提出者发现了市场中存在某种未被满足的需求，为迎合该需求，他萌生了一种构想。大多数构想仅止于构想，只有少部分构想成功转化为产品或服务，从而完成了组建公司的第一步。该产品或服务必须接受市场的考验，如通过考验，则能创造营收。在成功的公司中，这些营收将被用于促进公司发展。如此一来，成功的公司不仅能扩大规模，在扩大规模的同时保持增长，而且还能从增长中再次获益，一路过关斩将，在竞争中脱颖而出。一旦扩大到一定规模并进入盈利阶段，公司便迈入成熟阶段并开启了防御模式，搭建市场壁垒，从而使自己保持盈利状态。最后，这些壁垒会逐渐变小并消失，由此，公司就踏上了衰退之路。图14–1展示了公司生命周期的各个阶段。

当公司从一个阶段过渡到另一个阶段时，衡量公司成功与否的方式会发生变化。投资者和管理者的关注点也会随之变化，每个阶段都会带来不同的挑战，对投资者和管理者的能力也有不同的要求。在公司生命周期早期，过渡点最能考验一家公司的生存能力，不少公司都在将商业构想转化为产品或服务，以及将产品或服务转化为一家可持续发展的公司这些过渡时期灭亡。在生命周期后期，过渡点带来的是现实考验，当公司面临从某一阶段到另一阶段的过渡（从增长阶段到成熟阶段，从成熟阶段到衰退阶段），部分公司能接受新的现实情况并对自身做出相应的调整，但也有很多公司拒绝接受现实，企图对抗生命周期，而这往往会给公司和投资者造成巨大的损失。

尽管各阶段存在上述不同之处，但整个公司生命周期仍可由普遍的主题涵盖，我的分析便建立在这三个主题之上：首先，尽管无论是作为投资者还是作为管理者，我们都极其厌恶不确定性，但对公司而言，从发展到成熟再到衰老是其固有特征，而非故障。其次，也是本书反复强调的主题，当我们想到估值时，我们想到的总是电子表格、模型和数据，然而，估值应该是故事与数字并重的。最后，虽然我们总是混用“价格”和“价值”这两个词，但正如第 8 章所述，我们实际上是通过不同的处理过程，使用不同的工具和指标来确定这两个值的。

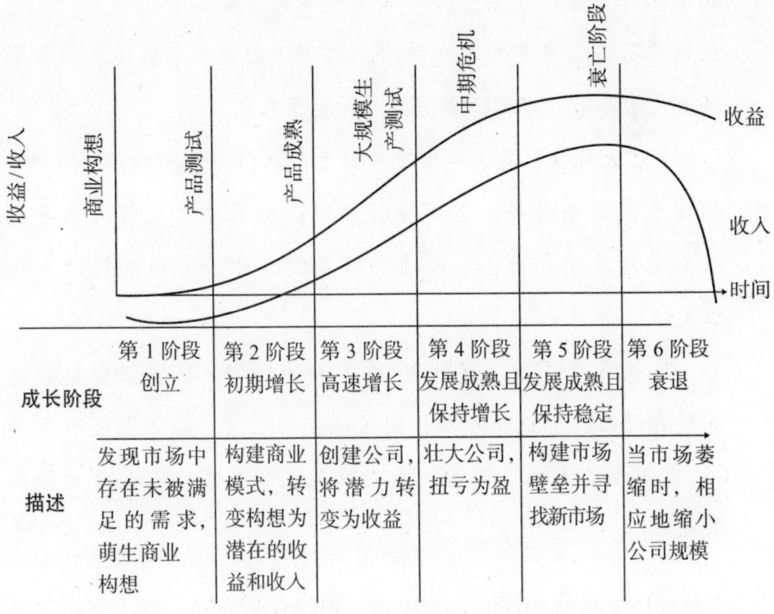


图 14–1　公司生命周期

## 生命周期的决定因素

尽管每家公司都会经历一个完整的生命周期，但是各公司生命周期的持续时间和发展走势则各不相同。换言之，部分公司的发展速度更快，只需几年时间便可从一家初创公司发展为成熟公司，而其他公司则可能需要几十年的时间才能实现这一转变。同样，一些公司能够持久地保持成熟发展状态，而另一些公司则会快速走向衰亡。为了理解为何存在这些差异，我探究了以下三个因素：

1. 市场准入：部分行业会设置很多市场准入障碍，例如监管要求或许可要求复杂、公司需要投入大量资本等。而另一些行业则没有这么多市场准入障碍，其市场监管要求极低，甚至无任何监管要求，亦无须公司投入大量资本。

2. 扩大规模：基于市场准入因素，初创公司扩大规模的难易程度也因行业而异。在部分行业中，公司要发展壮大需要投入大量的时间和资本，而在另一些行业中，公司能迅速发展壮大。

3. 消费者惯性（黏性）：在有些市场中，消费者更愿意摒弃现有产品，尝试新产品，因为他们与已有产品之间没有形成（情感或经济上的）联结，或者切换至新产品所需花费的成本很低。

当其他因素保持相同时，如果进入市场比较容易，扩大规模仅需较低成本，消费者惯性较低，则公司会在生命周期的增长阶段实现高速增长。然而，令人喜忧参半的是，在相同条件下，当公司迈入成熟阶段后，其获利也将变得困难。因为新的竞争对手将采用相同的途径进入市场、发展壮大并撼动它的地位，从而导致公司进入快速衰亡阶段，如图 14–2 所示。

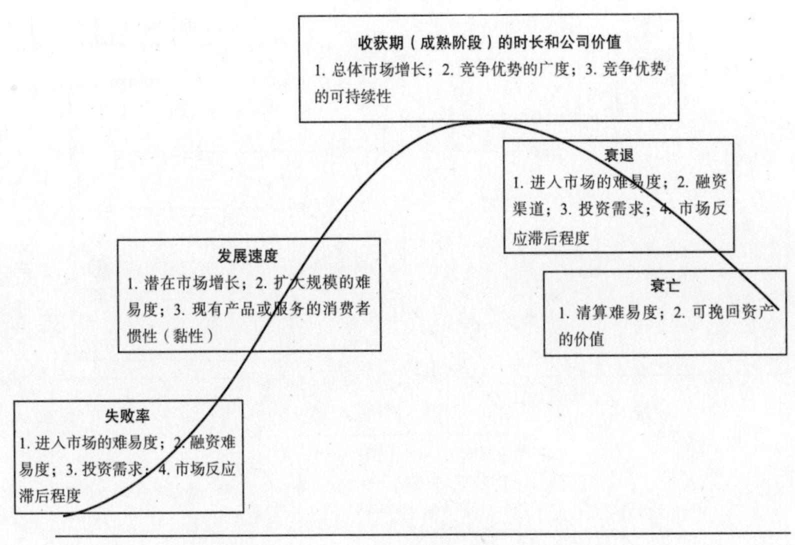


**图 14–2　公司生命周期：驱动因素和决定因素**

这一模型可用于检验处于不同行业的公司在公司生命周期上的差异。以在过去30年里对市场的主导作用与日俱增的科技公司为例，科技行业入市门槛低，公司扩大规模容易，且消费者普遍愿意尝试新产品。因此，科技公司比非科技公司发展速度更快也就不足为奇了。然而，如不出意料（不排除存在少数例外情况），科技公司的衰亡速度也会更快（见图14–3），且许多科技公司，如雅虎、黑莓、戴尔等，仅在几年时间内便从高增长阶段跌入衰退阶段。

在下一节，我们将基于公司生命周期的概念讨论当公司衰退时，公司应如何将关注点从故事转至数字，以及在讲述公司故事时坦然面对公司所处阶段的重要性。

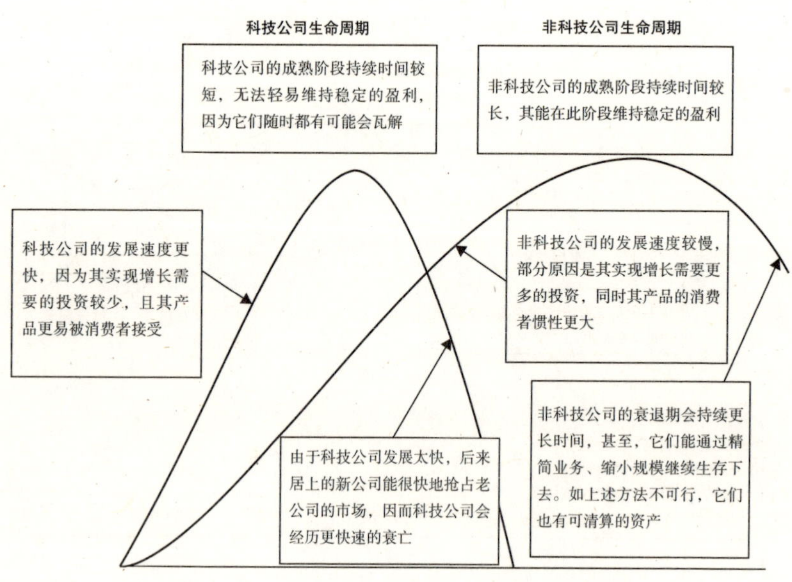


图 14–3　科技公司和非科技公司生命周期对比

## 公司生命周期中的故事和数字

尽管每个估值都是故事和数字的结合，但在生命周期的不同阶段，二者的重要性会发生变化。在公司生命周期早期，当公司还未创造任何历史数据，商业模式还未成型时，公司价值几乎全靠故事来驱动。当公司商业模式成型，并初见成效时，数字便开始在驱动公司价值方面发挥更大的作用，尽管此时故事仍占主导地位。而到了成熟阶段，在公司价值的驱动方面，故事开始屈居下风，数字则后来居上。

### 生命周期各阶段的故事驱动因素

当公司由生命周期中的某一阶段迈入另一阶段时，公司故事如要令人信服，其构成部分也要发生变化。在初创阶段，投资者往往会受到展现公司广阔市场前景的故事的吸引，并且常常愿意因为这样的故事而给予公司较高的估值。当公司努力将想法转化为产品和服务时，故事应围绕可信性展开。在此阶段，当公司在资源与市场的双重限制下苦苦挣扎时，公司故事很可能会越来越窄，甚至走向破灭。一旦完成了产品或服务的开发，则故事的重点将转移到成本和盈利能力上，而这需要公司在产品市场中与竞争对手厮杀。如果公司通过了盈利能力的考验，则故事的重点将转为公司的可扩展性，即公司发展壮大的能力，这一阶段考验的是公司在生产、管理和财务能力上的极限。假如公司通过了以上所有考验，成为可盈利的成熟公司，则故事的重点将转移到市场壁垒和竞争优势上，二者能让成熟公司收割市场，获得收益和现金流。在衰退阶段，故事将围绕退出市场展开。在此阶段，公司将制订缩小规模甚至解散的相关计划，同时保障投资者在退出时能获得尽可能多的利益。图 14–4 总结了公司生命周期各阶段的故事驱动因素。

最能陷公司于窘迫境地的事莫过于故事讲述者（可能是公司创始

人、高层管理人或股票分析师）无视公司在生命周期中所处的阶段，讲述不合时宜的故事，例如在衰退阶段大谈公司膨胀式增长，或在初创阶段高谈公司的可持续性。

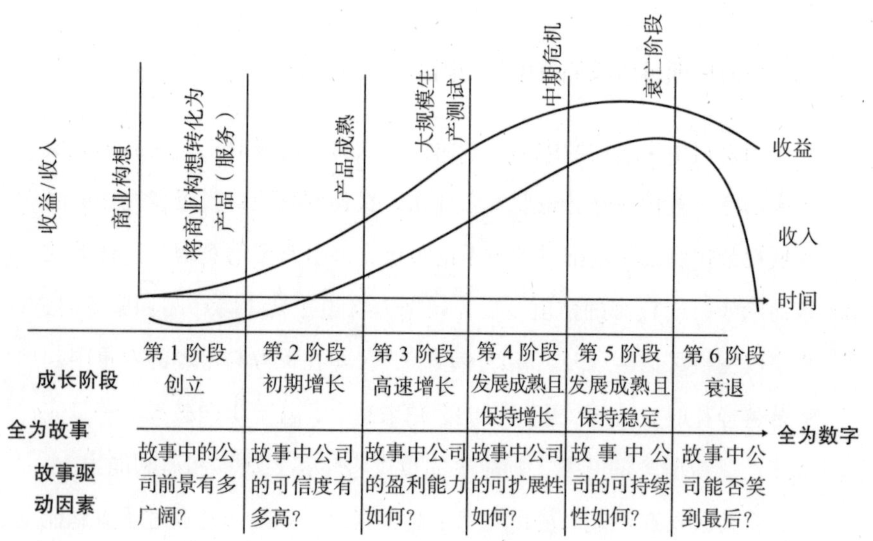


图14–4 生命周期各阶段的故事驱动因素

## 限制因素和故事类型

随着公司逐渐走向衰退，故事讲述也会受到更多限制，就好像被要求续写已故作者未完成的著作一般。因此，我们在讲述公司故事时，最佳方式是从故事续写者的视角思考。在生命周期早期，公司就像是一本起笔待写的书：故事尚未成形，你可以创造自己的角色并根据自己的品位塑造角色。在生命周期晚期，公司就像是一本已基本成著的书：你已经没有太多的自由去改变角色或引入新的故事情节了。

另外，故事类型也会因公司所处阶段的不同而有所区别。在生命周期早期，故事应当体现年轻的初创公司进入市场征服行业巨头、重塑行业格局的雄心壮志。随着公司的商业模式日渐成熟，故事将不再像起初那般激昂振奋，凸显公司的勃勃野心，部分原因是公司需使故事与其提供的数字相吻合。如果公司收益增长放缓，盈利艰难，那么以膨胀式增长和高利润率为主题的故事便会难以为继。一旦公司发展成熟，则其故事不是关于维持现状（以及保持当前的利润率）便是关于再创造以及探索新的增长点（如制订收购或进军新市场的行动计划）。在衰退阶段，故事可能会引起听众对公司往昔光辉岁月的追忆，但亦需如实反映公司身陷困境的现实情况。

对于处在生命周期早期的公司，他人讲述的公司故事更容易出现巨大差异，这是因为不同的公司观察者有更大的空间去形成各自对公司的见解。而当公司衰退时，其发展历史会限制不同投资者形成不同见解。以优步为例，从优步所从事的业务、其具备的网络优势类型到所承受的风险水平，投资者可能均有不同见解，而这也会导致投资者对其做出的价值评定有更大的差异。相反，对于可口可乐或杰西潘尼，投资者所讲述的公司故事可能在大部分内容上都是一致的，仅在少数方面存在分歧。

---

**案例研究 14.1：对初创公司 GoPro 的估值（2014 年 10 月）**

作为一家专门生产用于记录运动（跑步、游泳、徒步）过程的运动相机的公司，GoPro于2014年6月26日上市。其股价在发行首日便上涨30%（从每股24美元涨至每股31.44美元），且一路高歌猛进，于2014年10月7日飙升至每股94美元，直到2014年10月15日，即我进行此次估值时，其每股股价才回落至70美元。大量意图明显的做空者对该股票虎视眈眈，他们深信这支高价股将注定跌下神坛，但事实是他们当中的许多人都在股价暴涨中遭受重创。

在估值时，该公司已发布了三种型号的相机（Hero、Hero3 和Hero4）、多种相机配件和两款用于将录制文件转换为可观看的视频文件的免费软件产品（GoPro App和GoPro Studio）。该公司生产的相机拥有良好的销路，这使该公司的收益在2013年达到9.86亿美元，并在截至2014年6月的12个月内增长至10.33亿美元。尽管研发投入巨大（在接下来的12个月内达到1.08亿美元），但该公司仍能实现盈利，其当期营业收入为7 000万美元。研发费用资本化使其税前营业利润率增长至13.43%，对一个初创型公司而言，这一成绩相当不俗。图14–5展示了该公司在估值期间的收益及销售量的变化情况。

在对GoPro进行估值时，我遇到了在对处于生命周期初始阶段的公司进行估值时必然出现的典型挑战：确定其所从事的业务、市场潜力和即将面临的竞争形势。GoPro在名义上是一家相机公司，但是在我看来，运动相机市场是智能手机市场的子集，其用户为热爱运动且活跃于社交媒体的人。我曾预计，2013年运动相机的市场规模将达到310亿美元。假设市场增长率为 5%，到 2023 年该市场的市场规模将有望达到510亿美元。图 14–6 列出了该数据所基于的一系列假设。

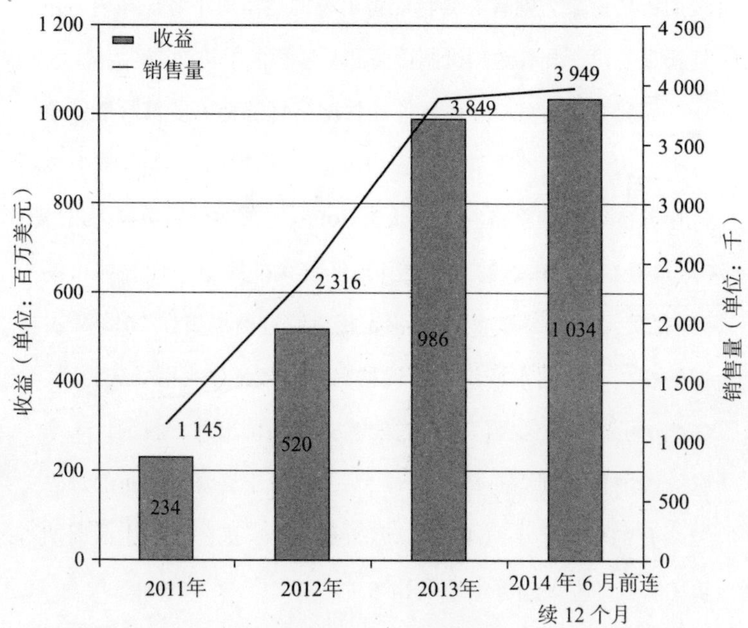


图 14–5　GoPro 历史数据

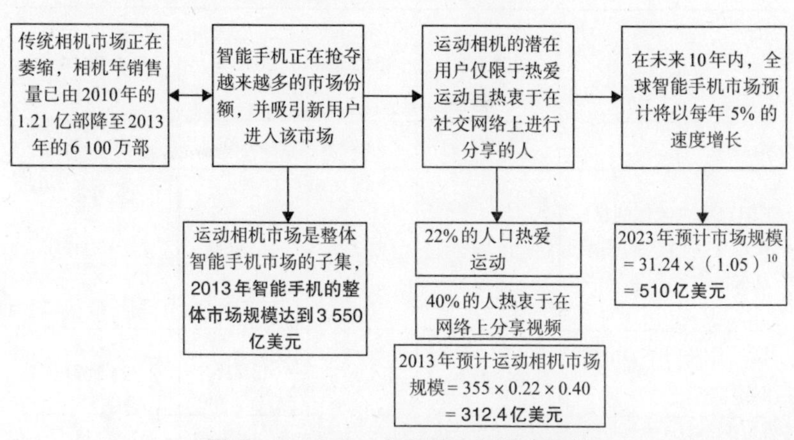


图 14–6　GoPro 相机的市场潜力预估

GoPro是运动相机市场的先行者，要评估它在该市场中的预期市场份额，则有必要将即将出现的竞争对手考虑在内，包括新贵公司、既有的相机制造商和某些智能手机制造商。

而我并未看到GoPro具备任何网络优势使其能够战胜竞争对手，在市场不断发展的过程中占据主导性地位。鉴于既有相机业务市场的竞争格局，我认为GoPro的预期市场份额为20%（这能让GoPro在2023年实现100亿美元的收益，即整体市场510亿美元的20%），约等于领先相机制造商尼康在 2013 年占据的相机市场的市场份额。就利润率而言，作为市场先行者，GoPro可谓占尽先机，这使它能够实现高价出售。我预计未来它的税前营业利润率将达到12.5%，略低于该公司公布的过去12个月的利润率（13.43%），但如实反映了该公司在生命周期初始阶段的发展趋势（见表14–1）。

表14–1 GoPro——存续期间的利润率

| | 2011年 | 2012年 | 2013年 | 连续 12 个月（截至 2014 年 6 月） |
|---|---|---|---|---|
| 毛利率 | 52.35% | 43.75% | 36.70% | 40.13% |
| EBITDA（未计利息、税项、折旧及摊销前的利润）利润率 | 18.74% | 12.73% | 12.60% | 9.82% |
| 校正后的 EBITDA 利润率 | 22.59% | 14.50% | 13.71% | 14.14% |

（续表）

| | 2011年 | 2012年 | 2013年 | 连续 12 个月（截至 2014 年 6 月） |
|---|---|---|---|---|
| 根据研发费用校正后的营业利润率 | 20.24% | 16.70% | 15.98% | 13.43% |
| 营业利润率 | 16.57% | 10.31% | 10.01% | 6.75% |
| 净利率 | 10.50% | 6.21% | 6.15% | 3.27% |

此税前营业利润率预估值（12.5%）显著高于一般相机制造商报告的6%~7.5%的利润率，而接近于智能手机公司报告的10%~15%的利润率。事实上，我推测GoPro在面对竞争时将会继续保持高售价。为预估其再投资需求，我假设在未来1~10年内该公司必须为每2美元的额外收益投入1美元。这也会使该公司在未来10年内的资本收益率由当前水平变为约16%。

凭借用户制作的视频内容，GoPro将创建社交媒体平台作为其重点业务，但截至2014年10月，该公司的全部收益均源于出售相机和配件。GoPro注重与 Xbox（微软开发的家用游戏机）和 Pinterest（品趣志）建立合作伙伴关系，这表明它已开始计划将客户制作的视频作为平台内容转型成为一家媒体公司，并实现创收。然而，这一设想还只是具备合理性，而缺乏可信度或可操作性，因此我推测未来GoPro的视频内容生成能力依然不会为其创造任何收入，但会帮助它卖出更多的相机。

为预估GoPro的资本成本，我根据它目前的债务和股本组合（2.2%的债务，97.8%的股本），预估该公司的资本成本率为8.36%，在未来10年内该数字将降至8%。

基于当前的输入数据（由市场份额推测出的收益增长率，以及营业利润率、营收资本比和资本成本），我以概率分布而非单一的预估值形式对GoPro进行估值。图14–7显示了我的估值结果汇总。

输入数据

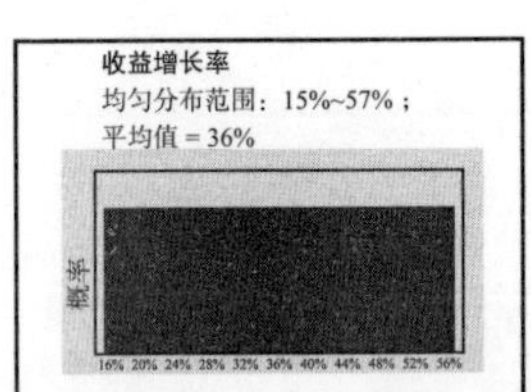


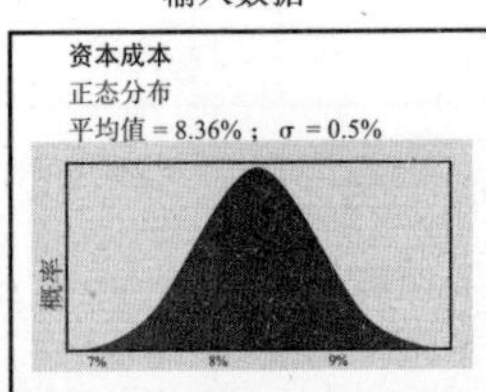


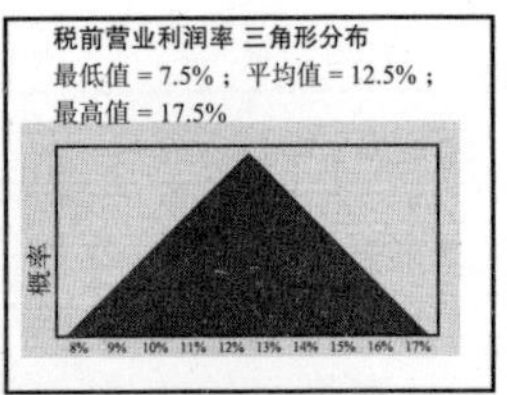


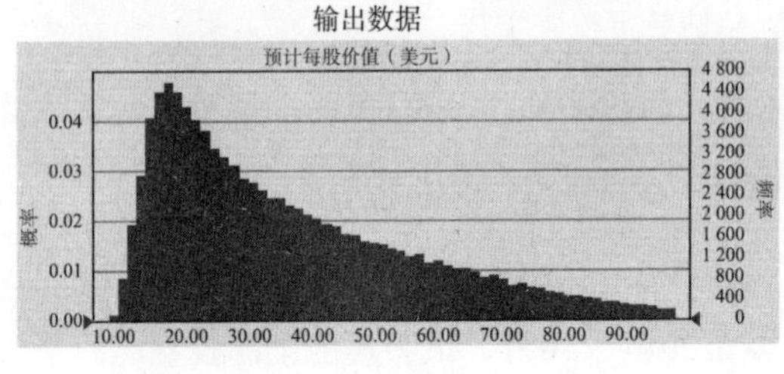


| 百分位数 | 每股价值（美元） |
|---|---|
| 0% | 8.63 |
| 10% | 15.58 |
| 20% | 18.56 |
| 30% | 21.84 |
| 40% | 25.75 |
| 50% | 30.53 |
| 60% | 36.33 |
| 70% | 43.31 |
| 80% | 52.50 |
| 90% | 65.39 |
| 100% | 123.27 |

| 统计数据 | 预测值 |
|---|---|
| 模拟次数 | 100 000 |
| 比较基底 | 31.73 |
| 平均数 | 36.02 |
| 中位数 | 30.53 |

**图14–7 GoPro模拟估值（2014年10月）**

通过图14–7显示的公司价值分布，你可以看到，尽管模拟情况下的GoPro的股价预计值只有每股32美元，远低于每股70美元的市场价格，但也的确存在使其价值高于市场价格的驱动因素。虽然很难证明GoPro股票每股70美元的价格与其内在价值是相符的，但这也并非不可能。为了让股价与内在价值在该价格上达成一致，GoPro必须吸引新用户（酷爱运动且热衷分享的人）进入该市场，并通过能创造网络优势的创新业务避开竞争。这条路会异常艰难，尽管这个故事的确很有可能，但是它并未通过足以说服我购买GoPro股票的可能性测试。

---

## 案例研究14.2：对处于衰退期的公司的估值——杰西潘尼（2016年1月）

作为美国零售业的一大巨头，杰西潘尼于1902年在美国怀俄明州创立，初期主要在落基山脉周边地区发展，之后于1914年将总部迁至纽约州。该公司于1961年开设了其第一家百货商店，并自1963年开始通过商品目录销售商品。1993年，其竞争对手西尔斯百货停止了其商品目录销售业务，于是杰西潘尼成为全美最大的目录零售商。

2016年1月，该公司陷入萧条，线上零售商（尤其是亚马逊）的迅速发展使其零售业务遭受重大打击，也使顾客改变了他们的消费偏好。图14–8说明了该公司在2000~2015年的营业收入和营业利润率。

在此期间，该公司的营收下降超过50%，且在2012~2015年间出现亏损。

鉴于这一背景以及其所面对的竞争格局，我认为杰西潘尼会继续走下坡路，预计营业收入将以每年3%的速率下降，并将继续关闭利润微薄的门店。不过值得庆幸的是，在故事的结尾，该公司仍能在零售行业占得一席之地（尽管市场份额不大），并有望在未来10年内将营业利润率提升至零售行业营业利润率中值水平，即6.25%。但考虑到该公司负债累累，它很有可能无法在未来10年内继续生存下去。然而，如果该公司能够顺利撑过未来10年，那么它可能会成为一家稳定发展、规模较小的公司。我根据上述故事中提到的估值输入数据对杰西潘尼进行了估值，表14–2中展示了这一估值结果。

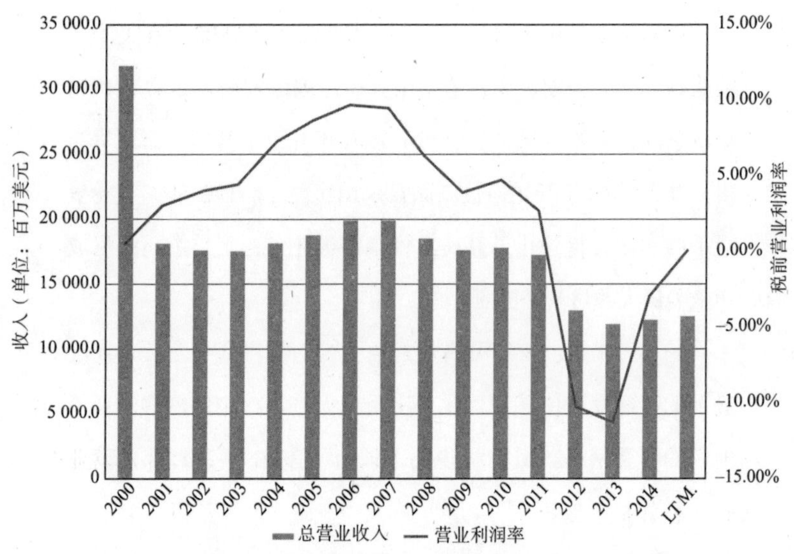


**图14–8 杰西潘尼营业收入和营业利润率（2000~2015年）**

根据我的估值，杰西潘尼在未来10年的营收增长将比目前低15%，其营业资产价值为43.6亿美元。该公司的资产价值远远低于其未偿债务（包括租赁费用）的金额，这表明其正处于艰难时期，且很有可能会以破产收场。

表 14–2　杰西潘尼案例研究

（单位：百万美元）

| | 基准年 | 第 1 年 | 第 2 年 | 第 3 年 | 第 4 年 | 第 5 年 | 第 6 年 | 第 7 年 | 第 8 年 | 第 9 年 | 第 10 年 |
|---|---|---|---|---|---|---|---|---|---|---|---|
| 营业收入增长率[a] | — | –3.00% | –3.00% | –3.00% | –3.00% | –3.00% | –2.00% | –1.00% | 0.00% | 1.00% | 2.00% |
| 营业收入 | 12 522 | 12 146 | 11 782 | 11 428 | 11 086 | 10 753 | 10 753 | 10 433 | 10 433 | 10 537 | 10 478 |
| 息税前营业利润率[b] | 1.32% | 1.82% | 2.31% | 2.80% | 3.29% | 3.79% | 4.28% | 4.77% | 5.26% | 5.76% | 6.25% |
| 息税前营业收入 | 166 | 221 | 272 | 320 | 365 | 407 | 451 | 498 | 549 | 607 | 672 |
| 税率 | 35.00% | 35.00% | 35.00% | 35.00% | 35.00% | 35.00% | 36.00% | 37.00% | 38.00% | 39.00% | 40.00% |
| 息税前利润（1 – t） | 108 | 143 | 177 | 208 | 237 | 265 | 289 | 314 | 341 | 370 | 403 |
| –再投资[c] | — | （188） | （182） | （177） | （171） | （166） | （108） | （53） | — | 52 | 105 |
| 公司自由现金流 | — | 331 | 359 | 385 | 409 | 431 | 396 | 366 | 341 | 318 | 298 |
| 资本成本率[d] | — | 9.00% | 9.00% | 9.00% | 9.00% | 9.00% | 8.80% | 8.60% | 8.40% | 8.20% | 8.00% |
| 现值（公司自由现金流） | — | 304 | 302 | 297 | 290 | 280 | 237 | 201 | 173 | 149 | 129 |

（续表）

| 价值（单位：百万美元） | |
|---|---|
| 最终价值 | 5 710 |
| 现值（最终价值） | 2 479 |
| 现值（未来 10 年的现金流） | 2 362 |
| 总现值 | 4 841 |
| 失败概率[e]= | 20.00% |
| 如果公司失败，收益= | 2 421 |
| 经营性资产价值 = | 4 357 |

注：a处于衰退期的公司：在接下来的 5 年，公司营业收入预计以每年3%的速率下降。

b利润率逐渐升至美国零售业中值水平（6.25%）。

c随着门店关门，现金将从房地产中释放。

d资本成本为 9%，较高的债务成本导致资本成本较高。

e沉重的债务负担加上微薄的盈利，使公司面临极大的生存风险。根据债券评级，其有 20% 的可能性会失败，清算能为其增加 50% 的账面价值。

## 案例研究14.3：故事对比——优步故事（2014年12月）

在第9章中，我根据本人2014年6月讲述的关于优步公司的故事对该公司进行了估值。优步是一家城市汽车服务公司，且在区域网络方面具有一定优势。我对该公司的资产净值估计为60亿美元。在第10章中，我采纳了比尔·格利的观点，将优步作为一家具有全球网络优势的物流公司进行估值，估计其资产净值为290亿美元。关于优步公司，除以上两个故事外，你还可以想出很多其他的故事。为了理解故事讲述对于提升初创公司的公司价值的作用以及不同的故事会如何导致公司估值的差异，我对优步公司的故事讲述过程进行了步骤分解，并分析了对优步抱有兴趣的投资者在每一步可做出的选择。

1.业务与潜在市场：优步公司当前经营的业务限制了其发展空间。对潜在市场的范围设定得越广，公司的成长空间也就越大（公司价值也越高）。表14–3中列出了投资者在讲述故事时所面对的选择，并列出了不同选择对于优步的总体市场规模的影响。

2.对总体市场规模的影响：在第9章和第10章中，在谈到对优步公司的估值时，我指出该公司可吸引新的用户加入汽车服务市场，从而使其市场规模随着时间的推移而不断扩大。表14–4中列出了可能出现的四种增长效应。

表14–3　优步公司的业务与潜在市场

| 优步经营的业务 | 市场规模（单位：百万美元） | 说明 |
| --- | --- | --- |
| A1.城市汽车服务 | 100 000 | 出租车、豪华轿车和小轿车服务（城市） |
| A2.各类汽车服务 | 150 000 | + 租赁用车 + 非城市的小轿车服务 |
| A3.物流 | 205 000 | + 运输 + 本地送货 |
| A4.移动出行服务 | 285 000 | + 大众运输 + 汽车共享 |

表14–4　优步公司对总体市场规模的影响

| 优步对总体市场规模的影响 | 年增长率 | 未来10年的总体效应 |
| --- | --- | --- |
| B1.无 | 3.00% | 市场规模无变化 |
| B2.市场规模扩大25% | 5.32% | 未来10年市场规模扩大25% |
| B3.市场规模扩大50% | 7.26% | 未来10年市场规模扩大50% |
| B4.市场规模扩大一倍 | 10.39% | 未来10年市场规模扩大一倍 |

3.网络优势：对优步公司进行估值时，我假设该公司拥有区域网络优势，在此假设下，我估计其在整体市场中所占的份额为10%。但在第10章中，我采用了另一个版本的故事，并提出其可能拥有全球网络优势，从而在估值中预计其将拥有更大的市场份额。表14–5中列出了可能的情况。

4.竞争性优势：优步公司能否在发展过程中建立起竞争优势将关系到它能否一直保持与车主20/80的分成比例并保持较高的利润率，否则，即使它实现了营收增长，其利润率也会降低。表 14–6 中列出了优步公司可能建立的竞争优势。

表 14–5　优步公司的网络优势

| 优步公司在其业务领域拥有 | 市场份额 | 网络优势说明 |
|---|---|---|
| C1. 无网络优势 | 5% | 在各个市场进行公开竞争 |
| C2. 区域网络优势较弱 | 10% | 在少数本地市场占据主导 |
| C3. 区域网络优势较强 | 15% | 在多个本地市场占据主导 |
| C4. 全球网络优势较弱 | 25% | 在新市场中的溢出效应较弱 |
| C5. 全球网络优势较强 | 40% | 在新市场中的溢出效应较强 |

表 14–6　优步公司的竞争优势

| 优步公司的竞争优势 | 分成比例 | 竞争优势说明 |
|---|---|---|
| D1. 无 | 5% | 竞争对手自由进入市场 + 无定价权 |
| D2. 弱 | 10% | 竞争对手自由进入市场 + 部分定价权 |
| D3. 相对较强 | 15% | 竞争对手自由进入市场 + 定价权 |
| D4. 强劲、可持续 | 20% | 竞争对手进入市场受限 + 定价权 |

5. 资本密集度：虽然我最开始对优步公司进行估值时假设它可以继续凭借其现在的低资本密集度的商业模式（不购置车辆且不雇用司机）发展，但随着其不断扩大规模，它可能将不得不转变原有的商业模式，扩大投资（投资车辆、技术或基础设施）。表 14–7 中列出了可能的情况。

表 14–7 优步公司资本投资模型

| 优步公司的商业模型 | 营收资本比 | 模型说明 |
|---|---|---|
| E1. 不变（低资本密集度） | 5.00 | 不投资汽车或基础设施 |
| E2. 中等资本密集度 | 3.50 | 小额投资汽车或基础设施 |
| E3. 高资本密集度 | 1.50 | 大力投资无人驾驶汽车及相关技术 |

优步的估值取决于其总体市场规模、在相应市场中的发展情况、所占市场份额及收入分成比例情况。由于各种假设组合的情况太多，难以将每种假设组合条件下的公司价值都计算出来，因此我只对部分可能出现的情况进行了估值，见表 14–8。

表 14–8 对优步公司的不同故事进行估值（2014 年 12 月）

| 总体市场规模 | 增长效应 | 网络优势 | 竞争优势 | 优步价值（单位：百万美元） |
|---|---|---|---|---|
| A4. 移动出行服务 | B4. 市场规模扩大一倍 | C5. 全球网络优势较强 | D4. 强劲、可持续 | 90 457 |
| A3. 物流 | B4. 市场规模扩大一倍 | C5. 全球网络优势较强 | D4. 强劲、可持续 | 65 158 |
| A4. 移动出行服务 | B3. 市场规模扩大 50% | C3. 区域网络优势较强 | D3. 相对较强 | 52 346 |
| A2. 各类汽车服务 | B4. 市场规模扩大一倍 | C5. 全球网络优势较强 | D4. 强劲、可持续 | 47 764 |
| A1. 城市汽车服务 | B4. 市场规模扩大一倍 | C5. 全球网络优势较强 | D4. 强劲、可持续 | 31 952 |
| A3. 物流 | B3. 市场规模扩大 50% | C3. 区域网络优势较强 | D3. 相对较强 | 14 321 |

（续表）

| 总体市场规模 | 增长效应 | 网络优势 | 竞争优势 | 优步价值（单位：百万美元） |
|---|---|---|---|---|
| A1. 城市汽车服务 | B3. 市场规模扩大 50% | C3. 区域网络优势较强 | D3. 相对较强 | 7 127 |
| A2. 各类汽车服务 | B3. 市场规模扩大 50% | C3. 区域网络优势较强 | D3. 相对较强 | 4 764 |
| A4. 移动出行服务 | B1. 无 | C1. 无网络优势 | D1. 无 | 1 888 |
| A3. 物流 | B1. 无 | C1. 无网络优势 | D1. 无 | 1 417 |
| A2. 各类汽车服务 | B1. 无 | C1. 无网络优势 | D1. 无 | 1 094 |
| A1. 城市汽车服务 | B1. 无 | C1. 无网络优势 | D1. 无 | 799 |

当看到我在案例研究 14.3 中对优步公司的估值范围（7.99 亿美元到 905 亿美元）的时候，你可能觉得它正验证了你对估值模型的担忧，即人们可以利用这些模型得到任何他们想要的数字。但本人并不这么认为。相反，从表 14–8 中，我总结出了以下四点。

1. 故事效果越好，公司价值就越高。很多人认为 DCF 模型本身比较保守，不适用于对内含巨大潜力的初创公司进行估值。但从表 14–8 中可以看出，如果将一家公司描述成其所在市场总体规模巨大、能占据主要市场份额且利润丰厚的公司，那么通过该模型你便可以得出与之匹配的价值数值。在估值方面存在显著差异是很正常的，其原因并不在于使用了不同的输入数值，而在于讲述了不同的故事。

2. 并非所有的故事都具有相同的效果。我列出了很多种故事，有些可以带来更高的估值，有些则不行，可见它们带来的效果并不相同。以投资者的长远视角来看，有些故事可能更合理，因此按照这一故事投资获得成功的概率就会更高。

3. 调整故事情节。你所讲述的关于优步公司的故事是基于你今天对该公司的了解而做出的。而随着事情的发展，你需要根据实际需要略微修改、变更甚至替换故事情节，这点非常重要。我在第 11 章中也探讨了这点。

4. 故事很重要。在投资初创公司时，成功的关键在于构建正确的故事，而不是数字。这就解释了为什么有些风险投资家即便并不擅长处理数学也能获得成功。毕竟，如果你具备发掘能讲出极具吸引力的故事的初创公司，以及找到能够将这些故事兑现的创始人或企业家的能力，那么，就算分不清EBITDA和免费现金流，或者不懂如何计算资金成本，也没有关系。

## 对投资者的启示

理解公司生命周期、故事和数字之间的相互作用有助于你理解不同投资理念之间的差别，以及在不同的投资理念下获得成功所必须具备的条件。

## 对投资者的技能要求

如上文所述，风险投资家主要瞄准处于生命周期早期阶段的公司，他们能否获得成功主要取决于他们对公司故事（公司创始人讲述的故事）的评估能力，而非他们的数字处理能力。相反，传统的价值投资者主要关注发展成熟的公司，他们主要依靠数字处理来做出选择，这样即使他们的故事评估能力较差或者关注范围比较狭隘（主要评估公司建构市场壁垒的能力和竞争优势），他们也能够获得投资收益。

如果你是一名投资者，并且正在判断投资哪家公司可以获得最高回报，我建议你在衡量自己的故事评估能力和数字处理能力的同时，考虑一下你对于不确定性和错误的承受能力如何。如果你很容易因为实际结果与预期不符而受到影响或无法保持心态平衡，那你应该避免投资初创公司，这类公司的故事（以及价值）很有可能会随着时间的推移而出现巨大的变化。相反，如果吸引你进行投资的正是公司价值的大幅变动，那么你不适合投资成熟公司。

## 投资者工具包

当你的主要投资对象从初创公司转向成熟公司时，你需要采用不同的工具来检验你的投资效果。如果你以公司内在价值为导向进行投资，即只有当公司价格低于你对其价值的估计值时才出手买入，那么你的估值模型的基本原理仍是有效的，你只需要针对处于不同生命周期阶段的公司采用不同的模型构建方法。对于初创公司，你在建立估值模型时需从总市场入手，然后一步步细化，就像我对优步公司进行估值时所做的那样。同时，你采用的估值模型必须具有一定的灵活性，这样你才可以将故事转化为估值。对于发展成熟的公司，你可以根据它们的历史数据来构建模型。只要公司的基本故事走向没有出现明显的变化，你就可以根据模型得到一个较为合理的估值。鉴于众多大型电子表格财务模型都属于后一种方法，因此可以看出，使用该方法可以合理地对较稳定的公司进行估值，但该方法并不适用于处于起步或处于转型阶段的公司。

如果你的投资决策并非基于价值而是基于定价做出的，那么你就必须要做出相对性的判断，即该公司相比行业内其他已被定价的公司而言其价格是更高还是更低。在进行此类投资时，你必须选择一个定价倍数，并按照某一共同变量对价格进行调整。对于处于生命周期早期阶段的公司，其积累的有形运营数据很少，此时该变量可能是你认为可以最终为公司带来营收和利润的某个指标，例如用户数量、下载量或订阅量等。但随着公司发展到生命周期中后期的阶段时，你就需要根据运营指标调整公司的价值，第一个指标是营收（相对于仍处于盈利能力提升阶段的成长型公司），然后是收益（相对于成熟型公司），最后是账面价值（相对于衰落型公司，用以代替清算价值）。图14–9描述了对于处于公司生命周期不同阶段的公司，投资者所需具备的相应技能组合和工具包的变化，并解释了为什么成长型投资者和价值型投资者、风险投资者和公共市场投资者之间总是存在巨大的差异。

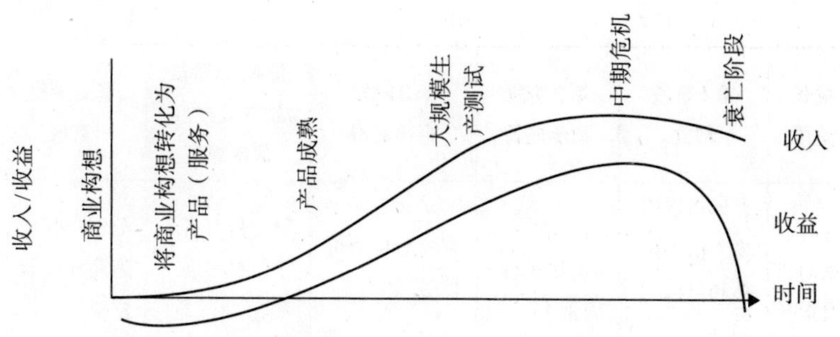


| 成长阶段 | 第1阶段<br>创立 | 第2阶段<br>初步成长 | 第3阶段<br>高速发展 | 第4、5阶段<br>发展成熟且保持稳定 | 第6阶段<br>衰退 |
|---|---|---|---|---|---|
| 主要问题 | 产品和服务是否有市场？市场有多大？公司可以存活下来吗？ | 人们是否会使用你的产品或服务？他们有多喜欢你的产品和服务？ | 人们会掏钱购买这些产品或服务吗？你的公司是否能够随着规模的扩大而保持收入增长？ | 你可以从这些产品或服务中获利并在面临竞争的时候维持已有的利润率吗？ | 如果出售资产的话，你可以获得什么？你打算如何将现金返还给投资者？ |
| 定价指标和衡量标准 | 市场规模、库存现金、融资渠道 | 用户数量、用户积极程度（公司价值/用户） | 用户的参与度、营收（公司价值/销售额） | 收益水平和收入增长率（市盈率和公司价值/息税前利润） | 现金流、支出和偿债（价格/账面值比率和公司价值/EBITDA） |
| 故事与数字的平衡 | 基本或全部依赖于故事 | 依赖故事多于数字 | 故事与数字结合 | 依赖数字多于故事 | 基本或全部依赖于数字 |

（续表）

| 成长阶段 | 第1阶段<br>创立 | 第2阶段<br>初步成长 | 第3阶段<br>高速发展 | 第4、5阶段<br>发展成熟且保持稳定 | 第6阶段<br>衰退 |
|---|---|---|---|---|---|
| 价值驱动因素 | 总体市场规模、市场份额和目标利润率 | 营收增长（及其推动因素） | 营收增长和再投资 | 营业利润率和资本回报率 | 分红/现金返还和负债比率 |
| 风险 | 宏观错觉，即相对于市场规模而言，公司的定价过高 | 价值干扰，即将关注点放在错误的营收驱动因素上 | 收入增长幻觉，即未考虑实现收入增长的成本 | 否认威胁，即未看到对可持续盈利能力构成威胁的因素 | 清算遗漏，对资产清算价格的设想不切实际 |
| 转化 | 潜力转化成产品 | 产品转化成营收 | 营收转化成利润 | 利润转化成现金流 | |

**图14–9　公司生命周期中投资者面临的挑战**

各类投资者都有各自的投资参照指标和工具，并且都认为其他类型的投资者的投资判断不够全面。就像传统价值投资者评论成长型股票投资者时说的："谁会购买市盈率为1 000的股票？"而成长型投资者又总是会反问道："谁会购买收益可能下跌的公司的股票？"

## 小结

在本章开篇部分，我谈到了公司的生命周期，即公司从成立到成熟，再到最终衰落的过程，借此说明在公司生命周期的不同阶段，故事和数字之间的平衡会发生怎样的变化。在公司生命周期的早期阶段，驱动你对公司估值的往往是你的故事，同时你会看到，不同的投资者对于同一家初创公司所讲述的故事和进行的估值存在着巨大的差异。随着公司不断发展成熟，数字对公司价值的决定作用更加明显，你可以仅根据数字或利用公司的历史数据进行推断，从而为公司估值。

如果你接受了这一观点，那么你的投资理念和投资重点应该与你的技能和精神特质相匹配。如果你很喜欢讲述公司故事，擅长将这些故事与公司价值联系起来，并能够坦然接受自己的估计出现严重偏差，那你可能会成为一名风险投资者，致力于投资初创公司，或投资公共市场中年轻的成长型公司。如果更喜欢根据数字来做决定，在投资方面有严格的标准，那你更适合投资成熟的公司。总之，每个人都应选择适合自己的投资策略。

# 第 15 章　管理上的挑战

尽管本书中的大部分内容都是从公司投资者的角度展开的，包括如何将故事讲述和数字处理技能相结合并运用到投资中，但本书也为公司的管理人员和创始人提供了一些借鉴。在本章中，我会再次谈到我在第 14 章中提到的公司生命周期，但在这里我会从公司管理人员、所有人或创始人的角度而不是从投资者的角度来看待故事与数字之间的关系。我认为跟投资者一样，在公司发展的不同阶段（从创立到衰落），成功的管理人员需具备的素质并不相同，这也是众多成功的创业公司的创始人在向成熟公司的CEO转型时会遇到困难，而成熟公司的CEO也不擅长管理创业公司的原因所在。此外，我还讨论了为什么公司高层管理人员必须在公司生命周期的每个阶段都能够讲述与该阶段对应的清晰、可信且具有说服力的故事，并确保实际行动与故事保持一致。

## 从公司生命周期的角度看待管理职责

在上一章中，我借助公司生命周期的结构来解释故事和数字之间的平衡会随着公司从创立到成长、成熟，并最终陷入衰落这一过程的演进而发生变化。在公司生命周期中的不同阶段，公司的管理人员所面临的挑战也会理所当然地发生变化。

**管理职责**

随着公司不断地发展，为了顺应不同生命周期阶段对故事与数字搭配比重的不同要求，公司管理人员或创始人面临的挑战也会出现变化。在生命周期早期阶段，创始人需要提供具有说服力的故事，即使在无法提供结果（甚至产品）作为证明的时候也要让投资者相信公司具有良好的生存能力和发展潜力。当公司从设想阶段过渡到实际运营阶段的时候，公司创始人需要发挥公司建设技能，将在上一阶段所讲故事中的承诺转化成数字。当公司开始成长、发展的时候，管理人员面临的考验在于是否能够获得收益，积累运营数据以支撑其讲述的故事。当公司发展到成熟阶段时，管理人员需要对故事进行调整，以匹配他们提供的数字；当公司营收不景气时，继续讲述高速发展的故事会使公司的可信度下降。在生命周期的最终阶段，管理人员面临的考验在于能否抵抗自己否认现实的本能，接受公司正在衰落的事实，并采取相应的行动。图15–1解释了这些变化。

在生命周期早期阶段，公司能否成功的关键在于是否有合适的领导者，但随着公司慢慢发展成熟到一定程度，特别是当公司找到了有效的运营模式并选择在格局稳定的行业内发展的时候，谁来担任高层管理人员就不是那么重要了。就算埃克森美孚换一个高层领导团队，公司价值也不会发生多大变化，这就解释了为什么你在投资埃克森美孚的时候可以不用知道谁是公司的CEO。相反，如果你在未事先了解 GoPro 或优步等公司的创始人情况，以及不确定自己是否可以接受他们的管理风格和商业理念的情况下就投资这类公司的话，那未免会显得有些轻率。

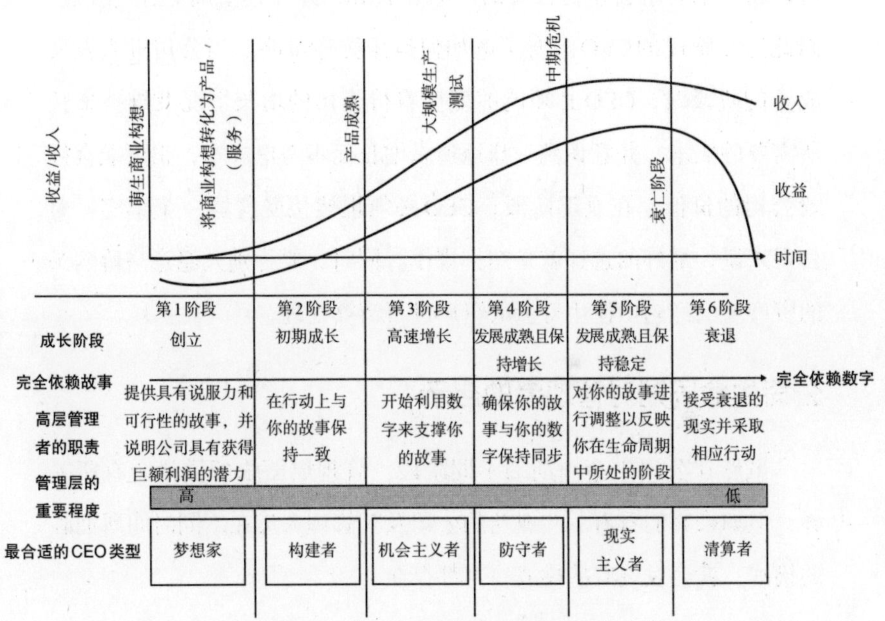


**图 15–1　公司生命周期和管理挑战**

如果你认同在公司生命周期的不同阶段，管理人员面临的挑战会发生变化这一观点，那么在不同阶段，你对CEO所需具备何种素质的要求自然也就会不一样。在公司生命周期的早期阶段，公司最需要的是让一位有远见的CEO去讲述公司的故事，说服他人其商业构想是极具潜力的。当公司希望把构想转化为产品的时候，远见卓识固然重要，但CEO更需要具备建立公司的能力。当公司建立起来，并试图扩大规模时，CEO便需要具备看准时机，发掘新市场和新业务的能力，这样公司才可以迅速成长。当公司成功建立并得以保持增长时，新竞争者就会模仿公司的产品和服务，并在其基础上进行改进，因此这一阶段的CEO需要了解如何运用防守策略。当公司进入发展成熟的阶段时，CEO必须能够理性看待公司的增长情况及维持增长所需要的成本，并意识到一味地追求增长而不考虑成本，很可能会摧毁公司的价值。在衰退阶段，CEO必须坦然接受这样一个事实：对公司来说，最好的选择就是缩小规模。同时，要将别人愿意高价购买的资产或已经超出使用寿命的资产进行清算处理。

## 公司生命周期对管理者的启示

虽然在公司生命周期的不同阶段，管理层面临的挑战会有所差异，但如果我们看看一些成功的公司及其管理人员在不同时间所面临的挑战，就会发现有些挑战一直都存在。

1. 把控故事：管理的目标并不仅仅在于实现某些数字或达到分析师的预期，更在于通过讲述故事让投资者了解公司的过去，以及你（作为领导者）对于公司未来的计划。如果高层管理人员无法为公司构建可信的故事，那投资者和分析师便无法与公司建立联系，只好转而去构建自己的故事，这样公司就可能会失去主动权。

2. 故事要具有一致性：人们在评判管理人员的时候会看他们

的故事是否始终保持一致。但这并不意味着你不可以更改故事，因为你总是需要调整故事以对某些事件做出回应，只不过在对故事做出更改的时候，你需要对更改的原因以及方式做出解释。如果你经常对故事做出改动且不做任何解释，或者仅仅是为了迎合当前阶段投资者和客户的期望而更改你的故事，那么你的故事就可能会失去可信度，并很可能被其他故事替代。

3. 行动与故事保持一致：当管理人员在确定投资对象、投资方式以及返还给投资者的现金量时，人们会密切地关注他们的行动是否与其讲述的故事保持一致。如果一个 CEO 在故事中将其公司定位为一个全球性公司，但在行动中并没有投资海外市场或寻求海外发展机会，那么投资者可能就不会再相信这个故事了。

4. 提供结果，以支撑故事：作为 CEO，你可以讲述很诱人的故事，并始终保持故事本身以及故事与行动的一致性，但如果公司的经营数据没能达到预期的话，人们还是会认为你的能力不足。如果你的数字总是与故事不一致，人们会更愿意相信数字。如果一个 CEO 借助故事向投资者宣传公司的盈利能力但最终获得的营收并不尽人意的话，那他要么就改变故事，要么就要面对失去听众的后果。

我要再次重申，你要讲述的故事与公司在生命周期中所处的阶段密切相关。当公司处于生命周期的早期阶段，创始人或管理者必须决定是讲述具有强大吸引力的故事，“夸下海口”，还是采取更保守的做法，讲述相对较平淡的故事。两者之间的取舍关系很简单。与保守、平淡的故事相比，具有强大吸引力的故事更令人心动，可以吸引更多投资者的注意，让公司获得更高的估值或定价。但兑现你在具有强大吸引力的故事中许下的承诺是很困难的，这需要你拥有更多的资源，以及将构想转化为现实的能力，这意味着最终的结果很可能让相信了你的故事的投资人失望而归。

---

## 案例研究15.1：坚守品牌故事——亚马逊经验

在证明拥有一位善于打造并坚守故事，并创造出与故事相匹配的业绩的CEO的价值方面，没有公司比亚马逊做得更好。我几乎是自亚马逊创立伊始便开始关注该公司的发展，在我追踪其发展状况期间，杰夫·贝佐斯亲身践行了亚马逊故事，他将亚马逊塑造成一家创新公司，大胆开拓新业务，不关注利润，但时时刻刻都致力于增长营收。[1]亚马逊起始于运营零售业领域的相关业务，但其业务逐渐扩展至娱乐、科技和云计算领域。一路走来，亚马逊完成了贝佐斯承诺过的一切：追求收入增长，在短期内不关心利润，但承诺会在未来找到盈利的方法。这正是我在前面章节中将亚马逊故事描述为“梦幻成真”的原因。

如今的市场普遍难以容忍长期未能将营收转化为利润的公司，但亚马逊显然是个例外。创立近20年后，亚马逊在 2015 年仍然难以实现盈利，但投资者似乎愿意忽略这一不争的事实。杰夫·贝佐斯似乎不仅凭借其亚马逊故事赢得了投资者的青睐，还颠覆了市场用来衡量公司成功与否的指标，即从考察公司的盈利能力变为考察公司的营收增长（至少对于他的公司是如此）。

尽管投资者最终会要求杰夫·贝佐斯兑现他的另一半承诺，也就是需要他找到从巨额营收中获得可观利润的方法，但市场给予亚马逊的耐心远比其他公司多得多，其原因恰恰在于投资者们对亚马逊CEO的信任。

---

### 案例研究 15.2：大故事与小故事——优步与来福车（2015 年 9 月）

在第11章中，我提到我在2015年9月对优步进行了估值，并估算其价值超过230亿美元，这很大程度上是因为其积极进军其他国家的市场和扩展业务领域的策略。在进行估值时，优步在美国的主要竞争者是来福车，但优步被视为将在拼车之战中轻而易举获胜的赢家。表15–1比较了这两家公司在2015年9月的经营情况。

从表15–1中，我们可以看出以下三点。第一，优步明显意在打开全球市场，并无意与本地拼车公司结盟或建立合作伙伴关系。2015年9月，来福车明确表示其运营范围主要是美国本土市场，至少在当时是如此，并且似乎打算与其他市场的大型拼车公司建立合作关系。估值时期，在美国国内，优步覆盖的城市数量是来福车的两倍之多。第二，两家公司都在不断增长，但从两家公司的搭乘数和毛账单收入来看，优步的增速明显高于来福车。第三，由于追求高速的营收增长，两家公司都在亏钱，而且亏损金额巨大。

**表15–1　优步和来福车之比较（2015年9月）**

| | 优步 | 来福车 |
|---|---|---|
| 美国国内覆盖城市数量（个） | 150 | 65 |
| 全球覆盖城市数量（个） | >300 | 65 |
| 覆盖国家数量（个） | 60 | 1 |
| 2014年搭乘数（百万） | 140 | — |
| 2015年搭乘数预估值（百万） | — | 90 |
| 2016年搭乘数预估值（百万） | — | 205 |
| 2014年毛账单收入（百万美元） | 2 000 | 500 |
| 2015年毛账单收入预估值（百万美元） | 10 840 | 1 200 |
| 2016年毛账单收入预估值（百万美元） | 26 000 | 2 700 |
| 2015年预估增长率 | 442% | 140% |
| 2016年预估增长率 | 140% | 125% |
| 2014年营业亏损（百万美元） | –470 | –50 |

两家公司的商业模式非常相似，至少在拼车业务方面是如此。两家都不对汽车拥有所有权，且均宣称他们旗下的司机是独立承包人。对于所得车资，两家公司都采取80/20的分成比例，即80%的收入归司机所有，剩余的20%归公司所有。但在这一表面协定下，潜藏着关于司机激励的恶性竞争。两家公司都为司机设置了奖励机制（可将其视为签约奖金）以吸引新司机加盟，甚至是吸引竞争公司的司机跳槽。他们也都为用户

提供了乘车折扣、免费搭乘机会以及其他优惠政策以吸引新用户，甚至是吸引其他拼车公司的老用户更换阵营。因此，这两家公司不时就会因为其在竞争中为胜出而做出的越界行为而受到指责。而其中优步的高调和冷酷无情使其更为声名狼藉。二者另一个较大的运营差异在于，优步试图将其共享模式扩展至外卖和移动出行市场，而来福车则一直更关注拼车业务（至少在2015年9月是如此），而且在该业务领域，来福车不像优步那样致力于扩张城市覆盖范围，开拓新的专车服务类型。表15–2列出了优步和来福车二者在当时的故事差异。

**表 15–2　优步与来福车对比——故事差异**

| | 来福车 | 优步 |
|---|---|---|
| 潜在市场 | 以美国为中心的拼车服务公司 | 全球物流公司 |
| 增长影响 | 未来 10 年，美国拼车市场规模将翻番 | 未来 10 年，全球物流市场规模将翻番 |
| 市场份额 | 较弱的国内网络优势 | 较弱的全球网络优势 |
| 竞争优势 | 半强式竞争优势 | 半强式竞争优势 |
| 运营模式 | 司机为兼职 | 司机为兼职 |
| 资本密集度 | 低资本密集度 | 低资本密集度，有转向资本密集度更高的趋势 |
| 管理文化 | 在拼车服务领域比较强势，在与监管者和媒体关系方面相对弱势 | 在所有角色（竞争者、监管者和媒体）面前都比较强势 |

简言之，相比优步，来福车的故事范围更窄、更专注（拼车服务和美国市场）。这导致来福车在 2015年9月的估值和定

价都处于劣势，不过随着竞争的继续，市场也有可能会朝着对其有利的方向发展。相对于我对优步的估值，我对来福车的估值调整主要集中在市场总额方面，不过我也对其他输入项进行了微调。

1. 市场总额更小：对于来福车，我仅需要关注美国市场，而非像在估值优步时需要关注全球总体市场，这样就大大减少了其总体市场规模。此外，考虑到来福车的业务重心在拼车服务方面，我认为其市场仅局限于专车服务市场。尽管我对假设进行了上述调整，其潜在市场仍然很大，我预估到2025年，其总体市场规模将达到1 500亿美元。

2. 美国网络优势：在美国市场，我认为该市场准入成本的增加会限制新的竞争者入局，因而来福车将享受美国国内的网络优势，并占据美国市场25%的份额。

3. 司机成为兼职员工：在我的假设中，来福车的司机会成为兼职员工，并且行业竞争会拉低拼车公司的收入分成，这与我在2015 年9月对优步所做的预测类似，因此我预测行业竞争会造成其营业利润率下降（稳态情况下降至25%）和收入分成减少（15%）。

4. 来福车比优步风险更高：考虑到来福车规模相对较小，现金储量相对较低，我认为来福车比优步风险更高，我将其资本成本率设定为12%，高于 90% 的美国公司，并认为该公司有 10% 的可能性无法实现目标。

表15–3列出了我从这些假设中得出的来福车估值。在2015年9月，我对来福车的估值为31亿美元，低于当时我对优步的估值数额（234亿美元）的1/7。

**表 15–3　来福车的估值**

| 故事 | | | | |
|---|---|---|---|---|
| 来福车是一家美国汽车服务公司，在美国拥有较弱的网络优势，其收入分成将由于行业竞争出现下滑（85/15），同时成本也将有所增加（司机作为兼职员工而非独立承包人），其将仍然维持资本密集度较低的商业模式 | | | | |
| **假设** | | | | |
| | 基准年 | 1~5年　6~10年 | 10年后 | 关联的故事情节 |
| 市场总额 | 550亿美元 | 每年增10.39% | 增长率为2.25% | 美国汽车服务+新用户 |
| 市场总额份额 | 2.18% | 2.18%→25% | 25% | 全球网络优势较弱 |
| 收入分成 | 20.00% | 20%→15% | 15.00% | 收入分成下降 |
| 税前营业利润率 | –66.67% | –66.67%→25% | 25.00% | 半强式竞争地位 |
| 再投资 | — | 营收资本比为5.00 | 再投资比=9% | 低资本密集度模式 |
| 资本成本率 | — | 12%→8% | 8% | 优于90%的美国公司 |
| 失败风险 | 失败概率为10%（失败指股权价值为0） | | | 来自优步的威胁 |

（续表）

| 现金流（单位：百万美元） | | | | | | |
|---|---|---|---|---|---|---|
| | 市场总额 | 市场份额 | 总收入 | 息税前利润（1 – t） | 再投资 | 公司自由现金流 |
| 1 | 60 715 | 4.46% | 650 | （258） | 70 | （328） |
| 2 | 67 023 | 6.75% | 1 040 | （342） | 78 | （420） |
| 3 | 73 986 | 9.03% | 1 469 | （385） | 86 | （472） |
| 4 | 81 674 | 11.31% | 1 940 | （384） | 94 | （478） |
| 5 | 90 159 | 13.59% | 2 451 | （332） | 102 | （434） |
| 6 | 99 527 | 15.87% | 3 002 | （224） | 110 | （334） |
| 7 | 109 867 | 18.16% | 3 590 | （57） | 118 | （174） |
| 8 | 121 283 | 20.44% | 4 214 | 174 | 125 | 50 |
| 9 | 133 885 | 22.72% | 4 967 | 470 | 131 | 339 |
| 10 | 147 795 | 25.00% | 5 542 | 831 | 135 | 696 |
| 终止年 | 151 120 | 25.00% | 5 667 | 850 | 320 | 774 |

| 价值（单位：百万美元） | | |
|---|---|---|
| 终值 | 13 453 | |
| 现值（最终价值） | 4 828 | |
| 现值（未来 10 年的现金流） | （1 362） | |
| 营业资产价值= | 3 466 | |
| 失败概率 | 10% | |
| 失败情况下的价值 | — | |
| 校正后的营业资产价值 | 3 120 | 在估值时，风投将来福车定价为 25 亿美元 |

如果说故事可以驱动数字和价值，那么优步和来福车之间的差别就在于二者的故事本身。优步是一家构建出宏大故事情节的公司，在故事中，它是一家能够在不同市场和国家或地区中获得成功的拼车公司。优步的CEO特拉维斯·卡兰尼克始终如一地践行了该故事。而来福车似乎有意识地选择讲述一个更小、更专注的故事，其专注于成为一家美国境内的汽车服务公司。

宏大故事的优势在于，如果你能够说服投资人相信该故事是可行的、可以实现的，你就可以通过讲述该故事为公司创造更高的价值，我对优步做出234亿美元的估值即是佐证。在定价博弈中，宏大故事的效果更加显著，特别是当投资者缺少具体指标来确定价格的时候。因此，两家目标市场最为广阔的拼车公司——优步和滴滴快车，在2015年年末获得了最高的估值。不过，宏大故事通常也伴随着沉重的代价，这一沉重的代价可能会让部分公司对“大故事”望而却步。

从优步的案例中，我们可以看出宏大故事的优缺点。UberEats（优步食品递送服务）、UberCargo（优步搬运服务）和UberRush（优步配送服务）均是优步为支撑其作为一家按需服务式公司的故事而进行的投资，但是在拼车市场竞争如火如荼的当下，这些投资也可能分散了公司的精力，毕竟拼车服务仍是优步的核心业务。毋庸置疑，优步的收入仍在以指数速度增长，但为了维持高增长，该公司也在以相同的速度烧钱。几乎可以肯定的是，在未来的某个时刻，优步会令投资者失望，因为投资者对优步的期望已经被推得太高。可能是为了避免优步所面临的风险，来福车有意识地向投资者讲述了一个没有那么宏大的故事，专注于单项业务（拼车）和单个市场（美国）。来福车试图避免陷入拥有宏大故事的公司所面临的精力分散、高成本和可能给投资者带来失望等窘境，但它也为此付出了代价：不仅使自己退居幕后，让优步尽显风光，同时也导致其估值和定价均低于优步。事实上，优步凭借其高估值和资本优势，正在来福车具有优势的市场对其进行打压。

作为投资者，大故事、小故事并没有内在的好坏之分，而公司对于其要讲述的故事的选择也不能作为判断其是不是一个好的投资对象的标准。作为一家讲述大故事的公司，优步在2015年9月获得了较高的估值（234亿美元），以及更高的定价（510亿美元）。来福车作为一家讲述小故事的公司，其得到的估值较低（31亿美元），但定价更低（25亿美元）。就定价与估值的对比情况而言，我认为来福车比优步更值得投资。

## 过渡问题

如果说，对于处在公司生命周期不同阶段的公司，其CEO所需具备的素质不同，那么可想而知，当公司从生命周期的一个阶段向另外一个阶段过渡时，公司管理者也将面临不同的挑战。本节中，我先讨论比较容易的过渡，其中公司因为生命周期较长或者具有一位适应能力强、能力组合完备的CEO从而能够实现顺畅的过渡。随后，我将关注CEO面临的常见问题，即能够在公司生命周期的某个阶段带领公司走向成功，但在其他阶段则显得捉襟见肘。

## 轻松过渡

考虑到公司生命周期的每个阶段对管理者都有不同的要求，实现轻松过渡几乎是不可能的，除了以下三种情况：

1. 一家公司幸运地拥有一位多面手CEO，他适应能力极强，可以随着公司的发展变化而改变其管理风格。例如，托马斯·沃森在1914~1956年期间担任IBM的CEO，带领IBM成长为一家科技巨头，而他也随着公司一同成长。比尔·盖茨在1975~2000年担任微软CEO期间，成功从一个科技初创公司的创始人转变为世界最大公司之一的掌舵者。尽管对脸书下结论还为时尚早，但马克·扎克伯格似乎也表现出了同样的全能性，其在过去几年引导公司跨过初创阶段，实现了高速发展。

2. 如果公司的生命周期较为漫长，实现轻松过渡会更为容易，因为CEO有充足的时间随着公司一同成长。当公司面临重要的过渡阶段时，其CEO可能已经对改变做了充分的准备。亨利·福特在1906~1945年担任福特汽车公司CEO期间，带领公司从一家艰难生存的初创公司成长为世界第二大汽车公司，汽车公司较长的生命周期给了福特足够长的时间准备并完成过渡。在20世纪50年代成长为成熟的汽车公司后，福特汽车改由更合适的管理者执掌。

3. 对于一些业务多元化的家族企业，过渡问题可以在家族内部解决，不同的家庭成员（通常来自不同世代）会根据其能力优势承担不同的公司职责。当然，只有当家族正常运转时，这种方式才是有效的。如果家族长者执着于在过去数十年行之有效的方法而不与时俱进，或者较年轻的家庭成员被指派管理与其能力并不匹配的子公司时，这种方式就不再起效了。

**不合时宜的CEO**

轻松过渡虽然理想，但大多数过渡会伴随阻力，公司CEO会发现自己难以满足公司变化的要求。如果组织顶层人员难以摆脱过去的束缚，内部争斗便在所难免，而结果往往是两败俱伤。以下是CEO和公司不匹配的一些案例：

1. 无法实现梦想的梦想家：诺姆·沃瑟曼自一项针对自20世纪90年代至21世纪初的212家初创公司所做的研究中发现，在这些初创公司成立3年后，半数创始人便不再担任公司的CEO，且只有不到25%的创始人作为CEO见证了公司上市。[2] 大部分离开的CEO并非出于自愿，约有80%的创始人属于被迫离开。很多情况下，推动改变的是投资者（通常是风险投资家），后者相信，由创始人之外的专业人士领导公司能提升公司的价值。这种观点也引发了一些反对意见，硅谷一家著名的风险投资公司（凯鹏华盈公司）就认为，投资者往往过于急切地赶走创始人，然后用“职业经理人”（缺少远见和野心）取而代之，但是1 000多项融资交易的相关证据表明，创始人继续担任顶层管理者的公司，在融资和创造价值方面比那些创始人被赶走的公司更为成功。[3]

2. 无法扩大规模的缔造者：公司面临的第二个过渡是，在通过创造成功的产品或服务获得初步成功之后扩大规模。在商业世界中，处处皆是其兴也勃、其亡也忽的公司。出现这种情况的原因，部分在于公司管理者错误地认为，扩大规模就是复制第一次成功的模式。卡骆驰是一家制鞋公司，其以独立开发的改良版护士鞋获得业界认可，并在2006~2007年间实现了销售额3倍的增长。7年后，因收入减少和经营亏损，该公司宣布了一项重组计划，通过精简运营转变为一家规模更小的公司。

3. 开疆扩土而不善守：有一些CEO很擅长实现增长，却很难捍卫发展成果。成长型公司往往面临此类挑战，开始时增长势头良好，最后却无法保持优势。迈克·拉扎里迪斯和联合CEO吉姆·贝尔斯利曾一同将黑莓公司（前称“移动研究公司”）发展成世界上最具创新精神和最有价值的科技公司之一，但他们没能让公司在iPhone和安卓手机的冲击下，保持其智能手机的市场份额。2012年，当iPhone和安卓手机的龙争虎斗告一段落时，黑莓公司已经接近退出市场。

4. 无法清算公司的捍卫者：不管是对个人还是对公司而言，变老均非易事。在所有的过渡中，最难的一个可能就是——作为一家具有长期盈利历史的成熟公司的CEO，其任务不再是实现公司营收增长，而是缩减公司规模。帝国的缔造者往往不适合解散帝国。正如温斯顿·丘吉尔在1942年所说，他“还没准备好成为大英帝国第一任负责清算帝国资产的首相”。但是，历史不会为任何人驻足，即使是伟大如丘吉尔之人。最终，是在

1945年的选举中击败了丘吉尔的克莱门特·艾德礼见证了这个殖民帝国的解体。

**公司治理和投资激进主义**

公司生命周期中的过渡阶段，既考验CEO的管理技巧，又可能会造成CEO与公司间的不匹配，同时也为激进投资者的乘虚而入提供了机会（此类投资者通常以改变公司运营方式为投资目的）。如前所述，对于年轻公司，激进投资背后的动力来自试图改变公司管理方式的风险投资家；而对于处在生命周期较晚阶段的公司，则私募基金和激进投资者就成为推动变革的主要催化剂。

由此也可以看出，投资者应重视公司治理。当公司成功时，投资者通常对公司治理情况的审查相对松懈，认为既然公司运营良好，就没有必要在管理方面做出改变。结果是，他们盲目接受了这些公司中具有不同投票权的股票、结构繁杂且行动处处受制的董事会以及不透明的公司结构。而等到过渡时期，当公司管理者需要承担责任却在行动时处处受限时，投资者就会后悔之前做出的妥协。这可能是谷歌故事中最糟糕的部分。尽管人们很少质疑在过去10年里谷歌在收入增长和盈利方面获得的成功，但谷歌的结构和运营采用的是公司独裁的形式。当谷歌联合创始人谢尔盖·布林和拉里·佩奇决定公开发行两类具有不同投票权的股票时，他们打破了美国数十年来为所有股票提供相同投票权的传统。投资者对此类新型股票欣然接受，而谷歌在这之后的加速增长，为新一代科技公司广泛采用谷歌所创立的股票发行模式奠定了基础。如此一来，马克·扎克伯格尽管只拥有脸书不到20%的股份，却控制了公司超过50%的投票权。谷歌和脸书的股东可能并不会因为没有保护自己的投票权而付出代价，布林和佩奇的团队以及扎克伯格也可能能很好地适应公司的过渡。但是，在这些公司走到生命周期中的某些阶段时，投资者和管理者可能会对公司的发展道路产生分歧，此时投资者将会后悔自己在此时的轻易妥协。

---

## 案例研究 15.3：管理处在衰退期的公司的挑战——雅虎和玛丽莎·梅耶尔

雅虎是20世纪90年代互联网繁荣时期的代表，短短几年间，它就从一家初创公司一跃成长为一家市值巨大的公司。雅虎的核心业务围绕搜索引擎展开，其在互联网革命的早期主宰了在线搜索业务。但是谷歌的崛起为公司发展蒙上了一层阴影。在不同的管理团队进行了多次扭转局势的尝试后，公司于2012年招聘了谷歌前高管玛丽莎·梅耶尔作为公司的CEO。

当玛丽莎·梅耶尔成为雅虎新任CEO时，雅虎的辉煌已成明日黄花。雅虎从1995年到2012年的发展历史如图15–2所示。

雅虎不单永久性地在搜索引擎之争中败于谷歌，而且一直找不到自己的下一个使命，不清楚未来所在。

具有讽刺意味的是，截至2012年，雅虎做出的两项最佳投资，其对象均并非其自身运营的业务，而是其他公司：较早的一个是雅虎日本，它在美国雅虎遭遇挫折后继续繁荣发展；另一个是2005年对阿里巴巴的投资，当时的阿里巴巴仍为私人公司，该投资可以说显示了管理者的先见之明。在本书前面的章节中，我将阿里巴巴视为中国故事的象征，在阿里巴巴IPO前，我对其估值高达1 610亿美元。同一时期，我对雅虎公司也进行了估值。在估值中，我首先将其拆分成几个部分（自身业务、雅虎日本和阿里巴巴）。图15–3 显示了我对三个部分内在价值的估计。可以看到，在2014年9月我对该公司股权462亿美元的总估值中，只有不到10%（约36亿美元）来自雅虎自身的运营资产。

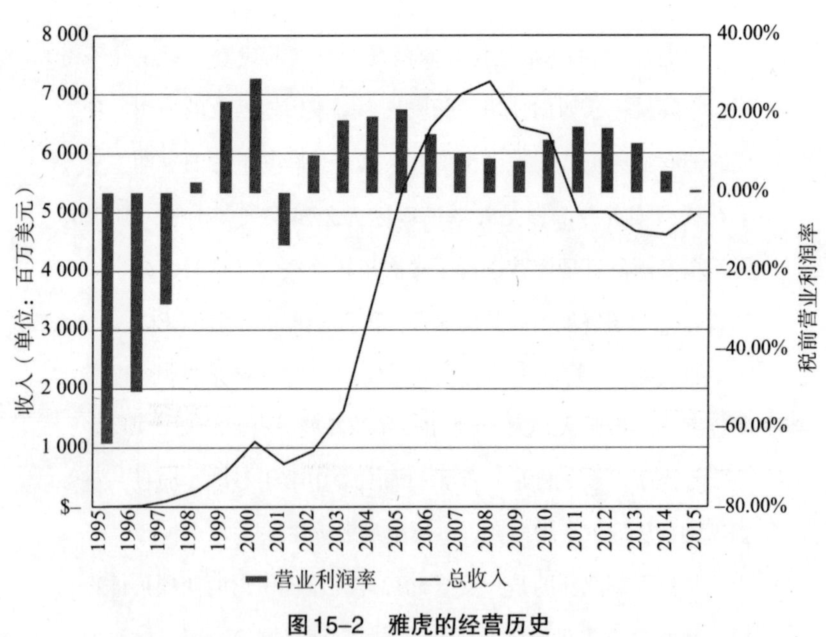


图15–2 雅虎的经营历史

梅耶尔面临的挑战不单是扭转一家在核心业务上迷失方向的公司的局势，她还面临着这样的局面，即这家公司的大部分市值来自另外两家其不具有控制权的公司。虽然梅耶尔在谷歌的成功经历，及其年轻、富有魅力的女性形象，为其当选为雅虎的救世主奠定了基础，但她在雅虎获得成功（至少是按照其坚定的支持者所定义的成功）的概率从一开始就很小，原因有以下两点。

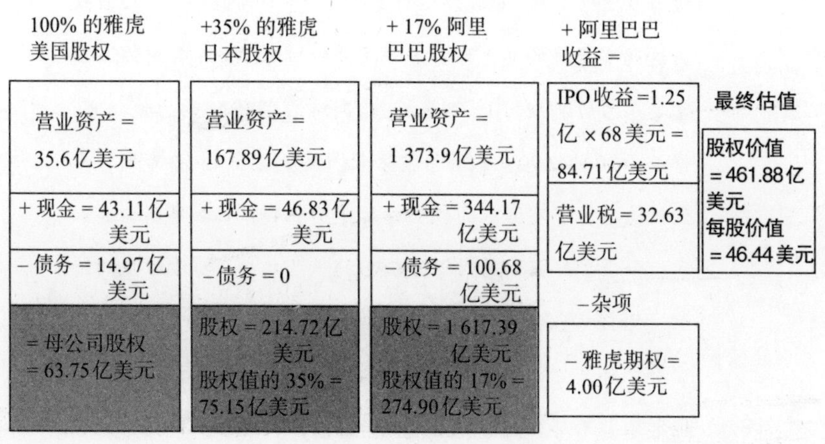


**图 15–3　雅虎的内在价值——各部分之和**

1. 扭转一家公司的局势本身已经相当艰难，更不用说梅耶尔只对公司的残余业务具有控制权。事实上，在任意一天中，马云在阿里巴巴做出的决策都比玛丽莎 · 梅耶尔在雅虎做出的决策更能影响雅虎公司的市值。

2. 在第 14 章中我曾提到过，科技公司的生命周期更为浓缩：比非科技公司增长得更快，衰老得也更快。像雅

> 虎这种20岁的科技公司已经处于老年期而非中年期。我认为，任何处于衰老期的公司其重现青春的机会都很渺茫。为避免显得宿命论，我在这里列举一些反例，的确有些处于衰老期的科技公司重新焕发了青春，比如1992年IBM的重生以及苹果公司在史蒂夫·乔布斯领导下的重新崛起。尽管我极为赞赏路易斯·格斯特纳和史蒂夫·乔布斯的壮举，但我认为这两个奇迹的发生源自多种因素的因缘际会（其中许多因素非人力所能控制）。路易斯·格斯特纳在IBM的力挽狂澜，得益于20世纪90年代的科技繁荣；至于史蒂夫·乔布斯，人们认为这位富有远见的CEO永远不会犯错，虽然事实远非如此。如果你将扭转局面视为CEO的一己之功，对于雅虎的情形，你自然也会期望新任CEO玛丽莎·梅耶尔能够扭转公司颓势，那么你一定会对结果感到失望。与其他人相比，我对梅耶尔并不那么失望，因为从一开始，我对她在雅虎所能取得的成就就抱有很低的预期。

2015年12月，雅虎的问题终于浮出水面，董事会开始考虑出售雅虎的互联网业务，仅将其当作一家控股公司来运营，继续投资雅虎日本和阿里巴巴。当董事会推迟决议时，激进投资公司斯塔博德价值基金公司步步紧逼，并提出了一项公司清算计划。从某种意义上说，公司生命周期中的衰退扭转难题让雅虎和玛丽莎·梅耶尔都深陷其中。

---

## 小结

优秀的高层管理者应该具备哪些素质？答案取决于公司所在的生命周期阶段。在公司生命的早期阶段，公司需要具有远见卓识的高层管理者，他们擅长包装和讲述动人的故事；随着公司的成长，管理者所需具备的技能组合将转变为业务组建技能；伴随着公司的成熟，管理能力变得日趋重要；在最终的衰退阶段，公司需要一位现实主义的管理者，其可以坦然接受公司的衰退现状，缩减公司规模。考虑到这些技能组合需求会一直变化，随着公司从生命周期的一个阶段走向下一个阶段，出现管理者不匹配问题的概率自然也会增加，这就为冲突和变革创造了可能性。

# 第 16 章　尾声

在本书开始时，我曾说过，没有数字支撑的故事无异于童话；缺乏故事背景的数字也只是金融建模中的练习。我希望自己在本书中填补了故事讲述者和数字处理者之间的鸿沟，并为双方之间的牵线搭桥提供了操作指南。同时，我希望（尽管并非总能成功）能和投资者、管理者、企业家以及对此感兴趣的读者继续讨论这个话题。

## 故事讲述者和数字处理者

在本书开始时，我曾承认本质上我是个数字处理者，讲述故事对我来说很难，至少在开始时如此。对于像我一样的数字处理者，我想告诉你们的好消息是，故事讲述不仅会越来越简单，也会越来越有趣。无论是新闻故事还是飞机上的免费杂志，我发现自己现在总能从全新的视角看待事物，因为我发现，一些很小的启示就可以快速改变一个公司的故事。

如果你是一位故事讲述者，本书的某些部分可能会有些难以理解，对此我表示歉意。但我仍然相信，只要掌握基本的会计和数学技能，任何人都可以对公司进行估值。可能这只是我的偏见，但如果你能从第8、9、10章中学到一些将故事转变为数字的方法，我就认为我可以功成身退了。事实上，如果你敢于质疑银行家或分析师的估值，并且能够信心满满地捍卫自己的观点，我会非常欣慰。

最后，我希望在将来开设更多的开放论坛，供故事讲述者和数字处理者们互相交流。我很清楚，双方可能会各持己见，坚信自己正确无误，但是只要我们愿意求同存异，就可以从彼此的分享中获益良多。

## 对投资者的启示

如果身为投资者的你正在阅读本书，并希望从本书中发现帮助你寻找潜在市场赢家的灵丹妙药，你可能会大失所望。事实上，我认为那些宣称能发现市场赢家的僵硬规则只在极小范围的成熟公司中行之有效，在较大的市场中则屡屡失败。我认为，未来的投资属于那些思维灵活、善于在市场各领域之间腾挪转移的人。

关于估值，我最早读过的一本书是本杰明·格雷厄姆的《证券分析》，这本书被许多价值投资者视为“圣经”。与部分投资者不同，我从书中取其精华，弃其糟粕。因为受其撰写的时代背景以及受众所限，在我看来，格雷厄姆的方法和公式用途不大，但他的投资哲学则很有价值，他认为投资应基于对一家公司的价值进行判断，而非受其他人的观点或投资者自身情绪的影响。如果采用格雷厄姆的工具评估成长型公司或初创公司，我总会发现这些公司存在不足，但如果只是运用他的投资理念，我便会发现此类公司可能是潜在的良好投资对象。

在本书的部分内容中，我围绕价值和价格之间的差异展开了讨论。总之，你可以自由选择是基于价格还是价值进行投资决策，但不管你的选择如何，你必须早做决策。我相信价值，也相信价格最终会与价值趋同，我的投资行为也反映了这一理念。如果能以低于价值的价格购买公司股票，无论该公司是初创公司还是成熟的公司，我都愿意购买。但是我也认识到，不仅理念要接受市场的检验，而且即便做出了正确的价值判断，你也无法保证自己会获得回报。

最后，对未来的不确定性贯穿了本书所讲述的每个故事，在我以后要讲述的故事中也将是如此。我对讲述故事越是甘之如饴，对不确定就越是安之若素，对于异见也越能坦然接受，因为我承认，对于我所估值的公司，其他人可能会讲述不同的故事。讲述故事也让我得以对错误处之泰然，在故事包含重要的宏观变量时就更是如此，具体可以参见我在2013年和2014年对淡水河谷的估值和投资。

## 对创业家和公司管理者的启示

如果你是创业家或公司管理者，我希望本书对你的启示不仅仅在于故事讲述。请不要误会！公司故事非常重要，也必须真实可信，好的故事可以吸引投资者、员工和客户，也会帮助你的公司持久生存、获得成功。正如第 7 章所述，我建议要对故事的可能性、合理性进行测试。不仅在实际中测试故事非常重要，不断调整故事以反映不断变化的现实同样意义重大。请记住，故事不会不朽，估值不会永恒！

我在第 15 章还指出，公司创始人需要权衡故事的类型：是讲述一个漫无边际的宏大故事，还是讲述一个范围受限的故事。尽管在寻求投资者和资本时前者更有诱惑力，但是你可能会在发展过程中发现资源捉襟见肘，而令投资者失望的结果也会让你遭受惩罚。因此，如果你想建立一家长久存在的公司，选择不那么宏大的故事可能反而是明智之举。

最后，如果你是一家公司的高层管理者，你应该负责为公司构建故事框架，而不要将此项工作交由投资者、股权研究分析师或记者来完成。如果你讲述的公司故事与公司所在的生命周期阶段是一致的，并且可以用公司的业绩数据为公司故事提供支持，那么你的故事就能站得住脚。当公司处于生命周期的过渡阶段，你会面临巨大的个人风险，如果你不能适应新的阶段，你就只能接受被淘汰的命运。

## 小结

我在写作本书时收获了很多快乐，希望我的这份快乐能闪烁于字里行间，至少在某些章节如此。如果你喜欢阅读本书，我认为这本书就是成功的。而如果你能在读完本书后，对你在投资组合中做出的主要投资进行审视，思索驱使你做出投资的故事，并且将故事转变为数字和估值，我会感到更加欣慰。

# 注 释

## 第1章 一个关于两类人的故事

1. Michael Lewis, *Moneyball: The Art of Winning an Unfair Game* (New York:Norton, 2004).

## 第2章 为我讲个故事

1. Paul Zak, "Why Your Brain Loves Good Storytelling," *Harvard Business Review*,October 28, 2014.

2. Greg Stephens, Lauren Silbert, and Uri Hasson, "Speaker–Listener NeuroCoupling Underlies Successful Communication," *Proceedings of the National Academy of Scientists USA* 107, no. 32 (2010): 14425–14430.

3. Peter Guber, *Tell to Win* (New York: Crown Business, 2011).

4. Melanie Green and Tim Brock, *Persuasion: Psychological Insights and Perspectives*,2nd ed. (Thousand Oaks, Calif.: Sage, 2005).

5. Arthur C. Graesser, Murray Singer, and Tom Trabasso, "Constructing Inferences During Narrative Text Comprehension," *Psychological Review* 101 (1994):371–395.

6. D. M. Wegner and A. F. Ward, "The Internet Has Become the External Hard Drive for Our Memories," *Scientific American* 309, no. 6 (2013), 58–61.

7. John Huth, "Losing Our Way in the World," *New York Times*, July 20, 2013.

8. Daniel Kahnemann, *Thinking, Fast and Slow* (New York: Farrar, Straus and Giroux, 2011).

9. Tyler Cowen, "Be Suspicious of Stories," TEDxMidAtlantic, 16:32, November 2009,www.ted.com/talks/tyler_cowen_be_suspicious_of_stories.

10. Jonathan Gotschall, "Why Storytelling Is the Ultimate Weapon," Fast Company,2012. http://www.fastcocreate.com/1680581/why–storytelling–is–the–ultimate–weapon.

11. J. Shaw and S. Porter, "Constructing Rich False Memories of Committing Crime," *Psychological Science* 26 (March 2015): 291–301.

12. Elizabeth F. Loftus and Jacqueline E. Pickrell, "The Formation of False Memories," *Psychiatric Annals* 25, no. 12 (December 1995): 720–725.

13. Charles Mackay, *Extraordinary Delusions and the Madness of Crowds* (reprint edition; CreateSpace October 22, 2013).

14. John Carreyrou, "Hot Startup Theranos Has Struggled with Its Blood–Test Technology," *Wall Street Journal*, October 16, 2015, www.wsj.com/articles/theranos–has–struggled–with–blood–tests–1444881901.

15. Caitlin Roper, "This Woman Invented a Way to Run 30 Lab Tests on Only One Drop of Blood," Wired, February 18, 2014, www.wired.com/2014/02/elizabeth–holmes–theranos.

## 第3章 讲故事的要素

1. Aristotle's *Poetics* is the earliest surviving work of dramatic theory and dates back to before 300 b.c.e.

2. Freytag explained his dramatic structure in *Die Technik des Dramas* (Leipzig: S. Herzel, 1863). That structure was renamed "Freytag's pyramid."

3. Joseph Campbell, *The Hero with a Thousand Faces* (Novato, Calif.: New World Library, 1949).

4. The original version of the story has seventeen phases to it. The simplified version, which was created by Christopher Vogler for Disney Studios, has only twelve, but the core of the story is retained.

5. C. Booker, *The Seven Basic Plots: Why We Tell Stories* (London: Bloomsbury

Academic, 2006).

## 第4章　数字的力量

1. Michael Lewis, *Moneyball: The Art of Winning an Unfair Game* (New York: Norton, 2004).

2. Ibid., xiv.

3. I am using two standard errors to get an interval that I feel confident captures the outcome 95 percent of the time. With a 67 percent confidence interval, themistake could be 2.30 percent in either direction, yielding a range of 3.88 percent to 8.48 percent.

## 第5章　数字处理工具

1. See Nassim Taleb's work, either in his books and articles or on his website, fooledbyrandomness.com, for his trenchant critique of the use and abuse of the normal distribution in financial modeling.

## 第6章　构建一个故事

1. Sergio Marchionne's presentation can be found at www.autonews.com/Assets /pdf/presentations/SM_Fire_investor_presentation.pdf.

2. Aswath Damodaran, *The Dark Side of Valuation* (Upper Saddle River, N.J.: Prentice Hall/FT Press, 2009).

## 第7章　故事试讲

1. Benjamin Graham and David L. Dodd, *Security Analysis*, 6th edition (New York:McGraw–Hill, 2009).

## 第10章　完善和修改故事——反馈回路

1. Bill Gurley, "How to Miss By a Mile: An Alternative Look at Uber's Potential Market Size," *Above the Crowd* (blog), July 11, 2014, http://abovethecrowd.com/2014/07/11 /how–to–miss–by–a–mile–an–alternative–look–at–ubers–potential–market–size.

2. Daniel Kahneman, *Thinking, Fast and Slow* (New York: Farrar, Straus and Giroux, 2011).

## 第13章　从“大视角”进行研究——宏观故事

1. I used thirty years of historical data on oil prices, adjusted for inflation, to create an empirical distribution. I then chose the statistical distribution that seemed to provide the closest fit (lognormal) and parameter values that yielded numbers closest to the historical data.

## 第15章　管理上的挑战

1. You can read Bezos's 1997 letter to Amazon shareholders on the SEC website at: www.sec.gov/Archives/edgar/data/1018724/000119312513151836/d511111dex991.htm. After almost two decades, the Amazon story remains almost unchanged at its core.

2. Noam Wasserman, "The Founder's Dilemma," *Harvard Business Review* 86, no. 2 (February 2008): 102–109.

3. Kleiner, Perkins, Caufield & Byers looked at 895 young companies that had IPOs or were acquired between 1994 and 2014 and classified them based on whether one of the founders was a CEO at the time of the exit or not.